图书馆馆配工作研究与实践

田 利◎著

北京理工大学出版社
BEIJING INSTITUTE OF TECHNOLOGY PRESS

内 容 提 要

本书主要内容包括图书馆馆配工作概述，图书馆、馆配商与出版社共赢关系，图书馆馆配工作研究，馆配市场趋势展望以及馆配工作实践成果。本书旨在帮助读者更深入地了解馆配市场，掌握馆配行业的发展趋势，共同维护馆配市场的健康发展。

本书可作为图书馆界、馆配行业以及与馆配工作有关的广大同仁的参考用书。

图书在版编目（CIP）数据

图书馆馆配工作研究与实践/田利著. —北京：北京理工大学出版社，2017.10

ISBN 978-7-5682-4922-5

Ⅰ.①图… Ⅱ.①田… Ⅲ.①图书馆工作－研究 Ⅳ.①G25

中国版本图书馆CIP数据核字(2017)第251060号

出版发行/北京理工大学出版社有限责任公司
社 址/北京市海淀区中关村南大街5号
邮 编/100081
电 话/(010)68914775（总编室）
(010)82562903（教材售后服务热线）
(010)68948351（其他图书服务热线）
网 址/http://www.bitpress.com.cn
经 销/全国各地新华书店
印 刷/北京紫瑞利印刷有限公司
开 本/710毫米×1000毫米 1/16
印 张/14
字 数/209千字
版 次/2017年10月第1版 2017年10月第1次印刷
定 价/72.00元

责任编辑/徐艳君
文案编辑/徐艳君
责任校对/周瑞红
责任印制/边心超

序

当河南省图书馆文创中心主任田利将《图书馆馆配工作研究与实践》的书稿呈现在我面前时，我有一种深深的感触，可以说这既在意料之外，又在情理之中。

田利是中原工学院的优秀毕业生，他自幼喜爱读书，在母校读书时就与图书馆和在图书馆工作的我建立了深厚的感情。1990年田利大学毕业之时，恰逢河南省图书馆馆舍建设用人之际，时任馆长的童吉永先生求贤若渴，亲自将田利纳入麾下。

2003年是田利职业生涯的一个转折点，他被调配到河南省图书馆设立的图书配送公司——河南省图苑实业发展有限责任公司，从事专门面向各类型图书馆的馆配服务。后来又成立了郑州日成图书有限公司，他从一位图书馆工作者成为一位为图书馆提供服务的馆配者。

在信息化建设和书香社会建设的进程中，无论是公共图书馆还是高校图书馆，其社会责任、中心任务都会随着时代的发展而变化，图书馆馆藏资源建设的任务也会随之进行调整，这也给馆配服务提出新的挑战。田利非常重视各类型图书馆的馆藏资源建设特点，他认真调研其需求，不断改进馆配服务模式，不断创新馆配服务方法，把馆配服务做得有声有色。田利还潜心探寻馆配服务规律，认真思考馆配服务中存在的问题，发表了《馆配公司对图书馆采编工作的影响及其对策》《警惕图书招标采购中低价“陷阱”》《图书馆流通业务外包酬薪标准研究》《图书馆流通工作社会化服务探讨》《“你选我购”背景下的“互联网+”采访工作创新研究》《图书馆、馆配商与出版社三方合作共赢的实现模式》等文章。在文化部推进公共图书馆开展文化创意产品开发之际，他结合新的工作岗位特点，相继撰写《关于图书馆开展文创工作的理性思考》《图书馆文创产品开发项目的构想》《图书馆文创产品开发工作中对经营创收认识的误区》

《图书馆文化创意产品开发形式延伸发展的理性思考》等文章，以理论指导新的实践工作。

《图书馆馆配工作研究与实践》一书，是田利多年来从事馆配服务的总结与升华，是在为图书馆服务的过程中产生的重要成果。这项成果真正符合了从实践到理论、再从理论到实践的认识规律。

该书共分为五章，每章内容的论述均有其独到之处。在田利看来，图书馆、馆配商、出版社三者形成了密不可分的结合体，他们既相互合作，又各自从不同的角度去审视另外两方。在以往的研究成果中，多数是从图书馆视角去研究馆配商及馆配服务，侧重于对馆配商的选择、招标方式、书目管理、馆配商管理等方面的研究，而对馆配商的成本核算、企业运行模式、人员构成及发展方向研究不够深入，对出版社的发展历史、类型及与馆配商的关系研究也不够透彻。只有对馆配商、出版社这两方面进行更广泛、更深入的研究，才能了解图书供应方的经营理念、机制、模式，方能在质量与价格之间寻找最佳平衡点。田利在该书中转换了角度，从馆配商的角度去研究馆配工作，弥补了前一种研究的不足，从而对馆配工作大有裨益；同时他还详析了馆、社、商三者关系，有助于图书馆采购到更多符合馆藏要求的图书，同时也有助于出版社提高出版质量。

作为非图书馆学情报学专业的人员，写出这样有较高学术水准的著作，可以说是在意料之外；但是田利有脚踏实地的实干精神和肯于钻研的学术态度，写出这样的著作又在情理之中。多年来，田利对我以师长事之，我也为田利不断取得可喜的成绩而感到高兴。

《图书馆馆配工作研究与实践》一书的问世，标志着田利的学术研究又上了一个新台阶，下面以四句小诗表示深深的祝贺与祝福。

图苑匆匆写闲忙，
卷影参差文成行。
书人书事依稀见，
中原情深是家乡。

张怀涛

2017年9月9日

前　言

馆配工作离不开图书馆、馆配商与出版社三大主体，三者相互合作，同时每两者之间又存在合作性博弈的关系，形成了密不可分的结合体。目前，我国有580余家出版社，每年发行图书四十多万种，仅一版一次品种就有二十多万种，图书馆与馆配商如何选择合适的出版社与文献资料是馆配工作不容忽视的问题。这些问题均需要进一步的研究与探索。关于馆配工作其他同仁已有一些研究成果，详细分析了三者的关系，对促进馆配工作起到了积极作用。但是，多数研究成果是从图书馆的角度去研究馆配商及馆配工作，侧重于对馆配商的选择、招标方式、书目管理、馆配商管理等方面的研究，而对馆配商的成本核算、企业运行模式、人员构成及发展方向的研究力度不够，对出版社的发展历史、发行图书类型及与馆配商的关系也缺乏深入研究。只有对这两方面进行更多的研究，才能了解图书供应方的经营理念、机制、模式，在质量与价格之间找到最佳平衡点。如果我们换一个角度，即从馆配商的角度研究馆配工作，将对馆配工作大有裨益。因此，若存在一本能同时反映馆、社、商三者关系并能深入介绍馆配商经营模式的图书，则能使图书馆加深对馆配工作的了解，也有助于图书馆采购到更多符合馆藏要求的图书，从而提高馆藏质量。

本书作者以近十五年的馆配工作的经验和教训为研究背景，对馆配工作进行理论研究及工作实践的总结，力求客观、真实地反映图书馆需求，也公平、公正地评价馆配商的贡献。

本书在编写过程中得到了图书馆领导与同仁、出版社朋友及馆配商同行的关心和帮助，在此向所有对本人工作给予关心、支持和帮助的领导、客户、合作伙伴以及相关专家、学者致以衷心的感谢！本书在编写过程中得到了孔德超、严真、袁红军、范光烈、梁艳丽、董沙金、吕俊珂、李改平的大力支持，也得到北京理工大学出版社的友情帮助。特别是有幸邀请到河南省图书馆学会副理事长、河南省高校图工委副主任、原中原工学院图书馆馆长、笔者母校的张怀涛老师为本书作序，在此一并表示感谢！由于时间和笔者水平有限，书中难免存在疏漏和不当之处，恳请专家及广大读者给予批评指正。

田　利

2017年10月

目 录

第一章　图书馆馆配工作概述

第一节　馆配商与馆配工作

一、馆配相关定义

“馆配”，即图书馆的资源配送，是指图书馆资源建设中的图书、期刊、报纸、电子书、数据库等各项资源的配送工作。目前，图书馆、出版社所表述的“馆配”多是指纸质图书的配送销售工作，《图书馆馆配工作研究与实践》侧重于纸质图书配送的研究与实践。

“馆配商”是指重点从事图书馆图书配送销售工作的书商，与教材供应商、教辅供应商、个体零售书商供应图书的销售模式相比，馆配商的工作更为复杂，更为专业。馆配商不仅要提供图书销售，还要承担书目提供、图书物流、数据编目、物理加工甚至图书上架等专业技能服务。因此，馆配商是一种特殊的文献资源供应商。馆配工作以图书馆文献资源采购为中心，展开配送产品和专业服务的活动，从而形成了较为成熟的馆配市场，也成就了一批与出版社紧密合作并专注于向图书馆提供图书配送的馆配商。由此可见，馆配商将图书馆与出版社供需双方紧密结合起来，并在其中发挥了良好的中间作用。

“馆配图书供应链”是指图书从出版社出版后，经馆配商配送到图书馆用户的过程。随着馆配市场的日趋完善，原先的以书商供应图书、再由图书馆购买图书并自身进行编目加工的简单供需链逐步扩大为由馆配商提供包括配送前的信息采集以及配送后的专业服务在内的一条完整的供应链。

馆配商在这个运营模式中起到承上启下的作用。承上意味着要与出版社进行沟通联系，启下意味着要向图书馆提供各种服务，便于图书馆高效、快捷地从庞大的出版市场中获得其自身需要的特色图书，以及高附加值的服务，减轻一定的工作压力，使其将更多的精力投入到研究如何提高馆藏质量上。

二、国内馆配商构成和发展

国内馆配商主要有三大类型，即由新华书店系统构成的新华馆配商、个体书店为主的民营馆配商和由图书馆或出版社创办的馆配商即馆社直供商。三者各具优势，已成为不同馆配市场发展时期的主要角色。

1. 新华馆配商

1937 年 4 月，新华书店在延安清凉山万佛洞诞生，它起初叫作“新华书局”。1939 年 9 月 1 日，延安北门外新华书店门市部正式开业，毛主席为其亲笔题字，之后“新华书店”这个名字一直沿用至今。

1949 年 10 月，全国新华书店第一届出版工作会议在北京召开。会议做出了《关于统一全国新华书店的决定》，正是以此为基础，之前被战争分隔的各地新华书店开始由分散走向统一。1951 年 1 月 1 日，新华书店总店正式成立，对全国各分店的人、财、物实行集中统一的管理。至此，新华书店成为世界上具有超级规模的发行系统。

此后，新华书店逐渐进入了黄金时期。2002 年 7 月，国家新闻出版总署发布了《新华书店（发行集团）股份制改造若干意见》，新华书店走上了“转企改制，连锁上市”的发展道路。从 2006 年开始，为响应国家“全民阅读”的号召，新华书店先后开展了丰富多彩的阅读活动，大力推动书香社会建设。

2017 年 5 月 18 日，中宣部和国家新闻出版广电总局联合召开大会，庆祝新华书店成立 80 周年。如今，新华书店已经形成遍布全国的一万余处发行网点，拥有 13 万名员工，总资产和销售额都突破千亿元，成为国有文化企业的中坚力量。

新华书店馆配系统最早以新华书店总店为龙头，以省、市地方新华书店为下属分支机构，立足于北京，辐射全国，是原先国内最大的图书发行中盘商。20年前，新华书店系统是国内图书馆图书供销市场的主力军，无论是现货采购还是期货预订都具有其他类型书商无法取代的优势。特别是新华书店总店编辑发行的《科技新书目》《社科新书目》《地方版新书目》，一度成为众多图书馆的购书指南，是图书馆获取图书信息的权威性资料。

但是它的发展也经历了从高峰到低谷再到崛起的过程。20世纪90年代初，省、市地方新华书店的图书馆业务达到了顶峰，成为当时图书馆图书供销市场的绝对主力，几乎垄断了所有图书馆的业务。21世纪最初几年，随着高校图书馆评估政策的实施，情况发生了巨大的变化。根据馆配市场商机和图书馆采编力量薄弱的实际情况，民营馆配商凭借着灵活的机制、及时周到的服务得以迅猛发展，致使省、市新华书店的图书馆业务陷入低谷。

后来随着国家文化体制改革进程的不断深入，一些省、市地方新华书店进行了改制或股份制重组，部分省店甚至开始上市，如江苏省新华书店、四川省新华书店、上海市新华书店等。机制的转变、观念的更新再加上新华书店原本就具有资金雄厚、抵御风险的能力以及同出版社独特的联系与合作关系，新华书店系统加大了对馆配市场的返抢力度。同时，馆配市场中占据主力的民营馆配商在经营过程中因一些不规范行为甚至违法行为产生了不少负面影响，这也给新华馆配商创造了迎头追赶的机会。近年来新华馆配商业务量不断上涨，取得了不小的成效，一定程度上恢复了新华书店的品牌效应，所以新华书店系统仍然是图书馆馆配市场的主力之一。

2. 民营馆配商

民营馆配商是在馆配市场需求快速增长、市场机制逐步转型的过程中形成和发展起来的。他们率先为图书馆提供包括书目数据查重、图书采配、数据加工、图书上架等馆配服务，受到图书馆的广泛欢迎，因此打破了新华书店垄断的格局，一度成为馆配市场的中坚力量。民营馆配商从无到有，从弱到强，在馆配服务探索中多年领跑馆配市场，为馆配市场的繁荣做出了巨大贡献，深刻地影响着图书馆藏书建设。

在起初的图书馆图书供应中，各地新华书店依靠和出版社的供货关系，掌控本地各级各类图书馆的图书供给，形成馆配图书由新华书店独家垄断经营的格局。20 世纪 90 年代，由于计算机技术和网络技术在图书馆得到应用，计算机编目逐步取代手工编目，对书目数据提出规范化和标准化的要求。而新华书店的传统经营方式和供货模式已渐渐不能适应图书馆采编工作的新变化，再加上滞后的服务理念，已有的馆配业务开始流失，错失馆配市场大发展的良好时机，使民营馆配商逐步占领馆配市场。

整体来看，民营馆配商经历了“形成时期”（20 世纪 90 年代中后期）、“快速发展时期”（2000—2005 年）、“平稳发展时期”（2006 年以来）三个阶段。

20 世纪 90 年代中后期，随着我国高等教育事业的迅猛发展以及评估政策的实施，高校图书馆购书量大幅度增加，从而形成了一个庞大的馆配市场，吸引了一大批民营公司、个体书店纷纷涌入。北京人天、武汉三新、广东大音、安徽儒林、成都世云等一批原先从事图书销售的书商抓住商机，专注于馆配行业，形成了以图书馆为服务对象、从事专业化馆配经营业务的馆配商群体。他们多拥有经营教辅或是零售书店的经验，再加上其服务意识良好、经营方式灵活，市场应变能力强，善于听取图书馆的意见和建议，及时了解图书馆的需求，图书馆逐渐接受民营馆配商的馆配模式。特别是评估过程中图书馆采编人员不足的现状下，民营馆配商能提供相应服务，致使图书采选业务也逐渐向民营馆配商倾斜。

自 2000 年起，民营馆配商进入快速发展时期（2000—2005 年），不仅能为图书馆提供图书采配服务，还免费负责分编著录、技术加工和图书上架等服务，同时还开展为合作的图书馆进行回溯建库等服务。他们不断创新服务模式，深化服务内容和领域，拓宽服务增值的范围，朝着馆配服务多元化的目标迈进。为了迎接教育部对普通高等学校图书馆的评估，各高校纷纷增加图书采购量，从而拉动了馆配市场的一路飙升。面对这千载难逢的机会，民营馆配商不满足于单一区域的经营，纷纷在全国各地布点，打破馆配市场地方垄断，抢占市场份额，扩大影响力。例如，当时的北京人天、武汉三新和成都世云等馆配商纷纷在各地设立办事处，建设大型物流基地，逐渐成了全国性馆配商。据专业机构推测，中国内地当时每年的图书馆采购需求至少为 50 亿元。经过 2000—2004 年的快速发展，民营馆配商在市场上拥有至少 60%以上的市场份额，成为馆配市场的主要力量。

但在2005年下半年，由于北京某知名民营馆配商涉嫌商业贿赂案件被有关部门调查，使得馆配商特别是民营馆配商都受到牵连。全国一大批图书馆和馆配商被调查，仅立案查处的就有数百起，不少图书馆相关人员被处理，使得很多图书馆在与民营馆配商合作过程中谨小慎微，不愿和民营馆配商合作，从而制约了民营馆配商从整体上进一步的发展，同时也为新华馆配商返抢馆配市场创造了难得的机遇。

3. 馆社直供商

馆社直供商分为出版社成立的馆配公司和图书馆成立的馆配公司。图书馆购书经费的增加使出版社认识到图书馆市场的价值，开始纷纷设立专门从事图书馆业务的直销或直供部门，目的就是更多地向图书馆销售本社出版的图书。它可以单独经营本社出版的图书，也可以是多个同类出版社以联合体的形式经营同一专业的图书。还有从事图书进出口贸易的国有文化企业单位，如中国国际进出口公司和中国教育图书进出口公司设立了中文图书联采部，涉足中文图书馆配市场，并取得了不错的效果。出版社作为图书的生产者和供货者，在图书信息传递的及时性和准确性方面是其他类型的书商所无法比拟的，在图书的订到率、订全率和周转时间方面都具有强大的优势，因此出版社馆配商也受到图书馆的青睐。在这方面比较突出的就是北京百万庄图书大厦有限公司。北京百万庄图书大厦是机械工业出版社投资成立的大型国有图书销售企业，不仅销售机械工业出版社出版的图书，还利用同行的优势销售多家出版社的图书，是馆配市场中的知名企业。

另外，作为采购图书的一方，为了保证图书质量，同时也为了发挥自身编目的优势，一些图书馆成立了相应的馆配公司，如南京师范大学筹建成立的江苏华茂博文书业有限公司、南京航空航天大学出资成立的江苏知识书店、河南省图书馆投资兴办的河南省图苑实业发展有限责任公司以及后来成立的郑州日成图书有限公司等。这些公司依托图书馆自身业务优势，发挥距离短、服务及时、信誉良好的特点，为各类型图书馆提供优质的馆配服务，在当地占据着较多的市场份额。河南省图苑实业发展有限责任公司成立于1997年。在公司成立前，河南省图书馆的图书采购也是依靠中标书商提供，但图书馆渐渐发现一些有保存价值的出版社图书无法进入馆藏，也影响了读者阅读。经仔细调查，发现是书商只注重自身盈利而不愿提供高品质图书的缘故。因此，当时担任馆长、中国人民大学毕业并且颇爱阅读的陶善耕先生决定由图书馆成立图书公司，摆脱书商的控制，以利于提高馆藏质量，才有了在馆配市场颇受欢迎的图苑公司和日成公司。这些馆社直供商经营规范，资本运作稳健，是出版社大力支持的对象，并且他们本身就从事图书馆业务工作，了解图书馆的真正需求，在投身于馆配市场后深得图书馆信赖，也是图书馆的忠实合作伙伴。

以上三种不同类型的馆配商在馆配市场中都具有自身的优势。由于体制和运作机制的差异，其优势特点也不同，有的体现在价格，有的体现在服务，而且在不同的历史时期又分别充当着图书馆供书市场的主要角色。

三、馆配商现状

馆配商的角色是伴随着高校图书馆和公共图书馆自身的购书需求特别是高校评估政策的制定而形成的。2004 年教育部高等教育教学评估中心正式成立，建立并实施五年一轮的评估制度，对高校图书馆的人均图书占有量和图书总量有了明确的规定。各图书馆为顺利通过评估，开始大批量采购图书，使得馆配商迎来大发展的机遇，各地馆配商如雨后春笋，迅速壮大。但随着评估工作的进行，各图书馆馆配量基本达标，馆配市场相对平稳，馆配商之间的竞争加剧，行业利润下降，使得一批馆配商逐步退出馆配市场。如 2011 年中教图中文部退出馆配市场，成都世云书店有限责任公司、安徽儒林书业集团、广东学苑文化发展有限公司也相继退出，而存活下来的馆配商必须用更灵活的方式、更周到的服务、更规范的程序维护并扩张市场。目前的馆配市场，新华馆配商中的浙江、江苏、四川、上海等新华书店的馆配工作稳步发展，民营馆配商中的北京人天公司、湖北三新公司遥遥领先，馆社直供商中的百万庄、华茂、知识、日成等在各自区域都占有一席之地，形成了全国馆配商和区域馆配商同进、民营馆配商和新华馆配商共存的局面。

从竞争格局来看，馆配商面临着出版社和同行之间的双重压力。出版社对纸质馆配业务的开展主要依赖于馆配商，出版社虽然也希望自己能与图书馆开展直接业务，但因招标模式、编目加工服务等实际问题的限制，出版社还是选择与馆配商开展合作。前些年，一些出版社尝试着建立了一个出版社直供联盟，想摆脱馆配商直接给图书馆供书，但因实际操作问题无法实现而放弃。出版社传统的销售模式执行的是以量定价政策，即根据馆配商的销售量采取阶梯法分别给予不同的发行折扣。如某馆配商年销售100万元码洋，出版社给的发行折扣为70%，若达到200万元，则是68%，以此类推，如果某馆配商年销售额能达到1 000万元，则有可能发行价格会达到60%甚至更低。这种政策看似很合理，进货量大则价格优惠，但出版社没有考虑到各地馆配市场的饱和度问题。每个区域的馆配总量有大有小，很多区域馆配商都是只做区域业务，总量有限，再好的政策只是水中月、镜中花，根本无法享受到最佳的奖励政策。例如将河北、广东、辽宁、海南等省份的馆配市场相比，据人天集团发布的数据，2015年广东省公开招标码洋为26 456.62万元，同期河北省为17 282.35万元，辽宁省为10 523.59万元，而海南省仅有1 491.05万元。假如这几个不同的区域馆配商的付出同样多，海南省的馆配商再努力也无法享受到出版社的优惠政策。而目前的馆配市场已经成熟，区域馆配商再想在全国布局已很难实现。活跃在馆配市场上的馆配商基本上都是十几年前成立的公司，最近十年基本上没有出现新公司。这就是出版社没有制定好合理的销售政策给馆配商带来的压力。

出版社给不同的馆配商折扣不同，造成馆配商经营成本也不同。大型馆配商业务量大，经营成本低，仅仅依靠价格差，就可以赚取比区域馆配商更多的利润。由于其掌握的图书馆、出版社数据多，资源整合度高，能够利用进货价格优势吸引和影响各省市的区域馆配商来大型馆配商处进货，因此，更易获得利润。这样出版社的销售政策无法使区域馆配商具备与全国性馆配商竞争的能力。例如，人天书店集团现在已经不再是一个单一的馆配商，它同时又给自己定位为馆配中盘商，大中盘格局已经实现，可用超低价中标的方式挤压区域馆配商的生存空间。三新公司也相继出台了优惠政策，大举进攻中盘市场，欲与人天书店一争天下。这些大型馆配商凭借着全国渠道优势拥有了向出版社要更多利润的话语权，给出版社整体销售模式造成冲击。以河南省2015年进货情况为例，河南省各区域馆配商从某些大型馆配商处进货的图书码洋总和已接近5 000万元，而河南省全省馆配码洋仅1亿元左右。小的馆配商无力从出版社那里获得低折扣图书，只得依附大型馆配商。区域馆配商业务量小，经营成本高，既面临出版社进货折扣高、竞标折扣低、运营成本高等重重困难，还要完成出版社规定的年度进货任务，又受限于大型馆配商折扣和数据垄断的竞争冲击，利润微薄。但图书馆对区域馆配商的服务又非常依赖，区域馆配商能够快速满足图书馆的零采图书的需求、现场加工的需求。若出版社不积极维护区域馆配商的利益，就很容易失去馆配市场的主导地位。馆配商之间的竞争格局也将由以出版社为主导、出版社与各类型馆配商合作的模式，转变成出版社与区域馆配商依赖中盘馆配商的局面，使区域馆配商丧失不少竞争力。现已有部分区域馆配商逐渐退出馆配市场，区域馆配商的萎缩，将给出版社和图书馆带来不利影响，使得中盘商一家独大，形成垄断，不利于馆配市场的良性发展。这是馆配商面临来自同行的压力。

从经营角度来看，利润微薄使馆配商发展艰难。纸质馆配总需求量在相对减少，馆配商整体发展处于相对艰难期。专业人才稀缺，运营成本不断增加。个别区域馆配商又不顾信誉、选择性地屏蔽部分销售折扣较高的优质出版社的图书，大量地用价高质劣而折扣较低的图书充斥馆配市场。目前馆配市场缺少有效的行业规范，部分馆配商在图书馆图书采购招投标中，胡乱报价，以超低价格获得竞标的成功，而在图书供应时，为获取更多的利润，以次充好，以特价图书甚至是盗版图书供应给图书馆，来抢夺纸质馆配市场。另外，由于一些图书馆不懂出版行情，一味节省经费，致使低价中标成为主流招标趋势，中标价徘徊在七折以下，时常有六五折甚至更低中标的现象。目前，区域馆配商服务成本：标书制定及中标服务费2个点，编目加工费3～4个点，耗材费2个点，现采会2个点，仅服务成本合计约10个点，再加上人力费用以及企业运营等管理成本的不断增加，相比出版社给的优惠折扣与中标价格的中间差价，馆配商几乎没有利润。

从人才的角度分析，馆配商面临着人才匮乏的困境。馆配行业所需的人才不仅要有向图书馆提供图书和物流的能力，还要注重服务质量的提升。不仅要从书目数据查重、图书采配、数据加工到图书上架进行全流程技能服务，还要具备图书分类、高校专业知识、古籍修复与辨识等学术能力。这类人才既要有体力又要有智力，在人才市场中属于最稀缺的“蓝领”。馆配市场在中国经济市场中不属于热门发展领域，从业人员少，培养时间长，待遇也偏低，导致馆配市场人才匮乏，使得馆配商难以有效扩大业务规模。如果馆配商不顾现实而盲目地扩大经营，只能给图书馆带来采书不齐全、图书加工质量低劣等损失。

另外，部分馆配商不太了解图书馆基本情况，以至于提供的书目信息不详细、补订工作滞后、图书信息反馈时间较长。一些出版社提供的信息虽然较为全面，但各自为政，较为分散，造成区域馆配商收集的信息不全、杂乱无章，不利于数据分析工作。概括起来，馆配商的发展困境，一方面是由市场造成的，另一方面是由于馆配商自身未能适应图书馆发展需求而造成的。

值得庆幸的是，一些馆配商已清醒地认识到这一困境。随着图书馆服务需求更加多样化、专业化，一些馆配商在积极为图书馆提供更深层次服务的同时，也实现了自身转型，如向电子图书、图书馆业务流程软件研发、数据库制作或代理一些与电子阅读相关的设备方向转型。武汉三新公司代理了外研社的数据库，与外研社共同进行图书展销、学术会议的宣传，有针对性地开展业务；北京人天公司收购江苏畅想之星信息技术有限公司为旗下子公司，与国内130多家出版社签订了电子图书的授权协议，重点开发数字资源产品，同时为图书馆提供电子书；浙江新华传媒开发了出版信息整合平台，以求出版社与图书馆通过平台可以进行更直接的沟通、信息传递。一些区域性馆配商，如天津高雷图书发行有限公司、上海联城图书有限公司、浙江大涵文化创意股份有限公司(原杭州大涵图书有限公司)等也通过代理数据库及开发图书馆实用性软件来进行销售转型。郑州日成图书有限公司研发了“图书馆智能采访管理系统软件”，力争与出版社的库存图书信息实现EDI对接，达到书目同步上传的功能，方便了图书馆的采访工作。山东中教产业发展股份有限公司开发了“网上馆配会平台”，适应了图书馆不同的选采习惯和需求。

总的来说，目前馆配商面临着挑战与机遇并存的局面，传统的馆配业务竞争不断加剧，而随着图书馆转型与变革及全民阅读时代的到来，也给馆配商带来了新的发展机遇。大型馆配商与区域馆配商应该加强合作，在出版社的大力支持下，携起手来更好地服务于图书馆馆藏建设工作，共同做好馆配事业。

第二节　馆配市场现状研究

一、馆配市场的兴起与发展

馆配市场随着图书馆图书采购需求应运而生，并呈现出蓬勃发展的趋势。从20世纪初馆配市场的形成来看，大致有如下几方面原因。

1. 图书配送业务需求

教育事业的快速发展、招生人数的急剧增长，使得各校图书馆的购书经费大幅度增长；“211工程”学校的评估、全国高校教学水平的评估、公共图书馆办馆级别的评估，使许多图书馆急于在短时间内达到评估指标要求。采购量大、时间紧，而图书馆图书编目加工要求的特殊性促使馆配行业获得快速发展的机会。

2. 编目加工解决了图书馆的燃眉之急

由于大量的图书采购，按原先工作模式使得许多图书馆的编目馆员配置不足，难以保证图书编目著录的速度和质量，于是一些馆配商顺势提出了代做编目的工作，补充图书馆的编目力量。图书馆编目工作原先是由编目馆员做数据，随着馆配公司业务的延伸，图书馆开始以教为主，培养馆配公司人员的编目加工能力。一大批在馆配公司中从事编目工作的人员成长起来，成为编目工作的中坚力量。馆配商的工作从仅仅是图书的中介传递到以图书采购、数据提供及加工为一体，完善了馆配业务。另外，随着国家图书馆数据中心及高校CALIS中心所提供的详尽准确的书目数据下载服务，馆配公司提供的编目服务基本上满足了图书馆的需求。

3. 市场要求各类型馆配商利益均衡

经营手段灵活、不受传统体制制约、率先掌握计算机编目技术的民营馆配商积极主动牵手图书馆，图书馆也绕过新华书店直接与民营馆配商合作。但是新华书店的图书质量及与出版社紧密的合作关系又是图书馆必须考虑的因素，因此也不会完全忽视与新华书店的合作。第三种类型的馆社直供商凭借着图书馆或出版社的渠道优势，可信任度高，也在图书馆采购图书的考虑范围之内。这三种不同类型馆配商互相合作，共同为图书馆服务，形成利益均衡的局面。

根据馆配市场形成的原因，我们可以将馆配巾场兴起与发展的过程划分为以下三个阶段。

第一个阶段：初期阶段。早在新华书店独家经营、图书馆需要图书供应的时代，馆配市场就已经存在，它只是书店供应图书的一项普通工作，没有形成一个单独行业。20 世纪末，随着中国经济的快速发展，国家对教育事业的投入逐渐加大，图书馆需求量大大增加，馆配市场才开始形成。

第二个阶段：快速发展阶段。这个阶段的时间大致在 1998 年到 2008 年。高等学校办学规模不断扩张，短短几年，高等院校数量就从 1 022 所增加到 1 908 所，在校人数从 340 多万人迅速增加到 2 000 多万人。而高校图书馆采购图书数量从2 200 余册增加到 1.2 亿多册，采购经费也从 1998 年的 8.14 亿元增长到 2004 年的 55.6 亿元。1994 年年初，国家教委开始有计划、有组织地实施普通高等学校本科教学工作水平评估(以下简称教学评估)，2002 年制订了《普通高等学校本科教学工作水平评估方案(试行)》(以下简称《评估方案》)，2003 年明确提出“五年一轮”的教学评估机制。以综合院校为例，“生均图书”和“生均年进书量”需达到 100 册和 4 册，这个标准是图书馆达到 C 级(合格)的必需条件。各高校为完成这两个指标，相继加大文献购置经费的投入。图书馆也适时加强了采购力量，确保文献采购的质量，增加人手，加快图书分编，这些措施都有利于加强图书馆文献资源建设，提高图书馆馆藏文献规模，完善馆藏体系，完成评估任务。当时图书馆编制人员极其有限，图书馆对图书数量及烦琐的加工流程需求极大地推动了馆配工作的发展壮大。馆配市场随即进入了快速发展阶段，成为出版社和各类型书店抢夺的重要阵地。

第三个阶段：平稳发展阶段。随着 2008 年第一轮全国高校评估工作的结束，“井喷式”的图书馆采购量逐渐回落，馆配市场进入平稳发展阶段。虽然快速发展时期结束，但是一方面各类高等院校按照“以评促建”的目标要求，继续开展评估工作，加大图书馆建设的投入，另一方面受益于国家文化大发展政策的利好，国家对公共图书馆文献资源建设经费投入增加，“十三五规划”的前两年，全国的公共图书馆飞速发展，采购量猛增，公共图书馆的发展会为馆配市场带来新的发展空间，因此，馆配市场至少在未来十年内还会处于平稳发展阶段。

二、馆配市场存在的问题

高校教育教学改革给馆配市场带来了新的发展机遇与挑战，大量的馆配商应运而生。由于馆配商发展历史相对较短，不少馆配商对图书馆业务熟悉程度不够，再加上进入门槛过低，导致馆配商鱼龙混杂，服务能力和服务水平良莠不齐。同时，图书馆招投标体制出现只重折扣、不讲品质的盲目招标的弊端，使不少不良馆配商中标，影响了馆配商整体声誉。恶性竞争导致优秀馆配商的生存无法保障，影响了图书品种覆盖保障，使得馆配后期服务质量下降。一些馆配商一味追逐利润而出现诚信缺失问题，严重影响了馆配市场的健康发展。下面我们从馆配市场三大主体的角度分析馆配市场存在的问题。

1. 图书馆存在的问题

(1)目前，图书馆的图书采购多采用公开招标方式，但是图书馆在制定招标条件时各项权重分配不合理。图书采购招标，本来是规范图书馆供货市场竞争的一种较好方式，但由于招标制度不够完善，不规范操作以及有法不依，特别是目前很多区域采取的最低价中标法，影响了馆配市场的健康发展。在评标条件中，图书馆招标方虽然可以从折扣高低、编目水平、售后服务、图书质量四个方面对馆配商进行评估，但是除了折扣一项具有可比性之外，其余各项指标都是软性指标。

(2)评标委员构成不合理。原先的图书招标是不公开招标，一般都是内部组织招标。招标委员会成员一般由校领导、纪检、财务和馆长组成。由于大多数参加人员不了解馆配市场行情，也不懂图书馆的业务知识和文献入藏要求，财务部门总想花更少的钱买更多的书，纪检部门又觉得买便宜的总不算错，这样使图书馆的正常购书诉求得不到响应，让低价中标成为必然。虽然目前招标方式有了很大的改变，多采用公开招标方式，但实际上没有本质变化。按照招标法规定，根据招标额度的大小可采用三人评委、五人评委和七人评委，但图书馆和招标单位仅能有少数名额具有评标资格，如三人评委中，图书馆代表只能有一人，五人评委中，也仅能一人参加，七人评委中才能有两人代表，而且有时图书馆的主管单位多让纪检、财务或国资部门代表招标方。其他评标人员是从政府专家库中随机抽取的商务或技术专家，他们虽然熟悉招标的程序，熟悉招标的法律条文，但是对图书馆文献资源建设的特殊性不够了解，一味要求以最低折扣为主来评判投标方，结果往往导致低价者中标。这些低价中标的馆配商，不仅由于没有雄厚的实力，各项服务不到位，而且由于利润的关系，对于那些学术类图书、专业类图书，往往以各种借口不去组织，从而影响到图书馆整个文献资源建设的质量，使图书馆的利益受到损害。

(3)对馆配商的违约行为惩处力度不够。图书馆与馆配商签订的招标采购合同中，对图书供货能力、到货率、到货速度、到书差错率、订单反馈、MARC数据的提供及图书加工水平、物流服务能力、付款时间等都有明确的规定，但在实际操作过程中馆配商没有严格按照合同要求执行，一些图书馆也没有认真按照合同规定的违约条款对馆配商进行相应的处罚。对馆配商缺乏足够的约束力，不利于控制和改善图书采购的品种和质量，这对于按质供货、认真工作的优秀馆配商产生了不良的影响，打击了他们依法守约的积极性，形成“劣币”驱除“良币”的局面。

2. 馆配商存在的问题

(1)塞书。是指未经图书馆认可与同意在订单外私自添加图书品种和复本的行为，通常是在采购过程中加塞一些滞销书、高利润的畅销书、特价书、高定价低折扣书甚至盗版书。这些现象在十年前最为突出，当时由于没有更好的对比方法，图书馆采访人员只能通过人工方法来进行对比，很难实施有效的监督，所以后来很多图书馆在选书时，工作人员带着手提电脑录入条码，在馆配商供货时逐项校对，以保证馆配商供应图书的准确性。近几年，相应的选书工具，如查重器的使用，基本上避免了塞书现象的发生。

(2)少提供或不提供学术类、专业类采访书目，或对图书馆报订的学术类、专业类书目采取漏订甚至订购盗版书的方式节约成本，这是馆配商信用缺失的一种表现形式。衡量高校图书馆藏书质量的一个重要指标就是馆藏学术性、专业性图书所占的比重，保证学术性、专业性图书采购的连续性与完整性是图书馆藏书建设的重要原则之一。因此，图书馆在图书招标书中对此类图书比例都有明确的规定与要求。但由于学术类、专业类图书发行量少，受众市场窄，成本高，发行折扣偏高，而馆配商在馆配竞标中得到的是平均折扣，高折扣的学术书无疑拉高了折扣，从而降低了供货商自身的利润，所以多数馆配商的销售积极性不高。馆配商为了中标，通过降低折扣来提高竞争力，中标后，因出版社降扣让利的空间有限，大多通过加大低折扣的社科书比例，以及减少专业类、学术类图书的比例来降低成本，这又在一定程度上人为地淘汰掉一部分学术类、专业类书籍，造成图书馆学术馆藏图书的缺失和到货率低。

(3)推迟供书，打时间差。图书品种增加，出版频率加快，导致图书销售周期缩短。部分出版社为了回笼资金，会根据出版时间长短采取高低不同的折扣，出版时间越长折扣越低，有时甚至将出版不到半年的图书就做降价或特价处理。馆配商之所以推迟对图书馆供书，是因为能从出版社获得更低的折扣，但对读者借阅新书的时效性产生了影响。

(4)图书耗材掺杂掺假、以次充好。这是不诚信馆配商在图书外包加工过程中的惯常做法。图书加工所用磁条、条形码、书标、胶布等物品，一般在图书采购合同中规定由馆配商免费提供，为了降低运营成本，馆配商掺杂掺假，偷工减料，以次充好。如书中的条形码用材品质差、质量无保证，容易被损坏；书标及书标护膜黏度不够，粘贴不牢，经过几个寒暑的冷热天气变化，就容易脱落；一些图书被盗，是因为防盗磁条粘接不牢，失去了防盗的功能，造成图书馆的财产损失。

(5)书目数据不标准。馆配商利用的数据不标准，加上编目人员水平高低不一，在检索、核对过程中有可能出现偏差。有的编目人员对图书馆的具体情况不熟悉，在分类级别和类目上没有按照馆内特定规则进行，因此造成数据的不统一、不规范。而馆配商对员工的计酬方式多采用计件制，一些员工为了利益，会重视数量而轻视质量，再加上馆配商疏于管理，因此经常发生书目数据不标准的现象。

(6)打价格战。有些馆配商利用低价格的手段来展开竞争，以求占领更大的市场份额。这种价格战是一种初级的竞争手段。如果低价中标后无法获取正常的利润，这些馆配商就用特价书充当正价书。正常情况下，馆配商进正价书，毛利润不到10个点，维持生存都比较艰难，而特价书进价很低，一般是2～3折，毛利润在20～30个点甚至更高，高额利润使得一些馆配商铤而走险。

综上所述，部分馆配商对图书馆的需求并未真正了解，对图书馆的服务在认识上有误区。虽然当前馆配商所提供的采访书目、编目数据、给图书贴条形码以及图书上架等诸多“服务”较之前已有很大进步，但还只是停留在商业运作的浅层次服务上，而对基于图书馆信息资源建设所要求的深层次服务多半是知之甚少。他们对图书馆的藏书建设规律与原则、采访规律与原则都缺乏深入的了解，更多的是被动提供服务，没有主动了解图书馆业务需求的意识。

3. 出版社存在的问题

(1)供书品种较为单一。多数出版社只能提供本社出版的图书，不具备组织、协调多家出版社货源的能力，在馆配市场中还得依靠馆配商组织货源。

(2)除少数规模大、实力强的出版社之外，多数出版社没有自己的图书编目队伍，无法及时向图书馆和馆配商提供标准的数据信息，只能委托个别大型馆配商代为制作编目数据。图书样书方面，也没有设立较为全面的样书室供图书馆选择。

(3)图书馆选择供货商多实行招投标制度，要求投标方具有各种资质，且具有与多家图书馆合作的经验，但是出版社的馆配业务无法满足相应的要求，只能通过馆配商提供图书品种。

(4)很多出版社已将其传统纸质资源数字化，但没有良好的渠道将这些数字资源销售出去，造成了资源的浪费。

(5)出版社没有制定合理的销售政策，对全国馆配商和区域馆配商政策单一，不能更好地保护区域馆配商利益，没有建立起平衡的销售网络，致使出版社容易受大型馆配商挟持。

综上所述，可以将馆配市场存在的问题归纳为以下几个主要矛盾。

第一，出版社图书品种的不断增长与图书馆图书经费受限之间的矛盾。每年图书品种不断增多但图书馆采购经费更倾向于电子资源。第二，学术图书进货价格与馆配商中标价格之间的矛盾。学术图书定价不断提高但中标价格不断下滑。第三，图书生产成本增加与馆配商中标折扣低之间的矛盾。由于成本增加，出版社提高了发行价格，但馆配商中标价格在下降。第四，图书定价增长与图书馆品种册数考核之间的矛盾。图书馆的评估政策是考核采购多少书，而同样的采购经费每年能采购的图书册数在下降。第五，大型馆配商中盘化趋势与区域馆配商特色化服务之间的矛盾。一方面图书馆离不开区域馆配商，另一方面，大型馆配商实力强劲，造成区域馆配商竞争力下降，减少了为图书馆提供服务的机会。

三、馆配图书类型

在招标过程中会发现有很多馆配商报价不一，相差甚远，因此分析馆配图书类型，了解不同图书的成本，有助于图书馆更好地了解馆配市场。

1. 大型出版社发行的图书

这类图书不仅在印刷、装帧方面十分考究，而且学术价值高，所以价格较高。此类型书适合图书馆馆藏，是图书馆馆藏的必备图书，在图书销售市场中占据的份额较大。

2. 众多中小型出版社发行的图书

这类图书质量好，种类多，价格比大型出版社的低，知名度相对大型出版社较低，学术价值相对较弱，在馆配市场中所占份额没有大型出版社多，在图书馆采购经费有限的情况下，有助于图书馆增加馆藏数量，起到了均衡价格的作用。其中一些专业出版社的图书发行价格也比较高，如美术、体育、建筑、音乐类等，这也是图书馆必需的图书。

3. 二渠道公司发行的图书

二渠道一般指民营图书发行公司。通常情况下人们习惯将新华书店系统的发行机构称为主渠道，而将新华书店系统以外的民营发行机构称为二渠道公司。二渠道公司发行的这类图书，紧抓社会热点，一般具有广阔的销售前景，也符合大众读者需求，但是相对来讲学术价值较低。此类图书由于是民营公司发行，机制更为灵活，发行效率较高，企业自身负担少，所以价格较低。多数馆配商喜欢从此渠道进货，但要图书馆平衡好此类图书的供应比例，也应限制馆配商过多地供应此类图书。

4. 特价书

特价书是指一般低于三折出售的正版书籍，主要来源于出版社库存书。特价书形成的原因有：一是出版社跟风出书，选题重复，到后期销售困难；二是出版社的销售渠道不通畅没有形成更多的销量；三是出版社对图书销售的判断有偏差，印量过多；四是书店退货以后，由于过了销售期，很难再次发货销售。因此，有一些出版社为了降低库存，以低廉的价格把这些书销售给馆配商。特价书可分为以下几种：一是正常特价书。有些图书虽然积压了几年，但还具有馆藏价值，若是正常特价书，图书馆也可以进一部分，既节省了资金又增加了藏书量。二是回收特价书。出版社把有些不能当特价书卖或品相不好的库存书卖给废品收购站或纸厂化浆，但少数书商就从收购站或纸厂将这些书购买过来，再当成特价书甚至新书卖给图书馆以获取更高的利润。三是新书特价。一些书商利用图书馆要新书的特点，将过去的老书翻印或一书多号，码洋定得很高，进货折扣很低，当成新书去卖，也使图书馆吃亏不少。因此，图书馆在面对低于正常销售价的图书推销时，应认真核对其供货来源。

5. 印厂书

印厂书是印刷厂和出版社签订合同时为防止印刷过程中出现残缺不齐、油墨污染等问题超过预定印刷数额外多印的书。一些馆配商抓住这一漏洞，勾结少数印刷厂，在原有基础上多印一些书，并收购此类图书，形成新的图书来源。这类图书和新书一样，都是出版社的合伙单位印刷出来的，但因只有印刷成本，所以进货价格很低。从严格意义上讲，此类图书属于盗版图书。图书馆在招标时要严格控制这类图书，要求馆配商提供出版社给予馆配商的授权证明以及图书的进货证明，保证图书的正当来源渠道。特别是在招标新书时，在有些馆配商投标时报出超低价格时更要提高警惕。

第三节　河南省馆配市场现状

一、河南省馆配市场概述

河南省馆配市场也像全国其他馆配市场一样经历了起步、发展、稳定及转型几个时期。在图书馆采购招标过程中虽然也有一些恶意竞争、低价中标等不良现象，但总体来说，河南省馆配市场是竞争有序，稳定发展，服务至上的良性市场，多数馆配商较为理性，努力为图书馆提供优质的服务。同时，馆配商也在不断地创新转型，以提升自己的核心竞争力，共同维护馆配市场的良性发展。了解河南省馆配商对研究河南省馆配市场现状有着重要的意义。

目前，河南省馆配市场上的本土企业主要有九家，分别是河南天富文化传播有限公司、河南摩根科贸有限公司、河南新语图书有限公司、河南得云文化传播有限公司、河南大河书局有限公司、天择文化传播(河南)有限公司、南阳市新思维文教有限公司、郑州市新华书店和郑州日成图书有限公司。另外，也有部分主做教辅、教材的图书企业也兼做馆配业务，遇到合适的投标机会也参与投标，如河南普乐教育科技有限公司、河南省新华书店、河南树人教育文化传播有限公司、河南育才教育图书文化有限公司等。

河南天富文化传播有限公司成立于1997年，其前身是河南省高校图工委的图书供应站，是较早从事馆配业务的企业，后经过改制，成为独立的图书供应公司。该公司成立较早，并且赶上了2000年前后的馆配市场发展的黄金时期，取得了很好的经济效益。

河南摩根科贸有限公司成立于2007年，该公司的前身是河南红日科贸有限公司，成立于2001年。红日公司起先主要做图书馆图书用品的销售，如图书耗材及图书馆设备，后来因为业务发展的需要，在2007年成立了新公司河南摩根科贸有限公司，馆配业务也主要交由该公司。该公司在河南省馆配市场中是较早地提供编目外包业务的企业。

河南新语图书有限公司最早注册于1994年，其负责人原在新华书店工作，后来创办了馆配公司，借助河南大学图书馆的业务优势及知名度，新语图书公司也拥有一批固定的客户。

河南得云文化传播有限公司成立于2003年，其负责人最早在郑州图书城从事教辅发行，积累了广泛的人脉和丰富的销售经验，有一定的合作客户。

河南大河书局有限公司成立于2004年，是河南省为了响应国家提倡建立农村书屋的号召，在河南省委宣传部的支持下成立的公司，和新华书店一起分享了河南省农村书屋工程的所有业务。但随着农村书屋业务量的减少，大河书局的图书业务陷入低谷。近年来全民阅读的兴起让大河书局重新焕发了光彩，其主要面向职工书屋、中小学基础教育方面发展业务，馆配业务及校园书店的建设也有涉足。

天择文化传播(河南)有限公司成立于1998年，其前身依托于化学工业出版社的化工书店。因为业务的发展需要将公司改制，改制后的公司主营业务包括图书馆配、图书编辑、古籍流通三大方面，主要从事图书馆图书配送工作。经过多年的发展，该公司拥有稳定的客户群体，在河南省馆配市场中占有一席之地。

南阳市新思维文教有限公司原名南阳市新思维书店，成立于1996年，于2009年变更为有限责任公司，并更名为南阳市新思维文教有限公司。该公司早先从事教辅销售工作，拥有的实体书店目前已是南阳市最大的图书零售卖场，在南阳地区的大中专院校、中小学图书馆及各县区公共图书馆市场中拥有较高知名度和稳定的客户。

郑州日成图书有限公司的前身是河南省图苑实业发展有限责任公司，图苑公司是河南省图书馆在1997年投资成立的企业。在此之前，河南省图书馆也是通过招标方式由馆配商提供馆藏图书，但发现馆藏质量较高的图书信息经常被屏蔽，中标馆配商往往不提供图书馆所需要的高质量学术图书，影响了馆藏质量。因此，图书馆决定成立自己的馆配公司。公司刚成立时，因为没有销售经验，发展规模不大，后来河南省图书馆调整了公司的管理模式，也更换了负责人，业务发展迅速壮大。特别是2003年以来，该公司依托高水平的编目加工服务，迅速占领市场，经过不断地发展，逐渐赢得了各类型图书馆的信赖。虽然郑州日成图书有限公司相比其他馆配商起步较晚，但依托省图书馆的良好信誉和馆领导、同仁的大力支持，并凭借编目业务优势，组建了一批高素质员工，逐渐占领河南省馆配市场，近十年来，一直在河南馆配市场位居前列。

二、河南省馆配商的竞争与合作

河南省的馆配业务目前多由省内馆配商承担，省外馆配商除了北京人天书店和湖北三新文化传播公司以外，其他的馆配公司较难涉足。一是因为河南省的各类型图书馆对图书质量要求十分严格，这不仅体现在勾画书单的环节，还体现在监督图书加工质量和验收图书的环节，只有经过层层检验、筛选后的图书才能进入馆藏。如河南省内某本科学校每年采购约十万册图书，只挑选50多个出版社的图书，而且都是知名出版社的学术图书。因此，一般实力较弱的馆配商不敢轻易去投标。二是图书编目要求高。检验一批图书是否符合本馆馆藏的要求时，除了审核图书的内容外，还需审核它的编目加工质量。河南省的各类型图书馆对这点要求也特别严格。据统计，河南省的采编主任60％以上都是科班出身，有过硬的编目水平，非常了解编目加工的每个细节及可能出现的问题，所以在编目审校时能轻而易举地发现问题，这在无形之中对馆配商产生了压力，馆配商在编目加工时就不敢懈怠，严格把控质量。一些学校在招标时就对投标的馆配商提出较高要求，如到馆加工，要求馆配商的编目人员到图书馆现场加工，既方便监督，又便于审核。并且在每次供货结束后，采编主任还应出具中标馆配商编目服务质量报告书，提供给图书馆有关领导，以此作为来年招标的重要依据。三是河南省的各类型图书馆积极创新馆配工作，每学期都会开展相关图书活动，如举办图书展、读书比赛等。这些活动需要馆配商积极配合，而本省馆配商就容易满足图书馆这一个性化需求，这也显示了本地化服务的优势。四是河南省内馆配商的团结协作。投标时是竞争的对手，招标结束后是合作伙伴，能非常理性地对待招标结果，不诋毁其他的公司。五是积极搭建馆、社、商交流平台，通过每年举办近十次的馆配交流活动，加强三方之间的了解，使馆配市场各方都能熟悉对方的工作流程及要求标准，彼此之间相互尊重，共同维护馆配市场的生态健康。

总的来说，河南省的馆配商之间虽然有竞争，但更多的是合作。彼此互相理解，有大局意识，和谐发展，能够给图书馆提供更好的服务，共同维护本省馆配市场的良性发展。所以从这一点来讲，河南省馆配商值得其他省份学习。

三、河南省馆配市场展望

河南省馆配市场经过多年的发展，现在已经发展到比较稳定的阶段。很多图书馆总结出了控制图书质量和编目质量的措施，经常举办各种学术会议，加强馆、社、商之间的交流，和出版社建立直接联系，由出版社提供齐全、准确的书目，避免被馆配商屏蔽。图书馆采访馆员特别重视业务交流，经常互动探讨，分享工作经验。比如，如何制定详细的招标文件，如何检验图书的编目加工水平，如何选择馆配商，如何检验图书质量等。馆配商也不只是将配送多少码洋当成唯一目标，而是积极适应图书馆资源建设工作，以提高馆配商服务质量为己任。特别是在图书馆数字资源需求不断提升，纸质图书何去何从的关键时刻，馆配商积极创新，不断提升公司竞争力。如河南得云文化传播有限公司利用渠道优势成为图书用品全面提供商和数据库代理商，郑州日成图书有限公司也成立了科技公司，专门研发图书馆各类业务的实用性软件以提高自身的核心竞争力。众多区域馆配商共同为图书馆提供高品质服务，让图书馆满意，让读者满意。

按照目前的发展趋势，在未来几年内，省内馆配商仍然占据河南馆配市场大部分份额，为省内图书馆提供更多更好的服务。

第二章　图书馆、馆配商与出版社

第一节　图书馆与馆配商

图书馆代表着社会各类读者的各种阅读需求，需要购买的是各类出版社的各种图书。要求图书馆到国内 580 余家出版社一一去采购是不现实的。图书馆除了需要采购图书外，还需要图书采访数据、编目数据等方面的信息流服务以及图书加工和物流服务，这些图书到馆后的后续服务十分专业、繁琐，不是出版社组织自己的发行人员就能轻易做到的。如果图书馆直接采购出版社的图书，出版社就要为每一家图书馆花费相当多的时间和精力，其成本会相对提高。而图书馆通过数家馆配商可以采访到大部分出版社的图书，馆配商所提供的专业服务能够使整个图书产业的物流链条、信息流链条以及逆向的资金流链条顺利运转起来。所以说，在馆配工作中，馆配商具有重要的作用。

一、图书馆采编工作流程及质量控制

图书馆是一个专门收集、整理、保存、传播文献并加以利用的文化场所，具有保存人类文化遗产、开展社会教育、传递学科情报、提供公共服务的功能。图书馆的部门设置一般分为行政部门、读者服务部门、业务部门、资源开发部门、技术支持部门。而图书采编工作是业务部门中重要的岗位之一，它关系着馆藏资源的质量，决定着读者借阅的内容，是图书馆的业务基础。那么，图书馆采编工作经历了怎样的发展过程呢？具体工作又是怎样的呢？

1. 我国图书馆采编工作发展溯源

我国是世界上建立图书馆较早的国家之一，早在西周时期就建立了图书馆。据《史记》记载，老子曾任周朝的守藏史，《汉书·艺文志》称老子(公元前570—前500年)为“柱下史”，他博览古今书籍，可以说是我国最早的图书馆馆长。目前，世界公认的最早的图书馆当属今伊拉克境内的亚述巴尼拔图书馆(公元前668年—前627年)。

在书籍不易抄写和制作的古代，不论是官方还是民间，存书量是很少的。秦始皇的“焚书”以及秦汉时的战乱使社会的存书量更少。汉朝十分重视藏书并大量收集民间书籍。受官方藏书影响，社会藏书习俗也逐渐形成，进而图书贸易市场也逐渐形成。

随着东汉蔡伦改进造纸术，纸张作为图书的主要书写材料，图书的生产规模有了很大的发展，社会上的图书供应量大大增加。官方收藏图书主要通过：一是在市场上购买；二是向民间征集；三是鼓励民众捐书。汉代的广泛收集并大量藏书对我国的文化传承有着很大的贡献。但到魏晋南北朝时期，由于社会动荡频繁，图书增量不多。

隋朝时期，由于采取抄录副本分级储藏，图书存储量大增，仅西京长安嘉则殿的藏书就有37万余卷。

唐朝时期，虽然已开始使用雕印技术，但求书的主要方式是借抄。抄书不是任何人都可以干的，当时规定缮写员必须是“五品以上子孙工书者”。也就是说，从事采访抄写者必须是官宦人家并且字迹好的人员。由于唐朝的经济发展稳定、文化也得到繁荣发展，自著书者比较多，图书采访经费充足，因此，图书储藏有了很大的发展。

宋代馆藏的主要手段是征集私藏。由于宋代的刻书业比较发达，从中央到地方都可以刻印书籍，购书便利，私人藏书丰富，成为主要的社会图书来源。宋政府规定“凡州县印本书籍，咸解赴册府，以补四库之缺”。官府还出台了“献书补官”政策，设“荐书专家”，十分重视图书采访工作。

元朝的图书采访无创新发展。

明朝时期，朝廷不仅“求书封赏”，对撰写、进献有补政治书籍者“赐金币，进尚书”，使得官府藏书量大增。

清代由于前期大兴文字狱，焚烧了大量不合政意的书籍。到乾隆时期，因编纂《四库全书》，在全社会大量收集图书，但清政府的大量收集书籍不是求书，而是为了政审的需要，以达到长期统治的目的。

到了近代，我国图书馆受清朝“西学东渐”之风的影响，采访主要是介绍西学，翻译西书，并大力购买外文图书。此举使我国的图书馆大量引进西方书籍，如当时成立较早的京师图书馆、湖南省图书馆、河南省图书馆。政府采取效仿西方国家的“出版物呈缴制”，确保了图书馆的藏书书源。

2. 我国图书馆采编方式发展历程

随着思想的不断解放、技术的不断创新，现代图书馆文献采编工作经历了手工、自动化和网络化的不同发展时期，文献范畴越来越广泛，文献采编工作面临着更多新的挑战。

20 世纪 80 年代初期，采编还是纯手工工作，当时的图书馆选书体系还是计划经济体制。早先是图书馆采访人员去省新华书店或市新华书店取《新华书目报》，采访人员要根据报纸上刊登的书目基本信息按照编号(每本书都有一个编号)划书单，划完书单由采访人员去目录柜对比馆藏。一般目录柜包含两套目录，一是馆藏目录，是图书馆已有的图书；二是采购预定目录，俗称采购底卡，也就是图书馆已经预定的但是还没有到货的图书。对比完馆藏后，再将预定的书单信息交由省新华书店或市新华书店，一层层上报至新华总店。新华总店根据统计出的每种图书的需求量交由出版社，由出版社进行批量生产。从划订单到图书到馆差不多需要半年至一年甚至更长的时间。还有一些比较专业的出版社如古籍出版社、美术出版社，他们的书目信息没有出现在三大书目报上，不能被图书馆采访人员看到，所以由出版社专门的人员去图书馆送书单，但是这种采购方式用得很少。图书到馆后，由编目人员进行基础的编目工作，当时的编目工作包括分类、著录、目录组织。编目人员包括著录人员、分类人员、目录组织人员、加工人员。分类是图书到馆要按照当时多采用的“科图法”先进行基础分类。当时的科图法分为 25 类，是由分类人员基本上看完整本书的内容后进行分类。分类后，由著录人员进行目录卡的制作工序，一般的目录分为六套，一套是排架目录；两套是采编人员常用的目录，一是书名目录，二是分类目录；三套是读者使用的目录。目录卡制作采用蜡纸刻板的方法，工具有斜纹钢板、蜡纸、硬笔尖、特制毛刷、油墨等工具。斜纹钢板是起到支持、固定、加大摩擦的作用，将蜡纸平铺在斜纹钢板上，用硬笔尖刻上书的基本信息，再用毛刷蘸上油墨刷蜡纸，蜡纸上刻上的书目信息便能显示出来，于是目录卡就这样生成了。目录卡生成后，有目录组织人员对目录卡排序摆放，方便使用人员找到所需书目。加工人员一般为基本技术工人，负责图书的贴书号、盖馆藏章、上架等工作。

20 世纪 90 年代初，随着改革开放的深入发展，图书的采访工作发生了巨大的变化。一些私人书店凭借灵活的运营方式主动为图书馆送书目单，节省了采访人员的时间和精力，许多图书馆就采用了这种采购方式，后来新华书店也实行了上门服务的政策，主动寄送新华书店书目单。20 世纪 90 年代中后期，随着高校评估时代的到来，图书馆图书资源的不断增多，传统的编目方式已经远远不能满足图书馆的需要。图书馆管理信息系统的出现也改进了编目方式，但就实际应用而言，当时图书馆管理信息系统发展比较缓慢，特别在微型计算机出现之前，绝大多数图书馆几乎不可能采用计算机支持的管理信息系统。20 世纪 90 年代以后，随着微型计算机在图书馆的应用，图书馆管理信息系统才逐步发展起来。同时，MARC 数据标准的设立使图书馆的编目工作流程化，提高了书目数据加工的效率。

21 世纪初，随着互联网的普及，出版事业也进入了蓬勃发展的时期，出版物更加多样化，品种更加丰富。在这种形势下，图书馆所面临的有限的采购经费和日益增长的出版物数量之间的矛盾越来越凸显，收集齐全所有的文献对任何一家图书馆而言都是一个不可能完成的任务。随着高校评估时代的到来，图书馆需要购买大量图书，有限的图书馆人员无法完成如此巨大的工作量，而馆配商的出现就刚好满足图书馆的需要，馆配商帮助图书馆做图书的编目加工工作。

随着外包服务的发展，图书馆对编目人员的要求也相应地发生了转变。90 年代图书馆对编目人员偏重于对职业技能方面的要求，编目人员需根据本馆的编目规范、文献信息编目标准制定相关的规章制度和作业流程，需要编目人员对业务知识和流程熟练掌握，考虑到工作中的每个方面和细节。实行编目业务外包后，对编目人员的职业素养特别是计算机运用能力提出了更高的要求。图书馆编目人员从传统的编目工作中解脱出来，转而对人力、物力、财力进行统一的管理规划协调，及时和外包人员沟通，发现编目数据问题，及时修改错误，特别注重考核、校对、验收的工作。同时，编目业务的外包促进编目人员向其他岗位转移，承担编目以外的工作，因为对馆藏资源有更多的了解，编目人员可以参与流通、信息咨询服务等多项工作，这些也反过来影响图书馆采编方式发生变化。

3. 图书馆采编工作介绍

图书采编分为采访和编目。文献采访，即根据图书馆的性质、任务和读者需求，通过觅求、选择、采集等方式建立馆藏，并连续不断地补充新出版物的过程。它是图书馆一项业务工作，是图书馆最重要的基础工作之一，是文献资源建设的首要环节。编目工作也是图书馆的一项业务工作，新书到馆后首先要到编目部门，经过编目部整理和加工后，才能进入流通部门，编目工作质量的高低直接影响图书流通的速度和质量。

(1)图书馆采访工作介绍。图书馆的采访工作流程一般包括制订采访方针、计划及文献收集标准；关注出版动态，掌握出版与发行信息；调查读者需求；收集反馈信息；选择馆配商；规定采访工作流程；采访协调；采访质量评估。

一般图书馆采访的方式分为以下几种。

①一般采集方式。

a. 订购：订购是大中型图书馆采集图书的主要方式，一般包括期货预定和现货预定两种方式。期货预定是由图书的出版商或发行商向图书馆或馆配商等发出计划出版的目录，采集单位根据自身馆藏特点进行圈选，并在预定单上填写所需图书的名称或编号、所需复本等项目，在规定的时间内将预定单交给出版商或发行商，图书出版后，出版商或发行商将预定的种类及复本量送达图书采集单位。现货预定是出版社将已经出版图书的电子书目发给图书馆或馆配商，由中标馆配商经过查重后将订单发给出版社，可直接订到图书，这是目前图书馆主要的采访方式。

b. 现采：现采是指图书馆采访人员直接到图书的出版商、发行商或馆配商那里进行现场选书、购买的采访方式。现采的优点是可以直接鉴别图书的内容，简便迅速，避免预定中的一些手续，这种采访方式还能获取平常订不到的书刊，如有些发行量小、内部发行的图书，古旧图书，地方出版物等。有些漏订、预定不足的图书以及需要临时补配的图书通过现采可以得到解决。现采的缺点是费用较高，对经费不充裕的图书馆来说比较困难。

除此之外，还可以利用复制、征集、捐赠等采集方式。如通过复制外文原版图书、绝版图书、孤本、善本、一些内部资料等满足图书馆馆藏需求；主动向非正式出版物发行单位征集家谱、地方文献、人物传记等内部资料；接受个人、单位或是社会团体主动向图书馆赠送的文献资料。

②网上采购。网上采购是指图书馆采访人员以网络为平台，以数字化出版信息为工作对象的一种中文图书采购方式。如在当当、卓越、亚马逊等网站上采购图书。其优点是扩大了图书馆选购信息的范围，操作简单方便，提高了工作效率和质量，但是存在图书馆采访系统数据接口的通用性、信息安全、支付等问题。因此，现在很多图书馆往往通过中标馆配商代为购买。

③按需印刷。按需印刷(print on demand)是指图书馆根据文献采集的要求，将所需文献直接报给出版社或馆配商，出版社接到数据后进行数码印刷、装订。按需印刷是数字技术在出版印刷方面极好的实践，能够有效缓解出版商的库存压力。对于图书馆来说，那些发行量小，特别是专业和学术性图书，按需印刷是一种最佳的出版方式。其缺点是印刷成本较高，因此这种方式尚未大量普及，仅有少数出版社进行尝试，如科学出版社。

④读者荐购。读者荐购主要指用户决策采购(Patron Driven Acquisition，PDA)，也叫“需求驱动采购”或“按需购买”，是指将读者的阅读需求量转化成一定指标，作为图书馆文献采购和馆藏建设的决策依据。PDA 模式是新兴的采访模式，能够充分考虑到读者的需求。目前，PDA 在图书馆纸质图书采购中应用不多，但不少图书馆借助这种方法创新采访模式，采用读者荐购的方式来完善采访工作。如读者通过 QQ、现场推荐、网页推荐、微信等方式向图书馆采访人员推荐图书，再由图书馆购买。这丰富了馆藏采访方式，满足了读者个性化需求。

以上是几种常见的采访方式，图书馆可根据馆藏特点、图书类型、经费等情况选择不同的采访方式，搭配组合，以更好地完成图书采访工作，提高图书采访质量。

(2)图书馆编目工作介绍。图书馆的编目工作是指对采访到的图书进行一系列的加工，达到图书馆藏标准，包括制作编目数据、夹磁条、贴条码、贴书标、盖馆藏章、贴膜(书标膜、条码膜)、打号、贴电子标签、标签转换、出库打包等各个环节。现在的图书馆编目工作一般外包给馆配商来做，既节省了人力、物力，又提高了工作效率，图书馆主要转向对馆配商编目加工质量的监督和指导。

4. 图书采编工作中存在的问题

(1)馆藏文献利用率低。近年来，图书馆采访书目信息大部分来源于馆配商，但由于馆配商在采访链条上处于供货商地位，提供的书目更侧重于方便自己低成本采购，往往忽视图书的权威性和学术性，这样容易造成图书采购数量快速增长而馆藏文献利用率不高的现象，很多读者反映在图书馆很难见到新书。

(2)书目信息质量不高。一是馆配商提供的书目信息不完整，不能将书目信息的信息结构和信息内容充分、完整地揭示出来；二是书目数据的准确性差，在版图书的信息点及出版时间不准确，缺少书目信息的相关描述，发书单与订书单存在差异，甚至包含部分非订单数据；三是书目数据重复率高，馆配商对出版社提供的书目数据未进行自查，图书馆查重程序未实行规范化管理；四是书目信息及时性差。这种现象一方面是由于馆配商工作不认真，另一方面是一些馆配商能力不足，不能提供齐全的书目信息。

(3)馆配商编目数据不规范。一是馆配商提供的在版图书编目准确率低，难以满足图书馆的质量要求；二是馆配商编目人员水平参差不齐，不能保证编目数据的统一性。图书馆在这方面应与信誉好、服务优质的馆配商建立相对固定的长期合作关系，以较高的专业标准和要求培训、规范、约束编目人员，保证数据的及时性、准确性、规范性，提高编目数据质量。

在图书馆编目服务不断规范的形势下，图书馆也应加大对馆配商编目工作的监督力度。馆配商采访书目数据的标准化、规范化、准确度和完整性直接影响着采访人员对每种图书选订的判定及采访效率，这也是图书馆评价馆配商服务能力最重要的指标之一。因此，图书馆要加强对馆配商的监督、监管工作，积极发挥馆配商的作用，使其配合图书馆做好采编工作。

二、图书馆对馆配商及馆藏质量的影响

馆藏建设是图书馆的基础工作，而馆藏采购工作是馆藏建设的首要环节，它从源头上决定了馆藏建设的质量。对馆配商行为的监督检查是保证藏书质量的重要环节，因此图书馆馆员一是要严把图书验收关；二是要严把数据关；三是要严把图书加工质量关；四是要严把图书到货关。图书馆应通过加强对馆配商的管理力度，保证馆藏质量，因为图书馆是馆藏质量的根本保证，在馆配行业中起主导作用。那么图书馆和馆配商应从哪些方面提升馆藏质量呢？

1. 图书馆应进一步加强对馆配商的指导和评价

一是加强对馆配商的指导。在采访计划、提供书目、编目、加工等具体工作层面对馆配商进行指导，提高馆配商的技术能力和工作积极性，不仅能够快速提升馆配商的服务质量，而且从长远看对提高图书采访质量和促进与馆配商合作具有重要的现实意义和可操作性。二是加强对馆配商的综合能力评价。在资质信誉、采购能力、信息提供能力、精细化服务能力、查缺补配能力、编目加工能力、员工综合素质等方面对馆配商实行绩效考评，强化质量责任，推动馆配商不断提升服务能力。特别是将评价结果写入来年的招标条件中，可以有效地提高优秀馆配商的工作积极性和主动性。

2. 重视馆配商服务水平

馆配行业中有众多的馆配商，鱼目混珠，其中有很多没有实力的小馆配商扰乱市场，影响了优秀馆配商的声誉，造成了不少图书馆对馆配商的偏见或猜疑。实际上也有不少优秀的馆配商凭借着其强大的供货能力和编目能力获得图书馆的认可，特别是作为业务基础的编目加工工作，很多馆配商的服务水平不逊于图书馆的编目人员。在一些优秀馆配商的工作标准中，对编目加工要求十分严格。如在保证服务质量的前提下对数据录入（下载和原编），贴条形码、条码膜，打号，贴书标、书标膜，粘磁条或标

签、色标，盖馆藏章，打包等一系列工序，要求达到上架的标准，编目加工人员的任务量是每天人均200册成品，这个数量标准一般馆员难以达到。有的馆配商编目水平比较高，能与合作图书馆一起向国图或CALIS中心上传数据，提高资源利用率，达到资源共享的目的。

3. 支持优秀的馆配商开展工作

优秀的馆配商可以根据图书馆的实际情况为其出谋划策，提供个性化的服务，满足个性化需求。这样一方面可以减轻馆员的工作压力，使其从事更多的核心工作；另一方面如果图书馆听从馆配商合理的建议，可以充分地接触市场，了解行业特点，总结行业规律，为读者提供更好的服务。因此，图书馆应积极支持合作的馆配商，如为其联系加工场地、协调场地的水、电及上下班馆员的交接工作等，方便馆配商工作人员安全、舒心、高效率地工作。如有的图书馆在接收加工完毕的图书时，与馆配商积极协商，寻找双方都合适的时间、地点交接。如在结账时，有的图书馆主动去为馆配商办理各种结账手续。

4. 构建图书馆与馆配商的合作共建信息平台

构建全面覆盖“出版社、馆配商、图书馆”多市场主体的信息平台是馆配市场发展的必然趋势，更是实现图书馆与馆配商高效合作的重要途径。一直以来，图书馆始终未将与馆配商加强合作上升到战略高度，往往以完成年度采访任务为合作的出发点和落脚点，对合作水平要求不高。随着图书馆工作重心向加强馆藏建设和更好地服务读者方向转变，需要图书馆及时转变图书采访的传统工作理念，重视和加强与馆配商的合作，不断强化自身建设，促进馆配商提升服务能力和质量，逐步拓展合作的深度和广度，构建以图书馆为主体，馆配商具体实施，职责分工明确，共建资源平台，实现互利共赢的合作机制。

5. 提高采访人员的业务素养

馆藏质量控制的关键还在于采访人员的业务素质与业务水平。面对有限的经费和出版物迅速增长的矛盾，必须根据本馆任务对文献进行取舍，从而建设高质量的馆藏。“访”集中表现为读者信息的获取能力、捕捉学科发展动态信息的能力以及馆配书业信息宣传能力，这对采访人员提出了很高的要求。采访人员一方面要广泛查访馆配商提供的自编书目、网上书目、各种专题书目及各大图书城、各家报纸、各个图书馆的畅销书排行榜信息；另一方面要主动寻访学校学科建设、专业和课程设置及科研情况，寻访相关学科发展信息、重要作者及其代表作、相关学科的基本工具书、馆藏借阅情况、各个出版社特点以及图书价格对文献选择的影响等。只有将各个因素综合考虑在内，才能建设出有特色的馆藏体系。同时采访人员也应加强学习，参加各种培训，不断拓宽自己的知识视野，使自己具备相应的专业背景和市场采购能力，向“图书采购信息专家”转型，以适应瞬息万变的形势。

馆配商和图书馆若基于互惠进行合作，则会达到共同受益的效果，这是图书馆和馆配商共同期待的。图书馆应提高对馆配商的理解与认识，维护其在馆配产业服务链中的地位。图书馆应更多地从提升馆藏文献资源质量的层面，关注与馆配商如何进行合作的问题，积极帮助与促进馆配商的进步与发展，使他们成为图书馆馆藏建设工作的参与者与支持者。图书馆应丰富与馆配商的交流形式、途径，对图书馆的核心需求及变化及时与馆配商进行沟通，以便于馆配商及时调整发展策略，应对各种变化与需求。

三、馆配商工作流程及职责标准介绍

熟悉馆配商的工作流程和职责标准对图书馆来讲意义重大，一是可以加强图书馆对馆配商的了解，能够站在馆配商的角度去思考问题，加深与馆配商的合作，建立与优秀馆配商之间的信任；二是结合图书馆在外包服务过程中遇到的问题，对馆配商的具体工作要求提出更加合理化的建议，制定更加详细完善的招标标准。下面是根据公司实际运营和管理经验总结出的馆配商一般化工作流程，如图 2-1 所示。

1. 在加工任何图书前认真阅读合同中详细的加工要求

(1)数据：

①详简级次，字段、子字段特殊要求。

②分类要求：类目级别，仿分、复分，组配，多卷书、丛书，版次，语言类文献等，书次号的使用。

③馆藏信息使用字段，典藏地址、馆藏代码。

④数据传输方式，每批次传输条数。

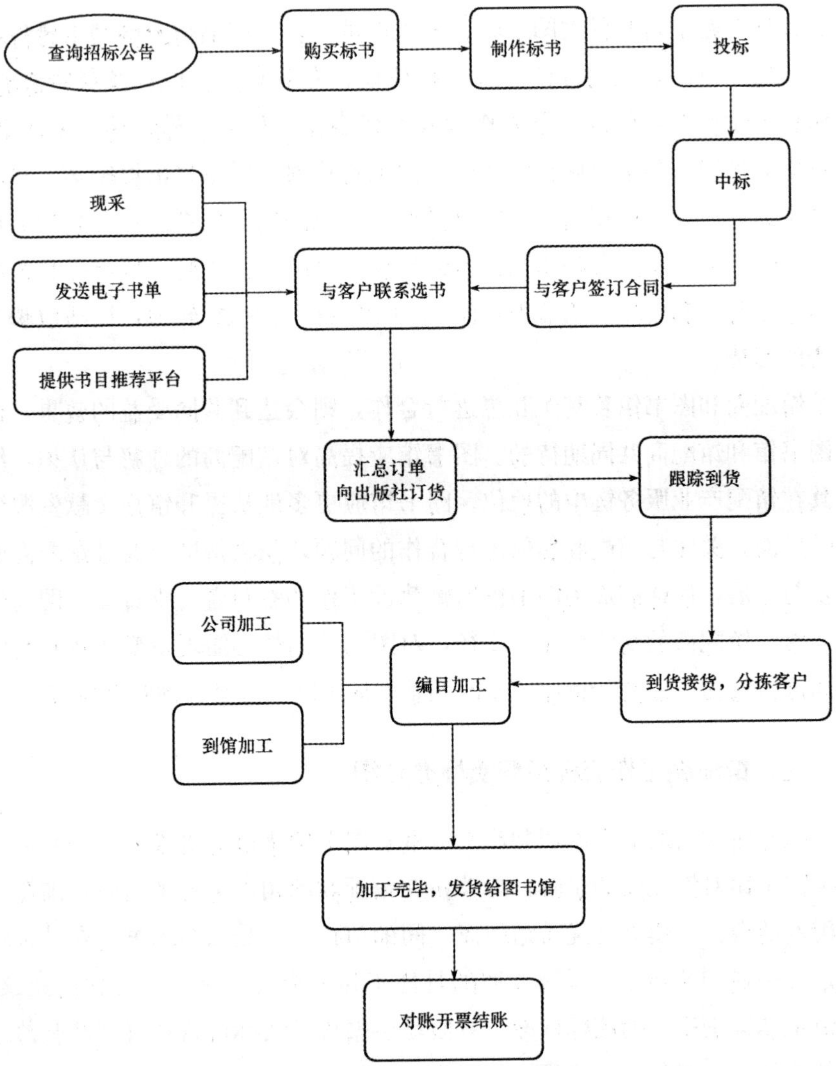

图 2-1　馆配商的一般化工作流程

(2)材料：条码、磁条、书标、章的样笺、标签等。

(3)图书采购要求：向采购人员询问订书要求。

(4)出库打包：询问客户打包要求。

2. 制定详细的加工要求

(1)制定每一步加工工序的具体要求及注意事项。

(2)打印书面形式，发给相关人员。

(3)相关负责人在加工前须集中组织学习，了解加工要求；加工流程需严格按照各馆的图书加工要求，认真履行各项相关规定。

①分组：根据实际情况确定每组图书册数。

②磁条(电子标签)：按照各馆加工要求夹磁条，确认磁条(电子标签)是否符合该馆要求。

③条码：核对条码号区间是否正确，按照加工要求正确粘贴条码，要求位置正确、端正。

④书标：认真核对书名、索书号。

⑤盖章：确认是否为该馆的馆藏章。

⑥膜：根据各馆要求覆书标、条码膜。

⑦打号：根据各馆要求在指定位置打号。

⑧电子标签：根据各馆要求贴电子标签，位置一定相符，材质进行检验。

⑨标签转换：按照客户要求对标签进行转换。

⑩数据：采访数据直接关系到图书质量，必须坚持要求馆配商提供的数据与其承诺可提供的图书类别以及出版社相符，与图书馆的采访系统兼容，以保证其数据顺利转入。如图书馆采购任务重、时间紧，急需馆配商尽快送书时，馆配商应滚动发送编目数据，以便图书馆分批接收，随时复核检查，保证质量。

馆配商职责标准包括以下几个方面。

(1)根据各馆要求，选择相应的软件。

(2)要求加工人员掌握并熟练操作图书管理系统。特别是编目子系统各功能的应用，了解各系统的优缺点。

(3)著录要求遵循《中文图书编目规则》《新版中国机读目录格式使用手册》《CALIS规则》。可根据各馆数据要求，确定著录级次。

(4)著录过程中要认真仔细，不能出现错录、误录、漏录。特别是必备字段、题名、责任者、ISBN、价格、出版者、馆藏信息、索书号。

(5)按各馆要求，依《中国图书馆分类法(第四版或第五版)》分类。在参考CIP的前提下，对图书所反映的主题认真分析归类，做到正确、适度、一致。

(6)认真做好数据统计工作。

如果馆配商严格按照上述要求完成各项工作，则能顺利完成中标任务，获得图书馆认可。

四、馆配商服务对图书馆采编工作的影响

随着图书种类的增多，每年适合图书馆采购的品种(初版)范围在12万～15万种，因经费和复本原因，多数图书馆只能选择2万～3万种。因此，选择最适合的馆配图书和做好采访工作，才是采编工作的重心。在实际工作中，图书馆多采用现场采购或者直接选用出版社书目方式，有些图书馆则直接采用中标公司提供的书目。由于很多图书馆忙于应付审核数据，使得一些图书馆的图书质量难以满足读者和馆藏要求。而对于馆藏工作而言，它要满足图书馆的四个服务功能，即读者需求服务、专业科研服务、特色馆藏服务以及决策参考服务，而不是仅仅满足于达到册数要求，因此有必要适当改变一下目前图书馆重审校数据轻采访的工作模式。从另一个角度来看，馆配商服务也对图书馆采编工作产生了一定的影响，主要体现在以下两个方面。

1. 积极影响

(1)缓解了图书馆采编人员的不足。图书馆人员编制数量有限，大部分人员进行场馆的读者服务工作，采编人员紧缺，无法快速地完成大量的工作。而馆配商能够为图书馆提供完整、规范的图书书目数据，并派专业人员到馆进行编目数据的套录，在一定程度上缓解了采编人员不足的问题。

(2)缩短了新书上架的周期。随着图书馆免费开放的不断深入推进，阅读人数也急剧上升，读者文化自觉意识不断增强，公众对新书的要求也越来越高。高校图书馆也对最新前沿学术图书的时效性有了更高的要求。因此，在图书馆的公开采购中，馆配商往往都把无偿提供图书加工作为一项服务写入中标合同中，很多耗时耗力的图书编目由馆配商来做，图书馆就不必花费大量的时间和精力进行图书的物理加工，可以大大地缩短图书等待编目的时间。之前，一批新书按正常的程序从采购到验收，再到编目

完成后上架，一般需要三个月左右。实行采编业务部分外包后，借助馆配商的编目加工力量，采编验收人员只需验收、审核新书数据，这就大大提高了采编工作的效率，将新书上架的周期缩短至一个月左右。

(3)采编人员可以腾出更多的时间和精力来专注图书馆的核心业务，促进特色馆藏体系的形成。采编工作是图书馆为读者服务的基础，采编人员的认知水平和业务能力直接影响着图书馆馆藏建设的质量。在开展馆配业务之前，图书馆的采编人员整天忙于图书采访、贴书标等物理加工，还出现了新书积压，根本无暇顾及馆藏统计、新书通报、信息资源挖掘等，更没有精力去思考文献资源的建设，馆藏建设处于无规划的状态。随着馆配商服务水平的提升，图书采编中的查重、配送、编目、贴条码等工作基本都由馆配商来完成，采编人员只需要完成图书采访和验收工作即可，这样能够充分发挥图书馆文化资源服务职能。

2. 消极影响

(1)图书馆编目人员容易对馆配商产生依赖心理。编目外包后，减少了图书馆编目人员实践与学习的机会，从而削弱了他们的创新能力，容易使图书馆编目人员对馆配商产生依赖心理。有的图书馆编目人员在检查书商所提供的外包业务时，感到知识不够用或滞后。长期的编目业务外包也有可能使图书馆因缺少编目工作实践机会而丧失编目业务技能。

(2)编目质量存在隐患。编目业务外包后，会经常出现外包的编目数据与本馆的编目数据不对应的现象。这是因为一些馆配商的编目人员大多只经过短期的编目培训就匆匆上岗，他们的编目专业知识不足，对图书馆编目数据及操作程序了解不够，完全将中图法或 CALIS 上的数据生搬硬套，然后在参照本馆的编目数据著录规则的基础上稍加修改。更主要的原因是，馆配商与编目人员有着聘用关系，编目人员外出编目用的时间越短，对他们来说获利越大。因此经常出现技术标准不统一、著录款目不规范、一书多号、一号多书以及同书异号等问题(同著本)。这些错误的数据直接影响了图书馆图书的正常流通，也给图书馆的编目人员带来了许多麻烦。

(3)馆配商为追求利润而屏蔽书目。有些馆配公司的采购人员为了获取更大的利润，提供书目时不是以图书质量和需求为首要考虑因素，而是将最便宜的书目推荐给图书馆。图书馆忙于审校数据及其他工作，最重要的采访工作却因为没有足够的时间所以形成对馆配公司的依赖，使对优秀图书的选择受到影响。

针对图书馆采编工作中存在的问题，笔者作为一名馆配商，同时又是一名图书馆工作者，就采编工作中遇到的问题提出以下建议。

对图书馆采访人员而言，目前，每年出版的新书品种不断增多，特别是跨学科专业的图书资料不断地涌现，无疑增加了其采访的难度。如果图书馆采访人员只是依靠馆配商提供的书目或者出版社传递的书目，会丧失很多挑选优质图书的机会，这就要求图书馆采访人员加强自身业务能力，更多关注出书动态及相关信息。如出版社出书特色的改变、学科发展的趋势、读者需求的变化、网络信息对图书内容的影响等。只有掌握更全面的书目信息动态，才能对馆配商提出严格的要求，从而取得最佳的采访效果。同时积极做好数据对比分析工作，如首都师范大学图书馆，主动与出版社联系，获取最新最全的书目信息，并与馆配商提供的信息进行对比分析，以加强监督职能，防止书目的遗漏，也敦促馆配商不断提高采访数据的提供水平。

另外，一部分馆配商对编目加工人员的绩效考核实行计件制，难免使一些员工工作时重数量轻质量，针对这样的情况图书馆怎么予以监督审校？对加工不合格的图书做何种处罚？在监督编目加工质量方面，有些图书馆也积极进行了有益尝试。安阳师范学院图书馆与中标公司进行了试验，不再像以往那样逐条审核，而是采用抽查重罚制，对发现的问题采取经济处罚。如发现一道工序有错误，则处罚多少元，或发现错误每册处罚多少元。经济处罚制的实行，使得馆配公司的编目人员责任心大大提高，出错率明显降低，减轻了图书馆编目人员的工作强度，节省时间以利于采访或开展其他工作。对图书馆来说，经济处罚不以现金方式体现，由馆配商或出错的编目人员以赠书方式将相应金额的图书馆需要的零采图书提供给图书馆。这样重罚的结果使得馆配商必须加强对员工的培训，提高整个公司员工的业务水平。图书馆还可以对合作的馆配商进行服务打分，对那些编目水平差的馆配商在第二年招标时直接扣分，降低其中标概率。这样做也能规范行业发展，使得那些低价中标、服务低质的馆配商被淘汰，实现了优秀馆配商得到肯定，图书馆编目人员得到解放，图书馆的馆藏质量得到保证的多赢局面。

作为馆配商，因为和出版社有更直接的沟通合作关系，掌握着第一手的书目信息，应当主动整理最新最全的书目信息，与采访人员积极沟通，帮助图书馆进行需求分析，保证采访工作的顺利进行。同时馆配商要从自身做起，加强业务培训，经常参加CALIS或国图的各种培训、学习，了解图书馆业务的最新动态；经常请专家对常出现的错误进行提醒指正，避免错误的发生，减轻审校压力，这样才能使图书馆采编人员有更多时间与精力投入到采访工作中。特别是目前图书馆提倡的学科服务，馆配商应当由专人进行专项服务，结合各院系实际需求，研究各出版社出书特点及擅长专业，提供专业服务。

所以说，馆配商应当根据图书馆工作要求，提供尽心尽责的服务，图书馆也应结合馆配商的经营模式，科学规划，将编目与采访工作合理分工，借助馆配服务将采编工作做扎实，使其更好地服务于图书馆各类资源建设。

五、外包服务对图书馆及馆配商的影响

采编业务外包就是图书馆采编业务以合约的方式委托外包，馆配商向图书馆提供所需的部分或全部的图书资料及后续服务。它对解决图书馆采编人员少、技术落后等问题起到了积极的推动作用，但也给图书馆的工作程序、购书质量、编目标准、资源揭示、经费分配和资源利用等带来了问题。

1. 采编业务外包的主要内容

我国许多图书馆都在不同程度上实行业务外包，关于采编业务外包，主要形式有采访外包、编目外包、加工和上架外包等。

(1)采访外包。高校图书馆主要服务于本校的教学和科研工作，书的质量直接影响着本校教学和科研水平。公共图书馆方面，随着读者需求日益细化，公共图书馆需要面对资金紧缺、购书数量增多、价格上涨等问题。这些都增加了图书采访工作的难度，提高采访工作的有效性问题亟待解决。图书采访工作是在图书馆资源建设的长期性、连续性和系统性基础

上开展的，委托相应的机构提供书目信息推送服务。采访业务是不适合全部外包的，只可将部分外包。就目前来看，图书馆采访外包工作并没得到普及。

(2)编目外包。馆配商为图书馆订购的图书免费配置书目数据，编目主要有两种形式：一是套录，二是自编，主要是借助于国家图书馆联机编目中心、CALLS联机编目中心数据进行套录或采用CIP数据中心的数据，进行CNMARC（中文图书）和USMARC(西文图书)编目。

(3)加工和上架外包。馆配商除了给图书馆提供采访数据和编目数据外，还增加了贴条码、贴书标、盖馆藏章等加工业务。有的还开展免费上架服务，使图书到馆验收以后直接上架，提供给读者使用。这是目前外包商和图书馆采取的主要服务合作方式，这种方式减轻了图书馆采编部的具体工作，使采编部有更多的时间和精力开展其他业务。

2. 业务外包的影响

业务外包在我国发展已经有一段时间，不管是图书馆还是馆配商都已经积累了一定的经验，图书馆在招标文件及参数的制定、具体业务的实施等方面已形成了成熟的标准体系，馆配商的工作质量、服务细节等也取得了长足的进步。但是，随着新技术以及图书馆读者服务、图书馆规模、工作要求等方面的变化，业务外包也遇到了许多问题。从正面来讲，很多高校图书馆都是借业务外包解决了人员、技术、经费不足的问题，使图书馆实现了借力发展，满足了教学科研发展需要。从负面来讲，业务外包的质量往往得不到保证，一方面是一些小的馆配商，工作人员不稳定，经常更换，其业务技术得不到发展；另一方面馆藏量比较大的图书馆，都传承着本馆特定的分编标准，而外包单位的更换容易导致编目人员对同一数据的编目级次、索书号取值、馆藏个性化数据的加工等都不相同，再加上重复加工、书目查重等一系列问题，都会影响采编业务的连续性，尤其是馆藏数据质量。

3. 图书馆与馆配商应该怎样正确看待外包服务

对图书馆的采编人员来讲，确定了中标商只是工作的开始，更艰苦、更重要的工作还在后面。特别是对于将编目工作外包给馆配商的图书馆，外包服务可以减轻编目人员的工作强度，提升工作效率，但馆配商提供服务的过程中编目人员的监督作用就显得尤为重要，如果监督不到位，有可能出现不符合馆藏要求的图书和编目数据。因此，需要图书馆制定完善的奖惩机制，对于服务达到标准的馆配商颁发荣誉证书，以资鼓励，也可以推荐给其他图书馆；对于服务质量差的馆配商应严格按照合同要求扣除相应的履约保证金，并且广而告之，引起其他图书馆的注意，避免再次造成损失。对于和图书馆配合较好、按时按量完成图书编目加工任务的中标馆配商，编目部门也应及时向相关部门及领导汇报，还可以将服务的各项关键数据，如到货率、到货时间、优秀出版社占比、意见反馈时间等作为下次招标时的业务技术要求，最好在招标文件中加入一条售后服务反馈条款，合作良好者加 1～3 分，未能完成任务者扣 3～5 分，奖励那些优秀合作者，也鼓励其他馆配商向优秀馆配商看齐，提高馆配商整体服务质量。

对于馆配商而言，中标意味着图书馆给自己一个展示实力的机会，同时也能获取一定的经济效益，应该好好把握每次中标的机会，严格按照图书馆要求将所需图书和编目服务提供到位，不应心存杂念，一味地以赚取利润为主，而忽略了图书质量。确实也有少数不正规的馆配商以不正当的手段中标，通过提供劣质服务牟取暴利。针对这类馆配商，图书馆应该制定详尽的条款予以处罚。如不符合要求的书目、不是指定书目的图书、不符合要求的编目数据、达不到要求的到货率及到货时间等，对这些行为一方面按照合同条款予以处罚，保证图书馆的主导地位，另一方面将其无法履约行为及时上报图书馆及主持招标的机构，以便再次招标时将这些投标商作为失信者对待。这种处罚方式会有力地震慑住刻意以次充好的馆配商，以维护图书馆的正当权益。

第二节　图书馆与出版社

一、出版社概述

出版社是指进行图书、图画、杂志、报纸和电子物品等有版权物品的出版活动的组织，与其他组织相比，其具有自身独特的属性。

1. 出版社及其产品特点

(1)与一般的商品生产不同，出版物产品的生产需要从“精神”和“物质”两个方面去综合考虑，既包含图书内容这一内在要求，又包括纸张质量、印刷与装帧质量等外在要求。其中，图书内容往往是决定图书产品价值的主导因素。

(2)多数图书的市场周期比较短，一般为3～5年的销售周期，超过这个时间，很难买到这个商品。

(3)图书按单品核算和码价核算制是出版业与其他行业不同的核算方式，具有一定的独特性。即图书的定价为码洋，实际销售价格为实洋。行业中提到的折扣一般是指打折后的优惠比例，如某本书定价40元，出版社销售给馆配商的实际价格为24元，即折扣为六折。

2. 出版社类型

按照划分标准不同，出版社可划分为高校出版社、综合出版社、教育出版社、科技出版社、文学出版社、人民出版社、专业出版社、社会科学出版社、古籍出版社等十余种。

(1)按照隶属关系分为中央级出版社和地方出版社。中央级出版社即中央各部委党政机关所属的出版社，如中国统计出版社直属国家统计局领导，各民主党派所属出版社如中国致公出版社直属致公党中央领导，北京大学出版社直属北京大学领导等。地方出版社直属各省新闻出版局领导，如中州古籍出版社、湖北人民出版社、大象出版社等。地方所属高等院校的出版社，如首都师范大学出版社、郑州大学出版社、河北大学出版社等，直属各大学领导。

(2)按照出版业务不同可分为综合性出版社和专业性出版社。综合性出版社的出版内容涉及面广，而专业性出版社一般只出版一定专业和门类的书。如中国水利水电出版社、中国建筑工业出版社、法律出版社、人民交通出版社等专业出版社，分别以水利水电、建筑、法律、交通为其主要的出版内容。随着出版社的市场化进程，一些专业出版社开始向综合出版社方向发展。如人民邮电出版社、化学工业出版社、清华大学出版社等一大批科技类出版社，在保留原有优势的基础上，另行开发各类教材、科普类图书等市场需求旺盛的出版品种，形成了拥有全面图书品种体系的大型出版社。

(3)按出版物形式分为图书出版社和音像出版社。

从地理分布来看，北京地区的出版社达 230 家，在全国出版区域中占据了优势地位。出版社数量占第二位的是上海市，共有 35 家。另外，还有几个出版大省，其中广东省有 19 家出版社，辽宁省有 18 家，山东省有 17 家，江苏省有 16 家。

3. 出版社的发展概况

从新中国成立后算起，我国出版社的发展大致可以分为四个阶段。

第一阶段，1950—1955 年，这一时期的出版社既有国营又有私营，性质比较特殊。1950 年我国共有 211 家出版机构，其中 184 家为私营机构。私营出版机构在 1952 年达到 356 家，创下了历史纪录，后来随着国家对资本主义工商业的改造和公私合营的进程而逐年萎缩，到 1955 年仅剩下 19 家私营出版机构，到 1956 年全部改造成国营机构。在一些规模较小的私营机构中，也出现了诸如商务印书馆、三联书店、中华书局等知名的出版商。

第二阶段，1956—1966 年，这一时期相对稳定。1956 年全国有 97 家出版机构，后来经合并后，到 1966 年降为 87 家。

第三阶段，1966—1976 年，适逢“文化大革命”十年动乱时期，出版社数量在 1971 年降至 46 家，1976 年又升到了 75 家。

第四阶段，1977 年至今。随着改革开放，出版社的数量逐年递增，仅 1985 年出版社就增加了 76 家。这个时期各个地区的出版社开始向专业化发展，在 306 家地方出版社中，专业出版社有 251 家。同其他国家相比，我国的出版机构数量是相对少的，这主要是由我国出版行业的行政管理体制所造成的。

4. 出版社行政管理体制

出版社的设立在我国实行审批制，而不是登记制。出版社的设立先要由主管部门提出申请，然后由新闻出版广电总局审批。而且对主管部门也设定了条件，即必须是党政机关或国家事业单位，办社的资金必须是国拨专项资金。目前，我国的出版社还不允许民营资本和外资进入。即使符合办社条件，新闻出版广电总局对审批的数量控制得也十分严格，这也从客观上限制了出版行业的发展。

5. 馆配市场中的出版社

对于馆配市场来说，出版社肩负着整个馆配市场新书出版和图书质量的重大责任，因此出版社应以规范的市场行为来引导和开发馆配市场。

出版社在转制前，主要的销售服务对象是书商和书店，与图书馆基本上没有直接的销售业务往来。由于图书馆图书采购数量的增多及几乎没有退书的特点深得出版社喜欢，于是出版社开始面向图书馆提供专业细致的销售服务，设置专门的馆配服务部门，积极从事馆配业务。目前，一般出版社的馆配业务在该社的图书销售总额中占到15%～20%的比例，有的出版社则更高。同时也涌现出一批对馆配业务更加重视的出版社，如清华大学出版社、北京大学出版社、机械工业出版社、科学出版社、化学工业出版社等知名出版社。

二、图书馆对出版社馆配业务的影响

对于出版社而言，出版社看好馆配市场，源自馆配市场增长强劲，同时较零售市场又更加稳定。馆配图书无退货，资金回流顺畅，市场需求稳定而且总量巨大，是一个十分有潜力的市场。馆藏又是出版社与终端个体读者之间很好的桥梁，能够协助出版社面向终端读者进行品牌和产品的宣传和推广，也有利于出版社降低库存，提高经济效益。馆配市场的繁荣发展正适合于寻求渠道突破的出版社的需要。

出版界业内人士认为，无论是从出版社角度出发，还是从图书馆实际需要出发，在馆配市场经过井喷式或者粗放式增长之后，现在有必要重新审视馆配市场，研究和探索馆配市场中各个相关主体的关系。针对图书馆采访工作的专业特点，出版社应提供专业的馆配方案，从馆配服务专、精、深的角度出发，为馆配市场长远、稳定、有序发展奠定基础。

对图书馆来讲，图书馆采访人员需要出版社提供齐全、准确的书目信息，才能提高馆藏质量。在图书采访过程中，图书馆也不能过多地依赖馆配商提供的书目信息，要建立自己的采购渠道，特别是要与本地出版社和馆藏对口的专业出版社建立联系，利用图书馆作为购买主体的优势，要求出版社提供更加符合馆配的图书品种及更加细致的馆配服务，从而引导馆配行业的健康发展。

三、图书馆如何面对出版社转型发展带来的机遇和挑战

出版社转型发展带来了数字出版的兴起，数字出版是建立在计算机技术、通信技术、网络技术、流媒体技术等高新技术的基础上，融合传统出版内容而发展起来的新兴出版产业。传统出版产业链是：作者——出版社——批发商零售实体店——读者。实现数字出版以后，产业链则变成了：出版社——运营商——阅读平台——读者。数字化贯穿整个产业链，即内容的数字化、生产模式和运作流程的数字化、传播载体的数字化和阅读消费、学习形态的数字化。

图书馆作为馆配市场的终端客户，应怎样及时调整转型以适应上游出版社的转型升级呢？一是要充分利用与出版社建立的各种沟通渠道和交流平台，参与到出版社正在进行的销售模式和出版方式的转型中，将图书馆的工作想法以及个性化需求等传达给出版社；二是要了解出版社最新的出版计划和出版品种，特别是要了解出版社开拓的学科图书情况，调整藏书种类比例；三是通过书评、网站、图书销售排行榜、图书推荐等了解出版行业信息动态，便于制订下一步采访计划；四是充分利用新媒体、新技术做好图书甄别、查重、选购工作，图书采访人员应积极参加专业知识和新技术的培训，跟上时代步伐；五是对不良出版行为要坚决予以抵制，图书馆要积极组织人员参加馆、社、商交流会和对出版社的评选活动，以出版社的图书质量作为采购的首要考虑因素。

四、图书馆自出版服务

自出版(self-publishing)，是指作者在没有第三方出版商介入的情况下，利用电子图书平台自主出版书籍或多媒体产品，也称为“原生电子书”。自出版的最大好处是作者能够获得更高的收入报酬。公共图书馆自出版服务是指公共图书馆为作者提供自出版平台和服务，搭建好作者与读者交流的桥梁。自出版服务省去了作者花在图书出版上的时间，从而使其可以全身心地投入到创作过程中。

图书馆自出版是对图书馆服务的一种有益补充，它有以下几方面的好处：可以降低图书馆的采购成本；可以按需出版图书，丰富馆藏内容；可

以拉近读者与作者之间的距离。在丰富馆藏内容方面，各图书馆采访的书都是出版社公开出版的图书，其内容有同质化现象，不能全部满足图书馆馆藏需求，自出版的书可以按需向社会征集出版，形成本馆特色馆藏，向读者提供特色服务。图书馆可以将潜在的用户发展成本馆数字出版物的现实用户，并注意对用户行为数据进行分析，征求用户的意见和建议，对数字内容调整推送，使更多人利用数字出版物。这也是未来图书馆创新服务的一种重要形式。

五、出版社如何服务好图书馆

馆配市场有其自身的需求特点，不是所有出版社都适合做馆配的，出版社需要对自己的产品结构与图书馆馆藏需求的契合状况做出分析，以便决定是否参与以及参与程度。出版内容既要体现知识性和权威性，充分发挥图书馆学科服务功能，又要兼顾趣味性，充分发挥图书馆的教育社会功能，还要具有实用性，充分发挥其传递科学信息的功能。出版社应结合馆配行业特点，为图书馆做好服务。

1. 开展定制出版业务

定制出版是出版服务发展到一定阶段的产物，它是根据读者需求申请，提供个性化、有针对性的服务，既可以进行图书定制，也可以开展培训、咨询、讲座等。图书馆是读者聚集的地方，不仅可以记录读者的借阅数据，也能记录读者的意见，通过借阅数据分析，可以深入了解不同读者对图书的需求，甚至可以获知不同年龄段、不同职业的读者对不同类别图书的需求。图书馆可以将其作为采购的数据依据，同时它对于出版社的出版规划也是一种很好的参考，出版社可以根据图书馆反馈的数据做定制出版。

2. 开展大数据背景下馆社合作

在当前的信息化和大数据时代，图书馆和出版社要以互联网思维，充分利用大数据技术，共建共享以文献资料和版权资源为形式的数据内容资源库和借阅数据、销售数据整合的数据资源库等合作项目。

(1)管理层面的资源整合。图书馆与出版社要实现跨行跨数据接口的技术合作，关键在于社会管理的大数据战略实现。当前，各级政府文化产业的“互联网＋”战略，有助于图书馆与出版社跨越体制，实现管理层面的大数据整合。

(2)人才的合作培养。出版社与图书馆要实现“智慧图书馆”和“融合发展”战略，人才是关键。目前面临的主要问题是缺乏推进大数据的战略人才，如计算型大数据人才、有人文知识和现代技术的复合人才。图书馆和出版社要利用各自的资源优势和服务平台，采取项目合作或定向交流等形式，在图书馆数据库资源和出版社的版权资源基础上共建数据库资源，并建立完善共建共享机制，以此来培养各个体系岗位的实用人才。

(3)数据应用合作。在当前的大数据背景下，图书馆与出版社共建大数据阅读平台势在必行。因为出版社的核心业务是选题的创意策划和编辑制作，而图书馆直接与读者接触，更了解大众的读书需求。如果馆社合作建立大数据资源，可以将出版物的选题策划与读者的需求信息进行交互。图书馆需要大数据提供的读者决策采购模式来降低读者与出版社的信息不对称，以提高馆藏质量，出版社需要大数据以满足新的阅读需求，从而更好地发挥出版社把关内容、图书馆公共信息服务的功能，实现互惠互利。

3. 馆社携手，提升品牌

现阶段我国的出版社和图书馆的合作模式已比较成熟，对各自的品牌建设都产生了积极作用。但这种合作还只是停留在初级阶段，随着科技的进步，新产品的应用，馆社双方在许多新领域有待进一步合作。

(1)提升馆藏质量。随着互联网和各类型社交网络、网络书店的兴起，图书馆的核心信息服务提供者的地位正被边缘化。由于目前信息提供源多样且杂乱，造成了信息碎片化、重复率高、不准确，给读者带来了信息困扰。高质量、可持续发展的馆藏资源是打造图书馆品牌的关键。出版社在图书馆采访时就开始合作，在合作中许多出版社都设置了馆配部，建立与图书馆采购人员沟通的桥梁，进行新书推荐等服务，许多图书馆也直接与核心出版社对接，来提升馆藏资源质量。

(2)共同策划出版选题。选题虽是出版社的职责，但选题质量直接影响到图书馆的文献质量。图书市场的发展使出版社的策划选题愈加困难，图书馆根据自己的资源和优势，可以帮助出版社进行针对性强、反映科学发展方向、学术前沿等选题策划。出版社利用自己在选题、编辑、版权管理等方面的优势帮图书馆出版专业性强、受欢迎的书籍。这样馆社双方可以开展取长补短的良性合作，有利于各自品牌的形成。

（3）创建个性化增值服务。出版社有许多专业和学科等方面的文献，也有许多各方面的专家作者，并有多年的市场运作经验，可以根据图书馆个性化需求提供增值服务，如可开展学术交流，举办学术论坛和各种专家讲座。

4. 为图书馆提供专业化服务

（1）丰富新书品种，促进馆藏更新。要提高图书馆藏书更新率，首先必须有大量的高质量新书出版。其次，出版社能否将新书出版的信息最快地传递给图书馆采访人员和广大读者。图书的更新率关键在于出版社的新书品种和规模。

（2）规范书目数据格式，满足不同客户需求。书目信息是决定图书是否被采购的重要依据，如果出版社的书目信息与图书馆的不能对接，会给图书馆带来很大麻烦，成为馆社合作的技术障碍，所以出版社要充分认识到提供规范标准的 MARC 格式书目数据的重要性。

（3）按图书馆要求配书，体现特色。出版社要主动与各图书馆沟通，准确掌握各图书馆的个性化藏书理念、采购政策、选书原则、采购模式等，有针对性地按需提供推送书目服务。

总之，出版社应该充分利用大数据，在选题方向与图书馆加强沟通，提供更多符合图书馆馆藏需求的产品，更好地服务于图书馆。

第三节　馆配商与出版社

一、出版社面向馆配商改进馆配政策

出版社传统的馆配政策是以量定价，即根据馆配商的销售量采取阶梯法分别给予不同的发行折扣，馆配商的销售码洋越高，从出版社的进货价格就越低。这种模式对固定区域内数个馆配商在竞争时能够起到鼓励的作用，促进馆配商积极进取，争取更多的优惠条件。一旦市场稳定下来，各

个馆配商占有率相对稳定，若这种营销政策长期维持，则会使区域馆配商丧失竞争力。对此，出版社应该就以下两方面改进馆配政策。

1. 开展多层次的深度合作模式

(1)出版社与区域馆配商的合作，关键问题在于要有规范的交易规则，共享的增值服务，即建立起一个合作共赢、可持续的商业模式，兼顾平台各方的利益。

(2)由于馆配商是图书馆图书采购招标的主体供应商，其所提供的采访信息的完整度，对于图书馆来说至关重要，这就要求馆配商必须与出版社进行深层次、多元化的合作，尤其是与高品质的出版社进行密切合作，及时从出版社拿到最新的书目数据。最好的方式是将出版社最新出版的图书以样书的方式直观地呈现在图书馆采访人员眼前，并为其提供专人服务。

(3)出版社要不断提高图书的质量和差异化特色，改变目前图书出版的高度同质化和拼发行折扣的局面。同时应与馆配商发挥各自的服务优势，共同为图书馆提供优质的服务，而不是绕过馆配商，直接出售图书。

2. 出版社应从以量定价转为多元化的激励政策

目前，出版社已经探索了与区域馆配商的多种合作模式，但在馆配营销手段上仍是弱项，在制定经销商激励政策、市场布局、信息分析等方面还有待提高。因此，必须进行创新性工作，紧紧围绕营销组合下功夫来拓展市场，找出新的经济增长点，制定相应的馆配商销售策略。

具体来说，出版社应对比自身产品市场的占有率，结合其他因素，多元化制定考核标准，给出合理的折扣及任务量，以提高区域馆配商的盈利水平。

(1)出版社应考虑将上一年度本社在全国销售的业绩作为基准。如某出版社 2015 年馆配销售量占全国馆配量的比例为 3%，出版社可以此为基准，结合其他因素来制定 2016 年的馆配销售政策。

(2)出版社应对比区域馆配商所在的当地市场馆配总量排名。因各区域馆配商所在区域的馆配总量不同，其销售政策也应有所区别。如 A 省全年馆配总量有 1 亿元码洋，而 B 省有 3 亿元码洋，给 A 省的 A 公司与 B 省的 B 公司规定相同的任务量是不合理的。

(3)出版社应考虑馆配商在区域内的市场份额变化。例如，某区域馆配商2015年在当地市场中的份额为20%，2016年份额提高到25%，说明馆配商在2016年中标率提高，业务量增加，出版社应加大对它的支持力度。

(4)出版社应考虑区域馆配商销售本社产品的总量或给出版社创造的利润在本社经销商中的排名变化。若某馆配商去年销售本社产品的总量或创造的利润排名为第10位，今年上升到第8位，说明其努力程度高于其他馆配商，出版社也应加大对它的支持力度。

(5)出版社应鼓励区域馆配商走出本区域参与全国市场竞争，形成一批全国性馆配商，以避免形成少数全国性馆配商通过中盘对出版社施加压力的局面。

出版社应结合以上实际情况，认真思考合理制定对馆配商的销售政策。按照不同的权重比例，分项打分，再根据分数制定发行价格及任务量，改变仅凭销售量来制定折扣的简单模式，开展多层次的深度合作共赢的商业运行模式，以扶持一些区域馆配商迅速发展壮大，形成对大型馆配商的平衡局面，构建一个新华馆配商与民营馆配商共存，全国性馆配商与区域性馆配商共存的销售网络，共同维护健康的馆配市场，也达到出版社最大利益化的目的。

二、出版社如何应对电子资源冲击下的馆配业务

近年来，我国电子书出版取得了长足发展，但也存在不少问题。出版社的电子书受限于移动运营商、技术平台提供商和资源运营商，出版社还不是电子书市场的业务主体，出版的很多电子书还不能满足读者的需求。一些数据库商抢占了商机，也影响了图书馆对纸质图书的采购。那么，面对电子资源冲击下的图书馆配业务，出版社该如何应对？

1. 迎接挑战，抢占先机

(1)加快出版社的数字化转型。当前，图书馆配已经成为出版社发行的重要组成部分，一些出版社的馆配图书码洋占总码洋的比例不断上升，对馆配的依赖程度不断增强。在这种情况下，面对图书馆采购经费中“电”升“纸”降的趋势，如果在数字出版方面不能够未雨绸缪，一旦更多的图书

馆采取像高校图书馆那样数字资源优先的采购策略，对于出版社馆配纸质业务的打击将是致命的。

（2）要了解图书馆的需求，加强数字出版产品的针对性。图书馆的需求说到底是读者的需求，根据读者的需求决定采购的内容，一些公共图书馆也实践了读者荐购的模式，通过读者选书、由图书馆买单的模式进行书目的选择。这种趋势反过来要求出版社在电子书等数字产品的出版中，一定要树立用户至上的观念，深入了解读者需求，使产品更具针对性。

（3）随着馆配电子书平台的崛起，数字出版市场的格局将会逐渐发生变化。面对新的形势，一方面，出版社要加强与电子书馆配商的合作，相互支持，实现共赢；另一方面，要积极探索出版社之间的联合，通过资源共享、技术和产品开发，在电子书馆配市场的竞争中谋得一席之地。

2. 特色与服务是立足之本

虽然馆配行业发展空间大，但如果对图书馆业务没有深入地了解，不能提供契合的专业引导服务，出版社的馆配业务也无法步入可持续发展的良性轨道。

（1）服务专业化。图书馆要求的是专业化的服务，这主要是一种技术化的信息服务。简单地说，就是要按照图书馆通用的 CNMARC 格式，为其提供“全、新、快、准”的采访数据。出版社必须配备专门的编目人员加工数据，向图书馆、馆配商提供高质量的专业化服务。

（2）版本须齐备。不少出版社在样书的管理和使用上与馆配一线业务脱节，应该专门建立一个完备的馆配样书室，不分一般书、协作书，全品种予以收藏，按出版时间和类别陈列，做到实物与电子数据的基本同步，方便图书馆现场采购。

（3）要有针对性。图书馆是公益性的，并不以营利为目的，它对图书的选择不同于市场的取舍标准，主要着眼于自身的馆藏倾向，注重图书的学术性、专业性。出版社如果能在选题思路上做适当调整，发挥自身的强项，多提供一些适合图书馆收藏的图书，那么馆配必将成为出版社提升出版水平和效益的一个支点。

（4）服务精细化，营销终端化。全过程营销和服务的实现是出版社满足读者需求，实现理想销售的必由之路，尤其是服务精细化已成为当今出版社吸引读者和留住读者的最重要的手段。图书馆是图书出版产业链的一个重要终端客户，出版社应积极有效地面向图书馆采购人员提供优质服务，使其加深对该出版社出版图书品种的了解。另外，由于种种原因，许多有品位、有特色的高折扣图书很难进入馆配商的馆配送书目录中，因此出版社必须提高服务精细化水平，强化营销终端化，可请一些专业公司制作编目数据和采访数据，主动为采编人员和教师推荐馆藏图书。

(5)强化营销人员服务意识。现如今，出版社每年要出版少则几十种，多则七八百种，有的甚至达到上千种的图书，这些图书品种相对繁杂，门类较多，而且有相当一部分的图书具有较强的专业性。因此，营销人员必须提高主动服务意识和专业水平。出版社应适当拿出一部分经费与时间对营销人员进行定期培训。培训内容既要有营销知识和技能，又要有一定的编辑知识，以进一步提高他们的综合素质，完成营销任务。

面对电子资源的冲击，只要出版社能提高出书质量、善于与图书馆沟通、加强与馆配商的渠道建设工作，就能迎接挑战、顺应馆配工作新趋势。

三、馆配商与出版社的合作共赢

出版社与馆配商同属于馆配市场中的供应主体，出版社需要馆配商开拓图书馆采购业务，馆配商需要出版社供应图书，两者之间存在着共同开发市场的依存与博弈关系。

出版社主要依靠馆配商经营图书馆市场。全国共有580多家出版社和6 000余所图书馆(全国高校馆和公共馆)，如果直接采购与配送，他们的关系将会很复杂，大多数出版社由于受到人力、物力和财力的限制，馆配业务只能交给馆配商完成。所以需要馆配商将两方联系起来，从而实现先集中后分散的采购优化组合。有关数据显示，国内图书馆订货量约有80%以上是通过馆配商完成的，并且这个比例正随着图书馆招标的规范化而逐步提高。除了简单的购买，图书馆采购还包括大量的服务工作和各自特殊的要求，如结算方式、付款账期、赠书数量、各类图书比例控制、打包及送货要求、退货比例等，而这些采购配套工作和个性化的服务是出版社无法完成的，需要专业的馆配商提供。

馆配商膨胀式的发展也给出版社带来了潜在危机。对于馆配商采购业务的大增和经营规模的膨胀，出版社喜忧参半。与有实力的全国性馆配商合作，出版社可以节省大量费用，提高销售码洋。但是，出版社对全国性馆配商的过度依赖也使出版社面临较大的风险：一是会削弱出版社的渠道控制权。二是会增加出版社的资金风险。如果馆配商管理水平不能与经营业务同步发展，盲目投资，可能会造成业务回落，竞争力下降，甚至使应付给出版社的款项变成死账。可见，出版社与馆配商之间存在着既相互依赖又相互牵制的关系。双方力求在博弈中寻找最佳利润点，促进馆配市场的协调发展。

目前馆配市场上大多数馆配商都是泛泛地将出版社书目信息提供给各图书馆，不仅不了解各地各级图书馆的特点，也不能帮助图书馆提供有效的数据和服务。由于没有权威、完整、便捷的图书出版信息平台，出版发行信息不畅，图书馆采购不到合适的书，采购工作难以高质高效地进行。出版社和馆配商这种传统的工作模式虽然在一定时期内起到了不可替代的作用，但随着市场的复杂化、多元化，传统模式已表现出后劲不足。唯有对传统模式进行创新与改进，才能使各部门工作效率有所提升，进而满足市场的多变需求。所以，馆配商与出版社之间合作共赢的模式对图书行业的健康发展起到重要的作用，具体的合作内容包括以下几点。

第一，加强对图书馆的营销服务工作。出版社要为图书馆和馆配商提供优质的服务和产品，除了品种优势、营销政策优惠外，出版社应进一步提高服务质量，如提供更快捷有效的可供书目信息，提高到货速度和到货率以支持馆配商，有助于形成良性循环。出版社应参与到馆配商的营销推广中去，准确掌握图书馆和馆配商的需求和特点。出版社应在长期的合作和交流中让目标图书馆了解出版社的出书体系和规模、新书出版动态和在销书品种数量等，及时对图书馆进行一定的营销活动，提高销售业绩。

第二，保持信息畅通、加强沟通。信息传递对于馆配商和图书馆的采购工作极为重要，尤其是提供持续有效的可供书目信息。出版社在新书出版的同时，应同期制作 MARC 格式的采访数据，及时发放给各图书馆和馆配商。通过图书馆数据库的在线服务为馆配商和图书馆提供可供书目下载等有效信息，了解图书馆客户的需求和建议，并及时进行调整和改进。

第三，更好地与馆配商建立合作关系，规范渠道建设。在对馆配商的选择上，出版社应遵循渠道规划目标，有针对性地选择合适的合作对象，平衡好全国性馆配商和区域性馆配商的渠道关系与销售政策。在配供活动中，积极维护合作双方的共同利益，协调在折扣、供货、回款等方面的矛盾。同时积极配合馆配商的各类工作，如参加馆配商组织的各类宣传会议，为馆配商提供合理的图书分类建议，保证新书信息快速传递、订书满足率以及出货速度，配合馆配商接待图书馆采购人员到出版社的现场采购等。

第四，馆配商与出版社之间应相互信任。馆配商要本着诚实守信的原则，在采购图书后应按双方约定及时给出版社付款。双方在合作中一定要相互遵守合约，建立稳定友好的关系。

出版社与馆配商是相互选择的关系。馆配市场在出版社的销售构成中占据了日益重要的位置，尤其以高校为最大读者群的出版社对馆配商的依赖最为明显。出版社要扩大市场份额，需要与合作的馆配商进行配合，做好已有客户和潜在客户的营销与服务工作，配合馆配商走专业化发展道路，做到 CIP 数据更加规范、书目信息更加完备，保证新书的信息快速传递、订书满足率以及出货速度，实现合作双方互利共赢，共同改善供应链之间的关系，共同维护馆配市场的发展。

第四节　图书馆、馆配商与出版社生态关系研究

一、馆配商谈馆配

馆配工作离不开馆配商，在此我们借鉴一些馆配商关于馆配工作的看法，从他们的角度进行深入了解。

(1)北京人天书店有限公司董事长邹进的观点：数字出版时代，馆配商还是不是中间商？

“商”在广义上是与所有经营活动相关的行为，狭义上是贩卖商品并从中牟利的活动。馆配商是从出版到使用的一个重要中间环节，馆配商在销售过

程中，增加了一些生产性的行为，比如物品加工、商业性的数据服务等，但是最终都没有离开“商”的根本性质，所有这些附加的行为都是为了促进“商”的行为，即促进图书的销售。因此，只要图书还是作为商品形态出现，无论何时，馆配商仍是中间商。

另外，数字出版从目前来看是一个巨人的游戏，从内容的制作、平台的搭建、载体的选择、渠道的建设都是垂直整合的，需要高技术和大量的资金投入，不是某几个馆配商或者中小出版社所能承担的。馆配商可以从销售领域参与数字出版的经营，至少目前数字出版物的中间市场还没有形成，大多数数字出版物的企业也是自己产品的销售公司。阅读器的厂家如果不生产内容，阅读器能卖得出去吗？生产内容的公司怕权益得不到保障，所以就自己搭建平台，自己销售。随着知识产权保护的深入，这些问题是可以解决的，在美国，所有内容生产者都愿意把产品交给亚马逊来卖。

如果有一天真的到了数字出版和数字销售的时代，不需要中间商了，馆配商干吗去？馆配商把自己定位成渠道商。只要渠道建起来以后，这个渠道里可以流各种各样的水，可以是图书、期刊，也可以是数字出版物。

(2)湖北三新文化传媒有限公司董事长宋旅黄认为，图书馆招投标对馆配行业的影响是深远且巨大的。

多年来，宋旅黄就一直呼吁解决信息不对称的问题。出版社、馆配商、图书馆三方都是博弈关系，很自然就把信息给屏蔽掉，使信息无法对称起来。如果将馆、社、商三方打造成共生共荣的生态链的话，信息不对称的问题就自然而然解决了。

目前，馆配行业信息交换是没有标准的，每个出版社自成体系，到货以后，出版社没有给馆配商一个简单的电子版信息和MARC数据，这是制约整个中国图书业发展的原因之一。

实际上，馆、社、商有一个共同的服务对象就是读者，三方本来就应该是和谐的。但是现在有一个难以启齿的问题就是招投标。招投标对这个行业的打击是很大的，因为它能把学术图书像一般图书那样以低廉的价格卖出。

图书馆绝大多数都是通过招投标的方式进行采购，这时候有意无意的信息屏蔽就会出现。而且很多招投标是按照社会的招投标模式进行，必须用厂家合同，原来只需要有出版社的授权书就可以了，现在还要有出版社的合同。

全国各地图书馆的招投标形式多样，中国公共图书馆、高校图书馆成千上万座，地域不同，发展情况不一样，问题层出不穷也不足为奇。

(3)郑州日成图书有限公司总经理田利提出，未来馆配服务需要图书馆、馆配商、出版社三方齐心协力、齐头并进。

田利认为未来的馆配服务需要在以下几个方面进行改进：一是馆配商方面。馆配商应树立服务意识，不能将配送多少码洋作为唯一目标，而是应适应图书馆资源建设工作，以提高馆配商服务质量为己任。特别是在图书馆数字资源需求不断提升，决定纸质图书何去何从的关键时刻，馆配商更应该提供高品质服务，发挥纸质馆藏资源价值功能，才能使馆配工作得到各方的认可。只有馆配市场稳定，才能为馆配商提供服务的机会。二是出版社方面。目前，一些全国性馆配商大力推进中盘批发业务，依靠多年形成的规模优势，占据进货价格优势，吸引众多中小型馆配商前来进货，对出版社的销售体系和利润造成冲击，也给不少区域性馆配商形成压力。一些出版社不能及时调整销售政策，使得区域馆配商既要面对出版社的销售任务压力，又要面对拥有价格优势的全国性馆配商及不正规的小型馆配商的双重冲击，而区域馆配商是馆配市场中不可缺少的一支销售力量。只有形成民营系与新华系的馆配商相结合、全国性与区域馆配商相结合的全面销售网络体系，才能平衡销售市场，形成有效、有序的竞争秩序，从而保证出版社自身的利益，使馆配市场健康发展。三是图书馆方面。出版社及馆配商应主动提供书目，使图书馆能全面掌握书目信息，防止书目被屏蔽现象的发生。图书馆也应按招标要求，严格审核馆配商的服务质量，使馆配商不存在侥幸心理，按章办事，从而保证图书及编目的质量。同时，相关部门应尽快建立齐全、公正、客观的可供书目平台，减少各馆配商的重复劳动，也能使图书馆找到合适书目的平台。另外，希望《图书馆报》持续开展“优秀馆配商”的评选工作，通过评选平台介绍图书馆资源建设发展的趋势，推荐各图书馆采编经验及馆配商服务特色，提高整个行业的服务水平。只有在这几个方面大家齐心协力，才能不断完善馆配服务，满足馆配需求，保证馆配市场健康持久发展。

(4)杭州大涵图书有限公司总经理彭春友认为，区域馆配商要扬长避短，才能立于不败之地。

彭春友认为，目前馆配行业遇到的主要问题就是采访数据的雷同和滞后。由于数据的互通共享，区域馆配商的数据势必会和大馆配商的数据重复，并且时间滞后，往往图书馆做区域馆配的采访数据时发现大部分已经有了，造成订单减少。针对这种情况，一方面向各出版社要最新的数据，力求时间上尽量快速；另一方面，利用在古籍类图书方面的优势，尽可能多提供一些古籍类数据(特别是一些大型套书，这类数据大馆配商基本不多)，以弥补常规书数据的不足。区域馆配商与大馆配商相比，优势主要在于地域优势，公司可以更好地了解图书馆的需求，提供有针对性的服务。另外，服务响应快。由于距离近，图书馆急需的图书可以快速送达，图书的到馆加工服务有保障，人员相对稳定。区域馆配商和大馆配商的关系是竞争和合作的关系，可以错开经营，图书馆也不希望馆配商一家独大，破坏市场的良性竞争。大馆配商利用规模效应提供广泛的产品，区域馆配商利用自身的资源，做细做深，大家各取所需，和谐共存。

另外，彭春友还认为在图书行业不景气的大环境下，区域馆配商能够得以生存发展，最基本的条件是公司的负责人和从业者要热爱图书，要懂书，要对图书馆的需求进行细致的了解，根据图书馆的需求提供适合的产品。当然只有对图书的热爱是不够的，还得向大馆配商学习各种优秀的管理经验和服务经验，开源节流，努力做好本地市场。一直以来，区域性馆配商在各大馆配商的夹缝中生存，如果只是提供单纯的图书产品，路只能是越走越窄。只有拓宽服务渠道，认识到图书馆的一切需求都是我们的服务内容，做一个为图书馆的全方位服务提供商，才会有比较好的发展前景。

图书馆对于纸质图书的需求在逐渐减少，但是对于数字化产品、音像制品、图书馆设备耗材等需求不断增加，大型馆配商介入这些领域相对慢一些，而这就是区域性馆配商的机会所在。总之，区域性馆配商不能在常规产品上和大型馆配商展开竞争，就必须扬长避短，与图书馆进行大范围、深层次的合作，才能立于不败之地。

(5)新华文轩出版传媒股份有限公司副总经理陈大利对图书馆服务方式如何转型升级提出建立全国性第三方书目平台的建议。

在当下，文化的大发展大繁荣为馆配市场提供了巨大的空间，由于上游出版范畴大幅拓宽，数字化资源比例加大，下游图书馆服务方式面临转型升级。但目前，馆配市场集中度偏低，恶性竞争导致服务滞后，而馆配市场缺乏规范、有效的行业约束，以产品买卖为主的图书馆现场看样采购会(图采会)遍地开花，市场透支严重。在馆配市场的上游，数百家出版机构和供应商拼全力参与馆藏图书的出版和图书馆采购的招投标活动。在市场中间环节，无论国有还是民营馆配商都在争夺全国市场。馆配商把大量的精力放在杀折扣、冲销量上面，不关心、不改善馆配服务问题，致使对图书馆的服务水平滞后于图书馆的需要。

如何推进馆配市场的服务升级？打造紧密的服务供应链平台是一条可行之路。具体可组建全国性的行业平台联盟组织，在图书馆、馆配商、出版社之间建立一个跨区域的全国性的第三方书目平台，不仅提供现有书目数据的交换与共享服务，而且提供可供书目信息，针对需求开展专业化的内容定制业务。平台应以行业服务为己任，不以营利为目的，从而保证书目信息的权威与公允。同时，整合资源需求，建立跨产品形态的集中交易平台。

(6)上海新华传媒连锁有限公司馆配部总经理朱国伟强调，馆配商各项举措都要围绕“服务”二字展开。

馆配商应致力于服务的提升，无论是组建全新的馆配公司还是建立、扩容样本中心和编目加工中心，各项举措都是围绕“服务”二字展开，以客户为中心、以诚信为导向，坚持将服务贯穿于整个业务流程。

他认为，目前馆配市场中存在的最大问题仍然是非理性竞争，部分本地小型馆配商为了达到中标的目的，往往用低折扣和其他承诺来竞标。而图书的采购有别于其他物资采购，它是由数据、图书、服务组成的一个持续性的过程，是靠供货能力、配书能力、服务能力来支撑的。低折扣中标的结果往往影响到图书的采购和服务质量，使馆配市场陷入无序竞争的旋涡。因此，他希望馆配市场能够呈现出合理竞争的氛围，为真正想做好馆配服务的馆配商创造生存与发展的空间。

二、出版社谈馆配

一些出版社探讨了如何做好馆配工作，他们就馆配服务工作讲述了自己的理念和看法，下面介绍一下他们对馆配工作的理解。

(1)如何让图书馆全面准确地采购到所需图书？华东师范大学出版社认为，数据建设是解决这一问题的主要手段。

“馆配”是图书销售领域一个有重要意义的版块。一方面销售到图书馆的图书有大量读者借阅，其实际效用远大于个人购买的图书。另一方面图书馆收藏大量知识含金量高但在图书零售市场表现欠佳的学术书、专业书，有力地支撑了出版社相关书籍的出版，使知识得以保存、流传。

我国每年一版一次新书大约二十万种，市场在销的图书多达六十万种，在如此浩瀚的书海中，出版社、馆配商和图书馆都面临一个问题：如何能让图书馆既全面又准确地采购适用的图书？

这实际上对出版社和馆配商提出了新的要求。哪家出版社能提供准确有效的图书分类信息，就能大大提高本社图书的馆藏销售。哪家馆配商能收集、编制更多准确的图书信息就能抢占更大的馆配市场。现在馆配市场占有率较大的馆配商，如人天、三新、浙江省新华书店馆藏公司等，都在图书数据库建设上有其独到之处。

华东师范大学出版社致力于“大教育”为核心的图书出版，在大学图书馆、中小学图书馆的馆配中占有一定份额。针对馆配市场对图书信息的新需求，做了大量的图书基本信息的建设工作。一方面，每本书都要有单独的“新书信息页”，一份“新书信息页”就能全面地了解一本书大致的内容，是针对单册图书提炼出来的“干货”。另一方面，下大力气编制可以筛选、查询的精细化书目。两者结合使用，让图书馆采编人员更准确快捷地选取所需图书。

(2)浙江大学出版社就大学出版社如何做好馆配工作提出两点建议：

一是从选题上要做一些适合馆配市场的图书，如一些高端专业书、学术书等，要会针对馆配市场出版一定数量的“定向”图书。二是要为图书馆做好服务，也就是服务要到位。图书馆一般的图书都会收藏，因此，要在服务上有所突破。

近年来，浙江大学出版社通过参加浙江省全省的图书馆举行的常务会议可以及时地了解到各大图书馆的最新信息和计划。在建立联系之后，浙江大学出版社会定期向采编部主任的邮箱发送新书书目，使书目信息在第一时间送到图书馆。同时进一步加强和图书馆的合作，及时获得图书馆的反馈，了解该社图书在各个图书馆的占有率。

在省外的馆配市场方面，目前浙江大学出版社仍然保持与北京人天、湖北三新、郑州日成等馆配商合作的形式。他们认为学校是通过馆配商采购还是直接向他们采购并不重要，关键是要把本社的书目信息发给各个图书馆采购的负责人。为了做好馆配业务，该社也在考虑加入其他省市的图书馆协会等组织，从而与外省图书馆建立密切的联系。

(3)武汉大学出版社认为，与馆配商合作时，及时、完整的信息沟通和交流是最重要的。

近年国家倡导全民阅读，尤其是2017年两会的召开，全民阅读第四次被写入政府工作报告，并升级为“大力推动全民阅读”。图书馆在满足读者阅读需求方面发挥着越来越大的作用，图书馆馆藏建设也更加趋向理性化和品质化，这也给馆配工作提出了新的要求。要做好馆配工作，核心离不开产品和服务。武汉大学出版社从出版单位的角度出发提出两点建议：一要提升图书品质、丰富品种；二要完善客户和信息服务，保证信息的准确完善与及时送达。

针对两点建议，应做好下列几方面工作：

一是策划提升学术价值和推广科普知识的图书，提供更加丰富的馆藏品种。武汉大学出版社的人文类学术图书备受图书馆的青睐，如《武汉大学百年名典》《中国学术档案大系》《中国专门史文库》《中国图书文化史》《中国科举文化通志》等大批高品质的学术著作，尤其受到图书馆和高校师生的青睐。大学出版社在学术书、专业书方面有内容优势，可以通过日常与图书馆、馆配商的交流沟通了解图书馆的图书类别和发展需求，在图书策划初期，就从选题上做一些质量好、成套系的学术书、专业书，以质取胜。

二是积极参加图书馆现采会，及时发布新书信息。根据不同馆配会的主题及参会的图书馆类型，制作新书目录、个性化目录，合理布置展台，确保有发行或者编辑等专业人员在场为图书馆采访人员提供专业建议。

三是重视客户维护，保持信息和渠道畅通。出版社与图书馆、馆配商保持日常的信息沟通很重要，包括定期的走访、反馈、邮件联系等。武汉大学出版社会定期向图书馆和馆配商发送新书和重点图书信息，制作完备的 MARC 数据，使图书馆采购人员能在第一时间获得最新、最全的资料。

武汉大学出版社在馆配服务工作中不仅重视与图书馆直接的信息交流，也非常注重与馆配商的合作。郑州日成图书有限公司是武汉大学出版社在河南地区优秀的经销商以及多年的合作伙伴，武汉大学出版社期待通过郑州日成图书有限公司等馆配商的纽带作用，把产品和服务信息更全面地传递给图书馆，共同推进馆配工作的开展。

(4)机械工业出版社认为，馆配市场是图书销售的重要渠道。

机械工业出版社认为，围绕图书馆文献采购需求配供产品和服务的馆配市场是图书销售的重要渠道。高等学校本科教学工作水平评估对图书馆藏书总量和每年生均新书采购数量的要求，推动了高校图书馆对纸质图书的采购，也促进了馆配市场的快速发展。据武汉卷藏信息技术有限公司 2013 年测算，各类型图书馆每年用于中文纸质图书的采购经费约 50 亿元。随着近两年高校图书馆纸质文献资源建设的常态化，采购经费也趋于稳定。很多高校图书馆在电子文献资源建设的投入已经远超纸质图书，很多“211 工程”高校图书馆的纸质图书采购在品种、册数上较以往都有所下降，但是纸质图书目前仍然是各类图书馆馆藏的重要组成部分。在新的国家文化战略的大背景下，政府对公共文化事业的政策支持和资金投入都不断加大。第六次全国县级以上公共图书馆评估定级工作也将在 2017 年下半年正式展开，此次评估引入了第三方评估，评估的核心内容也由建设性指标转向效能性指标，更加重视服务和创新，这必将引导公共图书馆事业开始新的发展，馆配市场也会随之发生新的变化。

机械工业出版社产品具有涉及领域广、出版规模大、引进版品种多、题材前沿内容优质、编辑专业背景强、图书编校质量高等特点，因此，有大量的品种适合各类型图书馆选采。入藏优质的图书产品对提升图书馆文献信息资源质量和服务院校教学科研都有正面意义。机械工业出版社在馆配市场的占有率名列前茅，其科技、经管、教育等领域品种受到图书馆的青睐。据卷藏商报的统计，2016 年高校图书馆入藏 TOP200 品种中，共涉及 19 家出版社，其中机械工业出版社的品种占据了高达 57 个席位。

在产品领先的同时，机械工业出版社非常重视对图书馆终端和馆配商的营销服务工作。机械工业出版社经常组织专项的采购会议，通过会议把新书的出版资讯、重点出版领域、新书采购样本都呈现给图书馆采购人员，并和他们保持日常的信息沟通。机械工业出版社也是最早设置图书馆营销经理岗位的出版社之一，在发行部大区营销销售一体化的制度下，每个大区都配备有专职的图书馆营销人员，与地区销售经理协作，共同维护及开拓区域馆配市场。现在已与一千多家图书馆建立了日常联系，在为图书馆和馆配商提供信息和采选服务的同时，还根据图书馆的不同特点提供个性化服务，精准地满足图书馆的需求。在支持图书馆馆藏建设的同时，机械工业出版社充分利用丰富的作者资源，与图书馆共同策划与阅读相关的活动，积极践行推动全民阅读和建设书香社会。

(5)北京大学出版社坚持“依托中盘走终端”的策略，积极拓展维护与全国图书馆和馆配商的良好合作关系。

2013 年年初，北京大学出版社就专门成立了馆配服务部门，培养专业人员以更好地满足专业化的馆配市场服务需求。主要工作内容包括对全国的图书馆、馆配商提供优质专业的现采服务、信息服务及个性化服务等，多年来在业界形成了良好的品牌效益。

北京大学出版社非常重视馆配市场，一直以优质丰富的图书产品、专业周到的馆配服务活跃在我国馆配领域中，并起到了一定的引领作用。其主要做法有以下几个方面：

①积极参加全国各地举办的馆配会和书展，平均每年参加 50 多场，将优质图书资源推荐配送到全国各地的图书馆，为广大读者提供更好的阅读体验和服务。

②联合出版社、馆配商在全国各地举办图书馆营销会议，平均每年举办 10 场左右，加强馆、社、商之间的沟通交流，为图书馆的文献资源建设做好服务工作。

③联合北京大学信息管理系、中国图书馆学会等机构举办系列图书馆信息与情报研修班，为推进图书馆的专业化发展，提升业务人员的采编水

平、管理水平和品质意识等方面起到推动和引领作用。

④积极参加全国各省中小学图书馆（室）馆藏书目推荐工作和中小学图书馆配以及全国农村书屋的招投标工作，支持各省中小学图书馆和农村书屋的建设，提高馆藏配备质量，切实为中小学和广大农村提供适合阅读的优秀图书。

在与馆配商的合作方面，北京大学出版社能够及时地把最新的图书信息提供给馆配商，并有专门的数据公司做 MARC 数据，这些 MARC 数据每周一次发送给馆配商。同时北京大学出版社的市场营销中心论坛也提供网上下载服务，每周更新一次。为了让馆配商更多地了解出版社的产品以及服务，把适合的图书更好地推荐给图书馆，北京大学出版社还就新书介绍、产品结构、重点领域、如何服务图书馆等对馆配商进行培训，期待馆配商能够更好地发挥出版社和图书馆中间环节的作用，把出版社的产品和服务信息及时、准确、全面地传递给图书馆采购人员。

(6)清华大学出版社强调，出版社要加强和馆配商之间的合作。

清华大学出版社于 2004 年成立馆配项目组，开展馆配工作，是国内少数几家较早重视图书馆资源建设工作的出版社之一。到 2010 年，馆配工作已具有一定的规模，在全国 9 个办事处均设有馆配专职工作人员，负责全国图书馆和馆配商的数据支持工作，馆配服务覆盖图书馆近千所，年查重核心图书馆 700 多家，馆配服务实现本地化与专业化。

通过多年的积累与沉淀，清华大学出版社的馆配工作逐步建立了完善的服务与营销体系。一方面加强与馆配商的合作，鼓励、支持优秀馆配商发展业务，维护馆配市场秩序，协助馆配商提高图书到货率等；另一方面与全国各地的高校图书馆、公共图书馆建立了良好的合作关系，提供数据支持、查重及售后服务。同时组织各类图书馆资源建设的相关培训，从 2014 年至今，清华大学出版社与北京大学出版社共同筹办了两期北京大学图书馆信息与情报高级研修班，全国累计参加培训的图书馆 200 多所，研修班邀请了北京大学信息管理系教授以及国内业界知名专家，为图书馆采访人员做“数据挖掘”“阅读推广”等方面的系统的、专业的培训。出版社还积极举办或参与协办各省、地区图书馆资源建设工作研讨会，加强社、馆、商三方的业务交流，促进并维护了良好的馆配市场秩序。出版社的馆配业务也随着终端客户市场需求的变化、馆配商业务的发展而更加趋于完善与成熟。

清华大学出版社指出，要不断加强与馆配商的合作，努力做好各项营销和服务工作。掌握图书馆的需求和特点，在细化的市场中研究图书馆的馆藏结构和购书目标，为图书馆设计更多方便快捷的服务方式。同时，更好地与馆配商建立合作关系，规范渠道建设。在各种配供活动中，积极维护双方共同利益，协调在折扣、供货、回款方面的矛盾，积极配合馆配商的各类宣传会议，给馆配商提供合理的图书分类建议，保证图书信息的快速传递，并且要保证订单满足率以及配货速度，积极协助馆配商和图书馆现场采购工作等。

清华大学出版社在馆配服务方面有不少创新之举，如在一些区域设立专职情报员，主要任务就是收集、统计本社在当地的销售情况。他们和区域馆配商合署办公，全力配合区域馆配商开展工作。

(7)中国人民大学出版社表示，注重馆配服务的精细化和专业化。

为了打造最专业、最完善的馆配服务，提供最及时、最全面的图书资讯，2014 年，中国人民大学出版社馆配业务组成立了，现与各地馆配图书服务商都有深度合作。

中国人民大学出版社的馆配营销工作经过发展和改良，现已形成包含参会、走访、数据和营销四个大的方面。随着馆配渠道日趋成熟，中国人民大学出版社更加注重馆配服务的精细化和专业化，在馆配数据的供给和营销工作上不断改进创新，激活馆配市场的源头，以实现消化现有库存和扩大新书在图书馆渠道的发行量，帮助出版社达到促销售、去库存、降成本、补短板的目的。

当前，馆配市场已经初具规模，在这个看似平稳的市场中，馆社需求对接、行业自律等问题依然没有得到有效的解决，这不仅制约了出版社的长足发展，也阻碍了图书馆的文献资源建设。质量第一是图书馆与出版社的首要共识，出版社将打造高品质图书作为己任，图书馆将采购优质图书、提升馆藏质量作为首要任务。而图书馆在特色馆藏的建设上也离不开出版社的鼎力相助，出版社提供定向的服务工作，消除信息沟通的障碍，在提升销量的同时也助力于图书馆的文献资源建设。图书馆和出版社有一个共同的目标——为读者提供优质服务。

中国人民大学出版社指出，馆配工作不是简单的图书售卖，最终还要归于图书情报中去，以信息流带动物流、商流。馆、社、商三方目前仍处于互相博弈阶段，信息不对称现象显著存在，要从根本上解决这个问题，三方必须从博弈过渡到共生共荣的状态。

逆水行舟，不进则退。随着出版社增长方式的转变，优化结构，提高发展质量，馆配竞争的日趋激烈，怎样守住自己的馆配市场份额并创造新的增长，是出版社日常工作的重点。中国人民大学出版社在寻求馆配创新的同时将日常工作做到充分细致，打造更专业的馆配服务。

(8)人民邮电出版社指出，做好纸质馆配工作，同时对数字时代充满信心。

作为以科技为主的综合大社，人民邮电出版社非常重视图书馆市场，其配备有专业的馆配营销团队，长期致力于不断改善对图书馆客户的服务。人民邮电出版社提供的馆配服务有：集成图书目录、重点图书推荐、馆藏查重服务、现采接待等。①提供的图书目录，充分考虑图书馆客户的需求，包含 Excel 和马克数据两种格式，还可以按客户需求提供定制目录；②定期做重点图书推荐、馆配图书销售排行推荐，给图书馆提供采购参考；③在采购季节后提供查重服务，可根据客户馆藏数据与人民邮电出版社数据匹配查重，根据图书馆客户特点做出补充采购建议；④人民邮电出版社于 2013 年新落成的出版大楼专门为图书馆客户准备了宽敞明亮的样书室，有专人负责协助现采，并进行介绍讲解。在利用新媒体方面，人民邮电出版社也做了很多工作，如精心运营 QQ、微信、门户网站三大在线平台，实时发布数据及行业相关信息。

在新环境下，图书馆文献资源建设和服务能力建设最主要的变化是对纸质图书需求的下降和电子图书需求的增长，这种变化主要来自读者需求的变化。人民邮电出版社指出，纸质图书需求的下降主要表现在复本量的下降，电子图书的需求主要体现在图书馆采购最新出版图书的电子书版本意愿增加，这些给出版社工作提出了新的要求和挑战。虽然市场环境不够规范和成熟，但人民邮电出版社对出版业的未来充满信心，对馆配市场的前景充满信心。

(9)知识产权出版社希望加强馆、社、商三者之间的关系。

出于对现有的馆配市场的了解，知识产权出版社提出了三点希望。一是在折扣上能够保持理性，而不是永远折扣低者胜出。留给出版社、中间商足够的利润空间，是这个行业良性发展的保证，一味地追求低价势必要将馆配市场逼到绝境。二是在馆藏图书品质上，既要保持品种又要兼顾质量。图书馆不是废品收购站，借阅率不应该是衡量馆藏图书好坏的唯一标准，固然一些快餐式的所谓名人的大作会有人追捧，但那些一心做学问而“十年磨一剑”，经得起岁月考验的优秀作品更值得收藏。三是增加一些出版社(作者)、馆配公司、图书馆及读者间的互动。通过论坛、公众号等新媒体方式，建立面对面的互动平台，使出版社(作者)和使用者、阅读者直接交流，引导越来越多的人喜欢阅读、爱上阅读。

(10)社会科学文献出版社提出，加强社馆合作服务与营销服务。

在馆配市场中，出版社、图书馆、馆配商是相互合作、密不可分的三个主体，社会科学文献出版社很重视馆配渠道，一直致力于馆配市场的稳定和规范，从信息传递、营销、用户反馈等方面加强与馆配商的合作。具体工作内容包括以下两个方面：

①馆社合作服务。

一是建立信息交流平台。通过QQ、邮箱发布图书信息，馆配商可在第一时间获取社会科学文献出版社入库新书MARC数据和可供品种信息，及时向图书馆用户传递出版社图书信息。

二是注重与馆配商合作。特别是与核心馆配商的业务合作，为馆配商提供合理化建议，反馈图书馆的服务需求，携手馆配商，努力加快图书的到馆速度，提高图书特别是当年新书到馆率；重视各种馆配会，积极做好会前营销，加强会中推荐宣传，落实会后跟踪服务，并对馆配会得失做深入的营销评价。

②馆社营销服务。馆配业务部通过营销服务和信息服务两个业务平台，为终端用户提供全方位的营销服务。馆配业务部建立了一个完整的图书馆用户营销数据库，拜访过的图书馆超过900个，与本科院校、独立院校和大中型公共图书馆建立营销关系并保持良好的沟通。近几年，出版社不断加强图书馆主动营销力度，提升并丰富对终端用户的服务内涵，学

习、借鉴同行优秀的经验，对图书馆营销模式进行有益探索，不断提升服务理念，形成具有社会科学文献出版社特色的图书馆营销体系。

一是定期通过图书馆用户数据库的电子邮件向图书馆用户提供新书、可供图书的编目数据。具有学科专业背景的馆配营销人员为图书馆用户制定个性化 MARC 数据，提供一对一信息查重服务；根据图书馆的馆藏特色、馆藏结构、学校的学科设置以及优势学科，对未订购的图书提供合理化建议。

二是建立分级分类的营销模式。依据终端用户对出版社的品牌认可程度、图书年采购量、对营销工作的支持力度、潜在购买力等多因素进行综合考虑，将图书馆用户分为核心用户、重点用户、潜在用户、一般用户群体；针对不同用户群体制定相应的营销策略，有效提高营销效率。

三是建立社馆信息、业务交流平台。通过 QQ 群加强社馆营销互动，为图书馆提供各类信息增值服务。QQ 群成为日常馆配营销的重要方式，目前 QQ 群组中的图书馆有 700 多个，是出版社图书馆营销中成员最多、影响力最大的 QQ 群组。通过 QQ 群可以随时与核心用户和重要用户保持沟通，及时了解用户和馆配商的需求；与此同时，QQ 群也为图书馆之间提供一个采访业务交流平台。

四是举办图书馆专题营销会。不定期举办全国或区域性图书馆专题营销会，实现社馆面对面的深层次交流，解决营销中存在的问题，不断提高营销能力和效率；积极参与馆配商的营销活动，与有影响力的馆配商联手举办专题营销会，加深沟通互动，解决实际问题，提升服务质量，实现馆、社、商共赢。

(11)河南科学技术出版社指出，继续发展馆配市场。

近年来，河南科学技术出版社积极探索馆配渠道，大力组织适合馆配的选题资源。河南科学技术出版社和中科院植物所、河南农业大学、河南中医药大学等科研院所积极合作，在生物图书领域和医学图书领域出版以《中国国家植物标本馆模式标本集》(共 2 辑 14 卷)和《太平圣惠方校注》为代表的优秀学术图书，深受公共图书馆和专业图书馆的欢迎。其中《太平圣惠方校注》获得 2016 年第六届中华优秀出版物奖。同时，河南科学技术出版社的手工图书也深受一些公共图书馆和相关院校图书馆的欢迎，近几年来一直保持国内市场第一的占有率。

随着选题资源的积累和丰富，在未来几年，河南科学技术出版社将在生物图书、医学图书馆配市场占据一定份额，同时手工图书也将继续传承其自身优势。

三、业内专家谈馆配

关于馆配工作，很多业内专家也谈了各自的理解，对馆配行业提出了很多中肯的意见。

(1)现任中国出版集团公司党组成员、中国出版传媒股份有限公司副总经理樊希安在出席2017全国馆社高层论坛上指出，促进全民阅读、打造书香社会，是出版界、发行界和图书馆界的重要任务。使整个链条更加完善，力量更加凝聚，要调动各方面的力量。出版界是推动全民阅读的主力军，好的出版内容要以最好的方式呈现出来。发行界是打造书香社会的重要推动者，好的书籍要有好的渠道进入书店网点和图书馆网点。书店、公共图书馆、高校图书馆是图书与人民群众密切接触的最后一公里，出版界、发行界和图书馆界共同努力，打通最后一公里，为全社会形成多读书、读好书的良好阅读风气。

(2)北京大学信息管理系教授、管理学博士、博士生导师刘兹恒曾在《新华书目报》上发文，文章内容为馆配商未来的发展指明了方向：从馆配商的发展历程解读馆配商和图书馆文献资源建设的关系，我们发现，馆配商的发展离不开图书馆的支持，图书馆的资源建设也离不开馆配商的服务，两者相辅相成。在过去的20年中馆配商的发展是辉煌的，我们希望未来的20～30年，馆配商还能够继续创造辉煌！我们相信，只要图书馆还存在，只要信息资源仍然是图书馆的核心竞争力，图书馆就一直会和馆配商一道，共同承担起为读者提供信息资源服务这一职能。

(3)首都师范大学图书馆副馆长熊丽在2012年“关注馆配服务，推动产业发展”峰会上指出，图书馆应该对馆配商建立一个评价体系。她认为，馆配商是介于出版社和图书馆之间，向图书馆提供纸质图书和专业化服务的图书供应商。在文献资源建设上，馆配商的采购能力和服务最终决定着图书馆的服务质量。目前，图书馆选择馆配商存在三方面问题：一是对馆配商缺乏分类管理。馆配商存在多样性，有新华书店、民营及与出版社联合起来的馆配商，选择时应有所侧重；二是图书馆对馆配商的选择和评价存在片面性，更多考虑折扣及加工服务，忽略了提供书目这一重点；三是对馆配商的选择和评价方法缺乏针对性。她建议，应对馆配商建立一个评价体系，包括馆藏资源的评价与馆配商服务的评价。

(4)原北京大学图书馆馆长朱强在2012年全国馆社高层论坛上提出了图书馆采购方面的五条建议：一是采购方式联盟化，特别是对于一些数字化产品；二是改变低价中标的采购招标方式；三是加强书目报道；四是加强采购协调；五是加强供货之间、之中、之后的服务。

(5)中国人民大学图书馆馆长倪宁指出图书馆需要高质量的图书。虽然数字图书馆给传统出版行业带来了很大的冲击，但对于图书馆来说，纸质文献资源首先要有一定的储存量。他指出，虽然之前的高校评估对于馆配行业有一个很大的拉动作用，但也产生了一定的消极影响。学校评估对于图书馆藏书总量虽然有规定，但对于馆藏质量却缺乏考评标准，这就导致很多学校图书馆在短期内购买了大量图书，所购买的图书由于不能满足本校教学科研工作的需求因此产生了浪费，而在短期急剧增加购书资金之后，一些图书馆在学校评估工作结束之后又陷于停滞状态。作为高校图书馆的从业人员，他认为应该呼吁学校对于图书馆的馆藏建设应采取渐进的方式，每年都有投入、每年都有增量，只有这样才能形成比较完善的馆藏体系，也只有这样才能够在出版社和图书馆之间形成良性的业务互动关系。

(6)原郑州大学图书馆馆长崔波在《高校图书馆与馆配商互利共赢的思考》一书中强调，图书馆首先应确认自身的核心竞争力，是资源、服务，还是基于资源的服务；其次进行服务重组和创新，包括服务理念、服务内容、服务方式；再次是基于核心竞争力的管理创新和组织结构创新；最后要明确基于双赢的竞争合作模式才是图书馆应对挑战的最佳选择，即与其他馆配商和信息服务提供者进行广泛的合作，并努力占有突出的地位。

四、图书馆、馆配商、出版社三方合作共赢模式

馆配市场的三个主体是出版社、图书馆、馆配商。三者相互联系、密

不可分，同时每两者之间又存在合作性博弈的关系，也就是参与者从自己的利益出发与其他参与者谈判达成协议或形成联盟，从而建立对联盟双方均有利的关系。

图书馆和馆配商的合作性博弈是图书采购关系链中最明显的环节。在此环节中，图书馆希望以最少的经济代价换取最大程度的图书需求满足，相反馆配商试图用最小代价获取利益的最大化。二者之间的这种博弈就产生了馆配之间的折扣战和服务战，这种结果表面看来优胜方为图书馆，可实际上馆配商在其中获取了更大的经济效益，二者在协商与磨合中获取了博弈中最稳定的状态。

图书馆与出版社之间的关系不直接表现为经济利益关系，相互依存、相互促进是二者关系的集中体现。以高校图书馆与出版社为例，出版社种类丰富、高质量内容图书的出版直接推动高校教学科研的发展，产生巨大的社会效益；另外，高校的购书量直接影响出版社的经济效益和社会影响程度。同时，高校图书馆与出版社互相促进，通过了解高校需求特点、分析图书借阅频率、利用率、读者需求等情况，为出版社选题提供了重要的信息参考源，同时为专著型、专业性较强图书更有针对性的出版和发行提供了保障。

出版社和馆配商之间的关系是依赖与戒备共存。随着图书馆馆配招标工作的规范化发展，国内图书馆订货主要来源于馆配图书市场，零售市场的份额很少。民营、新华书店、馆社等馆配商的发展日益壮大，使得出版社对馆配商的依赖更加明显。出版社一方面需要通过馆配打通销售渠道，另一方面大型馆配商的中盘批发业务压低了出版社的图书供货折扣，同时也增加了出版社的回款风险。那么如何实现三方的合作共赢呢？

图书馆、馆配商与出版社三方在文献采访过程中相互协同、彼此互动、紧密合作，同时在协同互动过程中均保持各自特有的独立身份和价值体系。为了丰富文献信息资源建设，图书馆是需求方，馆配商是代理商、加工商，出版社是文献信息资源的生产者，为此，搭建了图书馆——馆配商——出版社三方合作共赢模式，如图 2-2 所示。在该模式中三方通过自由、开放、流动、竞争、协作、互惠，构成多重“互动自反”的协同发展的“三螺旋”关系，从而推动图书馆文献信息资源质量与数量建设螺旋上升。

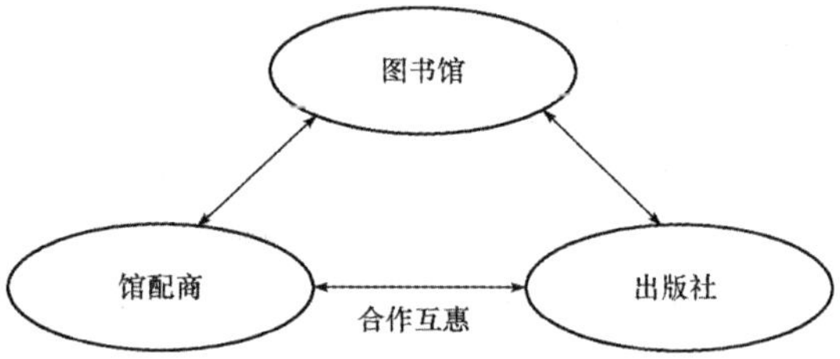

图 2-2　图书馆、馆配商、出版社三方合作共赢模式

图书馆、馆配商与出版社三方不是传统意义上的线性合作，而是相互沟通交流，风险与效益并存，由此产生三个主体共同作用的新组织形式，即图书馆与馆配商合作，图书馆与出版社合作，图书馆、馆配商与出版社三方合作。主要体现为各自保持独立身份的同时，又存在其他两方主体的一些特性。每个主体本着求同存异、合作共赢的原则，在履行自己的职责外，也发挥其他主体的作用，进而借助馆配市场需求这一运营链，三方均呈现螺旋上升的状态，达到三方效益最大化。图书馆、馆配商与出版社三方合作共赢创新的绩效高低直接取决于图书馆、馆配商与出版社三方的整体合作深度与广度，而馆配商和出版社的合作层次、合作程度以及合作实效，主要取决于图书馆主导功能的发挥程度。因此，图书馆、馆配商与出版社三方的整体合作成效主要取决于三者关系的联动程度。三者的联动程度越高，合作成效就越明显，就越能够提升三方合作共赢创新绩效的效果。这为图书馆、馆配商与出版社三方合作理论研究和实践活动提供了一个新思路、新方法。图书馆、馆配商与出版社三方合作共赢模式实现的途径如下：

(1)图书馆。由于图书馆文献信息资源建设的需要，出现了馆配商。图书馆应根据自身资源建设情况，因地制宜地甄选出适合本馆需要的馆配商。①图书馆评标的标准。为了规范馆配市场的发展，图书馆需要制定图书馆配工作指南，适合不同类型图书馆配工作的标准。例如馆配商销售业绩、品牌，目录采购服务、现场采购服务、采购周期、到货率、物流配送能力等，设定科学的、合理的、可操作的评分标准。通过开放、公正、竞争的权衡，针对不同的馆配商打出分值，划定等级，选出最优秀的馆配商。②招投标。具体包括招标协议的起草、组建评标委员会、多方面考察馆配商的综合实力。③图书加工全过程的质量监督工作。在图书加工的全过程之中，图书馆应监督到位，把关质量。从新书订单选购，新书到货查验、编目数据录入、图书基本加工、图书的验收和典藏等各个环节，实行质量监控，责任到人。④图书馆采访人员的工作转变。传统的图书馆采访人员主要通过《全国新书目》《社科新书目》《科技新书目》等书目，以及全国图书订货会、书商、新华书店提供的目录开展采访工作。馆配商的出现，改变了传统的采访工作，采访人员需要依照中标的馆配商提供的书目，遴选、比较、配比符合馆藏文献资源建设的需要，这就要求采访人员转变思想观念，提升自己的业务素质与业务水平。同时，采访人员也可以建立行业的互动平台(如 QQ 群、微信等)，交流心态，加强彼此联系。⑤图书馆与馆配商的互惠合作。图书馆是需求的终端，馆配商是桥梁、媒介，各有自身的利益。图书馆希望文献信息资源采购资金使用最大化，保质保量，而馆配商追求经济效益最大化，二者是典型的互惠合作关系。一方面，双方应加强交流与沟通，相互信任，真诚相待，确保文献信息资源的质量和数量的完整性。另一方面，经常开展换位思考，加深了解，争取在馆配商的经济效益和图书馆文献信息资源质量和数量中找到平衡点，使双方利益最大化，有利于促进馆商之间良性互动、互利双赢。

(2)馆配商。当前馆配市场存在的问题包括馆配行业利润空间较小、非理性竞争与诚信缺失现象、采访数据质量参差不齐、区域馆配商缺乏“大中盘”的能力。面对激烈的竞争，馆配商需要采取的应对措施主要有：①拥有自己的品牌和声誉。馆配商的声誉、品牌是其核心竞争力。馆配商为图书馆采访部门提供对应书目，可以利用馆配商与出版社的信息优势，减少无效劳动，为采访人员节省时间，提高工作效率。但有不少馆配商会有意无意地将一些质量好、价格高的图书信息屏蔽掉，使图书馆看不到完整书目，以追求最大利润，而馆配质量却受到破坏。因此，声誉与品牌是考量馆配商的一个重要指标。馆配商在履行合同过程中，诚信经商，严格按照约定执行，不明事宜要多协调与沟通，树立良好的信誉。②服务对象的评价。图书馆是馆配商的主要服务对象，馆配商以自身多年的丰富经验，熟悉与了解图书馆采访人员的采购方式和特点，对图书馆做出科学、有效的评价。③特色性和专业性。特色性和专业性充分体现了馆配商的竞争力。馆配商在评价图书馆的基础上，可以选择与竞标适合的图书馆，结合文献信息资源建设与管理基本情况，突出其特色性和专业性，制订标书，参与竞标，增大中标机会。中标后根据合同要求提供个性化目录，开展具有特色的专题推送。馆配商的专业化不仅专指图书专业性、学科化，而且也体现在服务专业化，包括国际和国家标准的完善的 MARC 编目数据及采访数据、免费送货到馆、图书加工业务(贴磁条、贴条码、盖馆藏章、贴书标等)。④加强多方合作共赢。联合化发展道路将以集约化经营模式降低各环节的运作成本，通过加深彼此之间的沟通和交流，提升馆配业务各环节整合能力与竞争力。实力雄厚的馆配商可以牵头组建有全国性的区域馆配商联盟，召集大中小型馆配商、不同类型图书馆与出版社加盟，风险与利润共担，实现图书馆、馆配商、出版社三方合作共赢。联盟可以将同类型专业的馆藏信息进行对比，如相同专业的“985”“211”学校的馆配信息与普通本科学校图书馆的共享，使普通学校拥有更多的对比书目信息。此外，一些馆配商每年自办馆配会，也是对大型馆配会一种有益的补充。不少馆配商自建现采基地和采配中心，采用先进的电子商务应用系统、自动匹配的数据查重功能吸引图书馆与出版社加入，共享共建。同时，图书馆对馆配商的要求越来越严格与规范，全国性馆配商服务也日渐标准化和高质化，但馆配商固有的库房、供货速度、加工服务、资金链等将受到监督和考验，引发馆配商思考全盘兼顾整体平衡发展的问题。

(3)出版社。出版社是图书产品的源头和生产者。现阶段，出版社不断增加参与区域性馆配会的次数，以扩大自身影响力。但是参与馆配会的次数越多，其成本压力越大，诸如展位费、降折扣、物流费、参会人员的差旅费等。同时，馆配会频繁举办的直接结果是造成大量图书馆订单分流到一些馆配商，使有限的采购费又被反复地分配，以至于出版社举步维艰。为了应对这些冲击，出版社在评估不同规模馆配会效果之际，结合自身出版发行情况，制定多元化的营销整合策略。①主动出击，直接与图书馆对接。例如配置专门岗位，积极主动地开拓二三级城市的图书馆和非文科院校图书馆的馆配市场，及时通报图书信息，委派专职人员与图书馆采访人员开展日常沟通。②出版社多方联合，突出差异化。目前，出版领域形成中央社、地方社、大学社三部分。2013 年，全国 108 家大学社馆配码洋合计 2.68 亿元，占据 2013 年整体馆配市场份额的 21%。大多数图书馆采购图书主要是看重图书品种，价格却是次要的。可见，馆配市场中图书价格的弹性空间狭小。出版社可以依据各自出版发行方向，不断提高图书的质量和差异化程度，区别图书类型，对图书定价采取不同的策略。出版社也应参照全国馆配商联盟做法，开发一个公正、宽松、统一、开放、全面、准确、功能强大的图书信息平台，在最短、最快时间内满足图书馆、馆配商的图书信息需要。

图书馆可以与出版社对接，但不能排除馆配商的作用，之前一些出版社组团希望抛弃馆配商由自己单独销售的失败例子也证明了馆配商的重要性。出版社、馆配商和图书馆各有所需，互为依存。馆配商运用捕获商机的敏锐性，积极配合上游出版社，共同开发馆配市场的深度与广度，与下游图书馆密切交流与沟通，了解图书馆的需求，及时反馈给相应的出版社，开创协作共赢的新局面。图书馆与出版社应紧跟馆配市场发展脉搏，注重内涵发展，适应图书馆、馆配商、出版社三方之间博弈新常态，各取所需，各尽其职，利益共享，风险共担，实现图书馆、馆配商、出版社三方合作共赢。

第三章　图书馆馆配工作研究

第一节　图书馆采编外包质量管控

图书馆首先应该认识到采编外包业务是一种市场行为，外包服务已经是馆配市场的一种常态。馆配商在向图书馆提供编目加工时，各种图书加工业务风险问题都有可能发生。那么，图书馆应该采取什么措施来管控采编外包质量呢？

一、馆配商的选择

图书馆一般通过政府公开招标、邀请招标、竞争性谈判等多种方式选择高质量、服务好、信誉好的馆配商。图书馆相关专家在多个馆配商同时参与竞标的选择时，一定要对每个馆配商的经营管理状况、技术实力、信誉度、服务态度、与出版社合作关系以及社会影响力等进行多角度、全方位的了解，对业界馆配商要做到心中有数，尽可能选择最好的、最适合本馆馆藏特色的馆配商。确定馆配商后，在签订合同时，也要制订周密而详细的外包计划，强调外包质量以及一系列的惩罚条例，避免在日后的外包作业中出现一些麻烦。

二、搭建合理的馆配商体系

第一章提到的新华馆配商、民营馆配商、馆社直供商这三大类型馆配商的服务各具特色，因此图书馆在选择合作伙伴时应该结合自身特色合理搭配，科学选择。

1. 省内外馆配商的合理搭配

省外的大型馆配商一般都具有雄厚的实力，不仅在本区域占有一定的份额，还有能力向区域外扩展，实力不可小觑。省内馆配商一般利用区域优势，能够提供快捷、便利的服务，能够响应图书馆需要的及时服务。因此，选择省内和省外馆配商搭配的方式既可以发挥省外馆配商强大的供货能力优势又可以发挥省内馆配商及时服务的特点，并且能够为两者提供一个相互竞争的环境，使他们得以互相学习，不断提高服务能力，便于图书馆工作更好地开展。当然，若只能选择一家服务商，建议还是选择当地馆配商更合适一些，一是可以支持地方企业发展；二是能够更好地满足图书馆的零采业务需求；三是区域馆配商也更方便参与支持图书馆开展的其他业务活动。

2. 馆社直供商、新华馆配商与民营馆配商的合理搭配

民营馆配商经营方式灵活，态度积极主动，馆社直供商及新华馆配商信誉好、安全可靠，两者的结合可以使图书馆有更好的对比。从图书质量、供货速度、编目加工能力、售后服务等方面使两者互相竞争，共同提高，图书馆成为最大的受益者。如果只能选择一家馆配商，则建议推荐服务好、供应图书质量高的馆社直供商或新华馆配商，因为他们不是纯粹以盈利为目的，会更多地考虑图书馆的需求。

另外，树立馆配商榜样，积极正面引导。在不断的合作中，图书馆应认真对比各类型馆配商的特点，总结其服务特色，制定出一个最适合的图书编目加工标准，鼓励馆配商向优秀者学习，使馆配商相互促进，取长补短。在这方面，图书馆的引导作用不可忽视，在区域内良好的服务氛围下，各个馆配商若能相互学习，不断进步，也会促进图书馆编目工作更好地开展。

三、编制用户需求书

图书馆为了消除信息不对称现象，需向馆配商提供下列资料：

(1)本馆学科专业设置。

(2)采访书目的数据规范和学科范围。

(3)不同类型专题采访书目编制的业务细则。

(4)有效采访书目的总量、采访书目对新书的覆盖率、采访书目对核心出版社的覆盖率。

(5)整体到货率、重点出版社到货率、到货频次。

(6)图书分编的规范与标准、分编人员必须遵守的分编细则、编目数据的准确率、分编人员的资格及资历等。

详细地制定规则有利于图书馆掌握一定的主动权，并起到有效监督的作用。

四、用细化的合同规范合作事宜

规范、细化的合同既可规范双方的义务，又能保障彼此的权益。因此，为规范图书馆和馆配商在服务过程中的一些行为，明确双方各自的权责利益，图书馆须与选定合作的馆配商签订严谨、全面、量化的合同书。在合同中明确业务外包所规定的图书质量、编目执行标准、工作完成期限、如何支付款项等，以及毁约和违背合同后承担的法律责任。对合作中发生合同之外的特殊情况，双方要及时协商处理或补充服务质量要求协议。合同中一定要标注如果达不到相应质量时，馆配商应承担的赔偿责任。通过制定服务质量要求协议，明确对业务外包服务进行定量的评估，增强图书馆对业务外包的质量监管力度，减少交易的不确定性，防止一些馆配商利益当头而故意钻空子。

五、齐抓共管，确保图书质量

图书馆与馆配商要齐心协力抓图书质量，明确对馆配商提供图书质量的动态管理方式，防止内容不健康、装帧破损、非正版等存在问题的图书流入图书馆。对有质量问题的图书应及时要求退换或赔偿，并提出警告。为防止部分馆配商在预定或现采图书文献中夹带非选图书，图书馆要严格查验书单与实物是否相符，并且要在指定区域进行加工，便于下一步质量复查。对存在问题比较多的馆配商工作人员，图书馆要及时通知馆配商对其进行更换，以确保馆藏质量。

六、加强数据质量控制

每个图书馆都有根据自身需求制定的著录细则、文献典藏规定，馆配商一般会同时承揽多个图书馆的采编外包任务，在具体运行中就难免会出现张冠李戴。所以，为避免此类问题的发生，图书馆应对馆配商建立一个数据质量监控的机制，并且要求馆配商指定专人联系本馆来保证馆藏数据库的质量。在具体工作中，细化图书编目加工作业流程，量化各道加工工序，使交接过程的管理井然有序。明确要求套录数据的外包编目人员，要严格按照各种相关的编目规则进行著录，对套录数据逐字逐行逐段进行分析著录，发现错误或与本馆编目细则不吻合之处应及时加以修改，并结合本馆实际要求添加馆藏字段。同时，图书馆自身必须设专人审核外包数据质量，从图书验收到分类标引等环节一一进行审核校验，以便及时纠正分编过程中产生的差错，把好编目数据的质量关。

七、建立培训机制，促进队伍建设

为了提高图书馆采编人员对馆配商编目加工质量的监督水平，提升馆内采编人员的业务素质势在必行。图书馆一要完善培训机制，把培训纳入发展规划；二要采取多种形式的培训，如开展业务学习、外出进修、岗位交流、参加学术研讨会等；三要根据年龄、知识、职称建立阶梯式的采编队伍，确保队伍的稳定性和连续性。

采编业务外包是解决针对当前图书馆纸质图书数量不断增加而专职采编人员短缺的较好办法。外包工作的开展对图书馆采编的要求更高了。图书馆只有严格把控整个采编业务外包的流程，让馆配商严格执行本馆采编细则与要求，才能有效控制采编业务外包质量，从而高效地完成采编工作。

第二节　图书馆馆配招标方式分析

根据政府采购要求，图书馆通常采用的招标方式分为公开招标、邀请招标、竞争性谈判、单一来源采购、询价采购及财政部认定的其他采购方式。

一、公开招标

公开招标是指采购人或采购代理机构以招标公告的方式邀请不特定的供应商投标的采购方式。单次或批量采购金额一次达到当地招标标准的货物或服务必须采取公开招标方式。

公开招标是政府采购的主要方式，但并不是唯一的。受采购环境、图书种类、技术的复杂性、独特性或标准特性、采购物品的价值较小以及其他特殊情况的影响都会使公开招标采购方式受限，无法获得最佳的经济效益和实现政府采购的目标。在这种情况下，就需要具体问题具体分析，选择非公开招标的采购方式。按照有关规定，选择公开招标以外的采购方式时必须遵循以下原则：一是每种方式的采用必须按照《政府采购法》的规定；二是每种方式的采用都必须经过主管部门的审批。

二、邀请招标

邀请招标是指由采购人或采购代理机构以投标邀请书的方式选择邀请符合条件的特定供应商(3 个以上)作为潜在的投标人，被邀请的供应商自主决定是否参与投标竞争，最后在所有参与投标的供应商中，通过一定的评标方法选出中标供应商的招标方式。符合下列情况之一的货物或服务，可采用邀请招标方式采购：具有特殊性，只能从有限范围的供应商处采购；采用公开招标方式的费用占政府采购项目总价值的比例过大。邀请招标必须邀请 3 家(含)以上供应商投标。

公开招标虽然是政府采购的主要方式，但也存在一些缺陷。而邀请招标方式恰恰能够有效地弥补公开招标的这些缺陷。因此，在一些比较特殊的招标项目中，在公开招标的缺点不可克服的情况下会采用邀请招标。

三、竞争性谈判

竞争性谈判是指采购人或采购代理机构根据采购需求直接邀请 3 家以上的供应商，就采购事宜与供应商分别进行一对一的谈判，最后通过谈判结果来选择供应商的一种采购方式。符合下列情况之一的货物或服务，可采用竞争性谈判方式采购：招标后没有供应商投标或者没有合格标的或者重新招标未能成立的；技术复杂或者性质特殊，不能确定详细规格或者具体要求的；不能事先计算出价格总额的。竞争性谈判必须邀请3家(含)以上供应商参加谈判。

与其他采购方式相比，竞争性谈判方式的优势在于：一是采购周期缩短，工作量较小，能使采购项目更快地发挥作用和满足需求；二是能够激励馆配商将高科技应用到采购商品中去，同时又能转移采购实体的采购风险。但也不可避免地存在某些缺陷，如招标工程往往把价格放在首位，投标人的一些资质在现场无法落实真伪时，往往那些不完全符合要求但价格最低的公司中标，这样会留下很多隐患。如西安的地铁电缆线事件，是典型的竞争性谈判失败方式的案例。目前很多图书馆采用这种方式招标，新书中标价连五折都达不到，这种情况下图书的质量得不到保证。因此，在采用竞争性谈判方式进行政府采购时，图书馆必须严格遵循法律法规，特别是要重视对中标馆配商监督机制的完善，从而将可能受到的损失降到最低。

四、单一来源采购

单一来源采购指达到了竞争性招标采购的金额标准，但所购商品的来源渠道单一，或属专利、首次制造、合同追加、原有项目的后续扩充等特殊情况而只能由一家供应商供货。符合下列情况之一的货物或服务，可采用单一来源采购方式采购：只能从唯一供应商处采购的；必须保证原有采购项目一致性或者服务配套的要求，需要继续从原供应商处添购，且添购资金总额不超过原合同采购金额百分之十的。单一来源适用的采购对象有特殊类型的图书及报纸、购权版期刊、数据库。目前，由于纸质图书竞争激烈，多家公司都能参与竞标，所以图书馆纸质招标一般不采用这种方式。

五、询价采购

询价采购，也称货比三家，是指采购人向国内外有关供应商(通常不少于3家)发询价通知书，让其报价，然后在报价的基础上进行比较，按照符合采购需求、质量和服务相等且报价最低的原则确定成交供应商的一种采购方式。询价采购方式的使用同样有严格的适用范围，采购的货物规格、标准统一，现货货源充足且价格变化幅度小的采购项目，可采取询价方式采购。但必须对比 3 家(含)以上供应商再择优选定。询价采购适用采购对象一般是特定的书单。

图书馆以询价的方式进行现采，可以选择原先中标的馆配商，也可以选择其他馆配商，更有利于本馆的馆藏资源建设。这种灵活机动的采购方式与其他政府采购方式可以形成互补。

图书采访是目标细化、需求多变的采购体系。在选择政府采购方式时既要严格按照有关政府采购的法则，也要结合本馆具体需求，如采购规模、采购对象及采购时间要求等，选择最适宜、最有利的采购方式，使各种政府采购方式的应用能够满足不同采购项目的需求。

第三节　图书馆纸质图书招标条款设立

目前，图书馆资源招标多采用公开招标，而招标的第一步就是制定标书。只有制定出严谨的标书条款，才能在良莠不齐的投标方中挑选出适合图书馆的馆配商。在此，结合自己多年的工作经验，将重要的招标条款一一罗列出来，供大家参考。

一、合理控制投标报价所占的分值

作为投标中最重要的报价，各个地方的招标要求不太一样，但是所占的分值大都在 30%～50%。前面也多次提到，作为提供优质服务的馆配商，若想使其长久健康地发展并提供优质服务，报价仅能占一定的分值，而不能成为绝对因素。所以，从这个层面考虑，投标报价的分值在 30%是比较合理的比例，既可以避免不良馆配商在投标时恶意以低价获得较高分数的侥幸心理，也可以为大部分优秀馆配商提供入围的机会。

二、必须要求馆配商提供员工参保证明

作为一个具有长远发展规划和社会责任感的馆配商，为自己的员工办理

社会统筹保险是其职责所在，也是依法经营的基本保证。因此，图书馆在制定标书中，必须要求投标的馆配商为自己的员工办理社会统筹保险。馆配商不为员工办理社会保险的原因：一是为了节省企业成本；二是很多馆配商并没有长期发展的打算，只为眼前利益考虑；三是没打算为员工负责。在这样的企业里，员工工作不太稳定，企业负责人只为营利，没有社会责任感。所以对此类馆配商，图书馆应尽量避免与之合作。

具体防范措施是在招标书中要求投标方提供员工的社会保险等各种证明原件。为防止一些馆配商弄虚作假，最好是在开标时登录当地社保网站上现场查询，当场检验。作为一个具有一定供货能力的区域馆配商来讲，应该提供该公司内包括编目人员和管理人员至少20人以上的正规社保手续。在这项条款中，每有一人得1分，满分20分。这也是检验一个馆配商是否具备一定实力并且是否具有长远规划的标准。

三、要求馆配商提供出版社出具的授权证明以及合作证明

对于图书馆来讲，如果想要准确判断一个馆配商的实力不太容易，但是可以参考馆配商与出版社的合作情况来判断。现在出版社对馆配商的选择已不再像以前那样盲目，而是根据馆配商的实力大小、供货量多少、回款周期长短等方面进行全面考察，特别是馆配商的回款情况，是考察馆配商诚信与还款能力的重要标准。因此，在招标书中要求出具出版社授权书和合作证明，可以参考出版社的意见，选择出实力较强的馆配商。

具体做法是：在标书的条款中，加入本馆馆藏所需的出版社授权书证明。如本项条款占20分，图书馆要求投标方出具20份与出版社的合作证明，每少一份扣1分，扣完为止。同时，为了防止一些馆配商弄虚作假，在招标时可同时要求出版社提供本次招标时出具授权书的馆配商名单。招标时对比投标方的标书，就可以判断真伪，淘汰作假馆配商。另外，为防止一些馆配商钻空子，还可以再要求馆配商提供与出版社的银行资金往来对账单及发票原件。一些馆配商会伪造与出版社的合同往来，甚至私刻出版社公章，但是一般馆配商不敢造假增值税发票。这样就可以通过一系列的措施有效地屏蔽掉一些劣质馆配商，吸引诚信经营的优秀馆配商来投标。

四、图书馆要重视馆配商的售后服务情况

图书馆在选择馆配商时一般不容易评估其真正实力，往往是在与其合作后才了解馆配商的服务质量。为了避免被动接受劣质服务，图书馆应该在制作标书时加入此项条款，即要求馆配商提供其合作客户的售后服务证明，以证明馆配商的服务能力。如本条款可以要求馆配商每提供一个合作客户的证明即得 1 分，最高分为 5 分。但是这方面也需要防范馆配商造假，图书馆可以通过直接与馆配商标书证明中的合作图书馆进行沟通，来了解合作客户对该馆配商的真实评价，同时可以借助各地图书馆学会的优势，通过学会查询到各地图书馆的联系方式，来了解馆配商的真正服务水平。

五、严格要求馆配商编目水平

在编目水平方面，可以要求馆配商提供国家图书馆或 CALIS 中心的培训证书，并且要求证书与该馆配公司的编目人员的参保证明、身份证原件一一对应，来核实培训证书的真实性，以避免有些恶意低价中标馆配商再将编目工作外包或者外借其他公司编目证来投标的现象发生，挑选到真正属于中标馆配商的编目人员来加工图书。具体措施是在标书中要求提供编目人员的证件至少五套，含身份证、编目证、社保证明，三个证件齐全为一套，这个条款中可以规定提供五套者得满分 10 分或 5 分，每少一套扣 2 分或 1 分。投标时要带着原件到现场备查。

六、其他要求

最后，在招标书中，可以再利用其他条款来选择更加规范的优秀馆配商。如拥有 ISO9001 质量管理体系认证证书、职业健康与安全管理体系认证证书、环境管理体系认证证书、AAA 信用等级证书、《图书馆报》评选的全国和省级优秀馆配商证书等，这些都可以作为加分项目列入招标文件中，以便提高优秀馆配商入围的概率。

总之，作为图书馆采编人员，只有充分利用招标政策，制作出合理的标书，设置明确、规范的招标条款，才能挑选出优秀馆配商，完成保障馆配质量工作的第一步，从而在以后的合作中占据主动地位。

第四节　图书馆选择馆配商标准分析

前文提到的三大类型馆配商各具特色，各有长短。如新华馆配商属于国有性质，虽然已实现了企业化改制，但是其经营理念和管理模式并没有发生根本性的改变，严重违法的现象较少发生。和新华馆配商合作，图书的质量能得到更好的保证，能提供大规模的现采场地，到货率也相对较高。当然也存在着效率较低、合作方式不够灵活等不足之处。民营馆配商因效率较高、服务热情、反馈及时等优点也赢得了图书馆的青睐，但同时难以避免以获取最大经济利益为目的心理，如不愿意提供进价较高的书目，不愿意安排采编人员去出版社举办的书展会选书，而请图书馆工作人员去自有的样书室或进货价格较低的场所选书，为了中标采取一些不合规甚至不合法的行为。在图书馆监督不到位的情况下还极易出现换书行为，将图书馆不需要的图书混入提供的图书当中，以获取更多利润。馆社直销商的信誉度会相对更好一些，比较爱惜自身机构的声誉，守法经营，又能汲取民营馆配商的优点，成为馆配市场中一支重要可靠的馆配队伍。

自 2000 年 1 月 1 日颁布并实施《中华人民共和国招标投标法》和 2003 年 1 月 1 日正式实施《中华人民共和国政府采购法》以来，尤其是 2006 年 10 月 19 日，教育部高校图工委和中国图书馆学会高校分会在网上公布《普通高等学校图书馆文献集中采购工作指南》以来，全国高校相继出台了适合本校实际情况的招标采购方法。在选择资信优良的馆配商时，应注意分析馆配商是否能够满足以下几个条件。

一、分析企业股份构成及主要经营者

对于一个企业来讲，它的企业文化主要取决于股东和主要经营者的经营理念，是选择做一个唯利是图的企业还是做一个靠服务质量取胜的持久型企业是首先要考虑的。对图书馆来讲，也需要认真考察企业，一个经常更换企业地址、名称、业务人员及经营者的企业往往不被人信赖，一个没有把馆配工作当成事业去做，靠一锤子买卖获取暴利的企业是做不长久

的。目前馆配市场上有较高知名度的馆配商用自己的发展历程证明了这一点，如新华系统内的浙江新华书店、江苏新华书店等，其主营业务做得有声有色，发展势头良好，集团领导能审时度势，把握全局，引导企业健康良性发展。民营体系中有北京人天书店有限公司和湖北三新文化传播有限公司，人天董事长邹进先生及三新董事长宋旅黄先生均是教师出身，有着良好的教育背景，更注重企业文化和信誉。以高校或省级公共图书馆或出版社为背景的江苏华茂博文书业有限公司、郑州日成图书有限公司和北京百万庄图书大厦有限公司等都是靠服务质量取胜的持久型企业。因此，分析企业的经营者和股东构成是识别馆配商标准的一种重要方式。

二、重要管理者及业务骨干的稳定

作为一个想要持久发展的企业，人员稳定是其重要的标志之一。这说明企业内部运行顺畅，组织机构合理，工资待遇以及各项福利有保障，能够留得住员工。公司有较高的信誉度，员工认同企业文化、长期在此工作，其服务水平稳定、服务标准不打折扣，售后服务也有保证，是图书馆理想的合作伙伴。

三、以个性化服务赢得用户肯定

企业的长期发展并不完全是靠强势的市场营销，最重要的还是依靠自身业务优势以及公司实力。例如和更多的出版社合作，保证充足可靠的货源；高标准的编目及加工质量，保证图书质量。特别是有些馆配商根据不同图书馆馆藏要求，提供个性化的服务来获得图书馆的认可。

四、积极上进，不断学习

作为馆配商，为更好地服务于图书馆，会主动参加多种培训会，掌握图书馆未来的发展动向，提高自身的服务水平和质量，以适应图书馆更高的需求。馆配商也应为员工提供更多的学习机会，让他们具备更好的服务能力。图书馆采编人员或主管领导在参加各种学术会议时，应该多观察经常参加学术会议或培训班的馆配商，这些馆配商主动学习欲望强烈，是可以考虑合作的对象。

五、在行业中起到积极主导作用

对于馆配行业来讲，市场竞争残酷激烈，优胜劣汰。维护行业的良性发展并且遵守基本行业规则，是每一个馆配商的责任。在这方面，有的馆配商起到了积极的表率作用，倡导公平、公开竞争，合作共赢，利用各种平台开展合作，而不是单以经济指标和市场占有率作为唯一的衡量标准。在竞争中不断成长，合作共赢才是企业发展的不竭动力。

六、积极搭建图书馆、出版社沟通平台

馆配商虽然只是一个服务中间商，但是应打造自身核心竞争力，发挥不可替代的作用。如编目技术优势、区域优势、整合优势，将出版社与图书馆紧密结合起来，而不要试图切断出版社与图书馆的联系，利用两者之间信息不畅来获取更多利润。在目前的信息社会中，技术的不断发展已使出版社与图书馆实现了信息互通。馆配商应当有充分的业务自信心，整合多方资源，利用自身业务能力获取应得的权益。因此，馆配商应搭建更多的交流平台，使书目信息公开化、透明化，让图书馆获取更多信息，提高馆藏质量，成为图书馆与出版社都依赖的合作者。

对于图书馆来说，选择馆配商就是一个综合考量的过程。尤其是在市场经济激烈竞争中，需要对馆配商进行了解、调查，之后再综合分析、对比。各类型馆配商各有长短，图书馆可以根据自身特点选择最适合的馆配商。以上几条标准，相辅相成，不能主观地强调某一条，应该综合考虑竞标方的实力，以便选择到规模大、实力强、信誉高、服务优、价格好的优秀供应商。

第五节　图书馆如何应对恶意低价投标

恶意低价中标是馆配市场中非理性竞争的必然产物。一些公司不从提高自身经营能力做起，往往采用恶意低价中标，再辅以偷梁换柱的方式，获取高额的利润，这不仅导致了馆配行业混乱，更对图书馆造成了损失。

笔者就此问题进行分析论证，认为图书馆应该分别对招标前和招标后的恶意低价中标的馆配商采取相应的惩罚措施。

一、恶意低价中标的概念

所谓恶意低价中标，是指参与政府采购项目的供应商无意诚信履约，只是利用政府采购的低价优先原则，以报出不合理低价为手段，以占据低价优势或牟取中标为条件，以损害采购人利益和破坏正常采购秩序为代价，通过贿赂、胁迫、私下交易等方式牟取不正当利益的行为。

恶意低价的商业行为明显违背市场规律，以远低于成本价的一种投标价格参与市场竞争。下面我们来分析一下图书成本价格：目前，以机械工业出版社、化学工业出版社、人民邮电出版社、电子工业出版社、科学出版社、北京大学出版社、清华大学出版社、中国人民大学出版社等八大社为主体的出版社，一般市场供货价根据购买量的多少在六五折到七〇折之间，只有进货量特别大的情况下才有所下降。其他多数出版社也多在六折以上，六折以下的出版社只占一小部分。在此基础上，再加上 4%的加工费用，2%的外出采购费用，在保证馆配商利润的情况下，报价至少在七二折以上才算正常。若考虑到馆配商业务量大，进货价格可能低一些，按平均进货折扣六三折计算，那么报价七折的情况也有可能存在，若低于此价格，则重点出版社与非重点出版社的配书比例可能会有所改变。据统计，2015 年第一季度全国前 20 名的知名出版社中，包括以八大社为主的出版社以及商务印书馆、中华书局、生活・读书・新知三联书店等为代表的知名社科出版社，所占馆配市场销售份额在 35.82%。若报价低于七折，则以上出版社正常的所占比例有可能达不到，说明小型出版社的图书占据了大部分比例。而在保证以上出版社图书必购的前提下，报价在七折以下的价格，基本上属于恶意报价。如果按正常比例购买以上出版社图书，馆配商肯定要亏损，作为必须盈利才能生存的馆配商来讲，报亏损的价格意味着必将降低进货质量而损坏招标方利益，以达到盈利的目的。

二、恶意低价中标馆配商的操作方法

馆配行业的经营成本逐年上涨，利润微薄，这是恶意低价商业行为产生的主要原因。无论是投标过程需要缴纳购买标书、投标保证金、履约保证金、中标服务费等各项费用，还是中标后提供若干的免费增值服务，这些都在无形中增加了馆配商的成本。恶意低价中标的馆配商之所以能够继续生存下去，主要原因是在供货期间会以多种方式将不符合图书馆要求的图书，特别是特价书混入所购图书中以达到盈利目的。具体表现为：

(1)以低于成本价投标，确保中标。一般情况下，馆配商会根据甲方(图书馆)的要求，经过成本核算报出合理价格。恶意低价中标的馆配商却以中标为目的，不计后果，先以低于成本的价格投标，目的是排除其他竞标者。中标后，再通过贿赂、胁迫、私下交易等方式，与招标单位讨价还价。

(2)以次充好获取高额利润。恶意低价的馆配商中标后，往往不严格执行合同约定，不采用图书馆提供的书目单，而是仅提供馆配商现有的便宜图书或从一些不正规的渠道进的图书，包括用一些库存书、特价书甚至盗版书冒充图书馆原来选的图书，价格极低，以此获取高额利润。

(3)更换现场所选图书。若图书馆采编人员对书单不够放心，要亲自挑选书，馆配商则把采购人员邀请到购书地点，先是热情接待赢得感动，再是痛说辛酸博取同情，然后将采编人员引领到特价书库进行挑书，并说这是一些出版社的仓库等。若不满意，就拉到二渠道的图书批发市场。实在不行，就等采购人员离开后，在发货之前将所挑的图书进行调换。图书馆为了保证采购图书质量，一般会派多人前往。馆配商利用大家都以为书是别人挑选的心理把大量低价书加塞进去。例如，郑州某高校挑选了100包图书，被馆配商调换了60包，最后馆长把8个采编老师全部请过来仔细查看，才发觉书被调换了一大半，但馆配商拒不承认，也只能不了了之。

(4)更换选书数据。为防止上述换书现象的发生，一些图书馆会提出将所选图书的数据带走，馆配商就以种种借口，故意拖延，然后找机会把数据进行更换。图书馆工作人员带走的实际上已经不是原始数据，验书时，书目和数据自然是相符的。

(5)钻资金管理的政策空子。图书馆招标时往往把实际供货截止日期写在招标书中，一般规定年底前完成供货任务。图书馆将所需书目交给低价中标的馆配商之后，他们就会要赖，拖延时间，或让图书馆选自己提供的书目。如果图书馆不同意，馆配商可以按合同要求一直拖延。因为，如果到年底时图书馆的这笔专项资金没有使用，就会被上级主管部门收回。受这个政策影响，图书馆只好仓促花费所有资金，从而屈服于馆配商，采用其所提供的劣质图书，对馆藏造成损失。

(6)恶意低价投标商往往采取变相术连续进行恶意投标。当图书馆与恶意低价中标商合作后，会把这个馆配商列入黑名单。但在下次招标时，原先中标单位不再出现，而是改头换面成为一个有关联的同类型公司，但实际操作人还是之前的人，投标商仍采取相同手法低价中标，以至最终仍能获利，再次造成图书馆的损失。

恶意低价中标对馆配商损失不大，他们只需缴纳少量履约保证金就可以了。即使图书馆工作人员严格按照合同办事，对馆配商进行制裁，馆配商的损失也不大。图书馆管理人员一般情况下碍于面子，不愿撕破脸面，这也在无形中纵容了这些馆配商的行为。

三、招标前应对恶意低价中标馆配商的对策

(1)图书馆在招标前应制定防范条例，避免产生恶意低价中标的情况。古人云，凡事预则立，不预则废。图书馆在招标前就应制定防范措施，采取主动防御，而不是被动接受。

(2)多方甄选馆配商。馆配商素质参差不齐，鱼龙混杂，因此甄选合适的馆配商显得尤为重要。馆配商的选择不能仅仅单靠图书馆，还需要区域中政府、图书馆、高校相关部门联合体共同参与。例如，浙江省高校图书馆的文献资源政府招标实行政府集中采购招标方式，省教育厅和高校图书馆共同参与招标文书制定，严格程序，规范标准，首先统一确定入围馆配商，然后要求各高校图书馆再根据本校的专业设置和教学科研、读者知识需求特性，从入围馆配商中选择适合本校信息资源建设需求的馆配商。

(3)按照规定程序合理制定招标书。招标合同条款要尽量明确详细，服务项目要清晰，特别是要有可操作性，并且能够量化。如对选择采购方式、资格审查、验收、结算方式、效益评估等环节都要层层把关。对图书的价格、质量、到货率、加工水平及售后服务等要有明确要求。在评标时，尽量少用竞争性谈判，一定要综合考虑，应限制投标价格分数所占的

权重，不能完全以价格高低来决定。

(4)提高图书馆专业人员在评标委员会中的比例。图书招标采购是一种科学、有效的图书采购方法，但由于招标采购在我国推行的时间较短，在实际操作过程中还有漏洞。如有的图书馆参与招标的评标人员往往是单位的领导和其他专业人士，他们对图书馆采编业务知之甚少，往往把图书折扣率和人情关系放在首位，而对投标馆配商的资质、信誉度、服务能力以及到书周期、到书率、编目水平、人员素质等方面都没有进行详细的考察。因此，在政府招标中应该扩大专业人员参与的比例，如果为了避本单位之嫌，也可以建立本地区的行业专家数据库，随机抽取。

(5)出具有真假对比性的证明文件。正规的馆配商都具有发行出版社图书的代理资格，以保证图书质量，所以由出版社出具该公司销售图书的授权书以及出具一份出版社公章式样的证明，防止招标时恶意低价馆配商私刻公章，在授权书真假难辨时能有所区分证明。还有如社保证明的出具，能上网即时查询以辨真假。此外，如河南省高校图书馆在招标时经常采用的手写合作证明，由馆长亲自手写，并附上联系方式以便随时核对，杜绝一些馆配商的作假行为。

(6)与出版社合作，共同辨别真伪。在招标时，由出版社出具代理授权书，同时招标书上写明，若投标公司提供虚假证明按废标处理，并扣除投标保证金。每次投标时，出版社可以提供一份证明，说明本次招标共向多少家公司开具了授权书，提供一份公司名单给招标方以鉴别真伪。

(7)要求馆配商编目人员有编目资格证书。目前，国家图书馆及中国高等教育文献保障系统(简称 CALIS)中心每年都有编目培训班，在招标中可以要求投标人必须提供工作人员的编目证书，并要求证书人员与身份证、社保证明联系在一起。有些高校图书馆还要求到馆编目加工人员必须是标书中所提到的人员，以防止转包或借证现象。

(8)提高中标单位的质量保证金。低价中标的馆配商以次充好很容易被发现，但是缴纳的保证金又不是很多，馆配商便以赌一把的心理铤而走险。提高保证金的额度，在一定程度上会加大不法馆配商的投机成本，约束其不当行为。

(9)提高购书人员的采购水平和防范能力。目前，全国正式出版社有

580多家，再加上近600家图书公司，每年出版各类图书(初版)20多万种，发行价格相差较大。所以，采购人员应多留意出版动态及每年的全国图书订货会，了解图书市场。把握市场报价方法也很简单，可以让馆配商提供出版社的授权书，也可以给出版社打电话询问一下出版价格，若馆配商报价低于发行价格，图书的质量和来源就可想而知了。

(10)熟悉馆配商的成本和利润构成。假设一个出版社批发给馆配商的图书折扣为P，那么在出售中成本就要加上运输、损耗、管理等费用，还要加上图书加工的费用，目前整个营运费用最保守的计算已经是图书码洋的7%～9%，加上4%的编目成本，总和已经达到12%左右。现在我们假定馆配商以图书码洋的75%中标，那么只有当馆配商获得的批发价格是码洋的63%时，馆配商才能不至于亏本，只有当P＜63%时馆配商才有盈利的可能；而对于出版社来说，以63%以下的折扣批发图书是不太多的，特别是一些科技图书、学术著作及知名出版社出版的书，他们的发行价格往往起步就是68%，而且只有完成一定的销售量才能有所降低。

(11)自己收集书单提供给馆配商。图书馆应经常留意各种订货会动态，通过出版社收集到纸质或电子书目，馆配商中标后，就把这些固定的书单交给馆配商，以保证图书来源，不要轻易采用馆配商自己印制的书目单。

(12)建设出版社、图书馆、馆配商资源共享信息平台。目前，之所以还有恶意低价馆配商能够中标，是由行业信息流动不畅、沟通交流较少所致。例如，各地市正规高等院校中标价格不一、书目信息不齐全，导致图书馆收集书目困难；个别馆配商又刻意隐藏，信息无法共享，图书馆不了解这些恶意低价中标的馆配商的基本情况，致使这些馆配商经常是打一枪换一个地方，继续进行恶意投标。因此，搭建出版社、图书馆、馆配商的信息交流平台，能在很大程度上排挤恶意低价中标的馆配商，净化馆配市场。

四、应对已经中标的恶意低价馆配商的对策

很多图书馆做了充足的准备，但是恶意低价馆配商仍能中标，在这种情况下，图书馆应如何应对？

(1)选书时携带查重器。图书馆应自己拥有查重器，方便去各地选书，也利于查重。而且在选书后，确保不会被调包。若暂时没有，用馆配商的查重器选书后，一定当场将所选的数据带走，以便将来验书时用。

(2)制定有利于招标方的供货期限。在招标中，为应对恶意低价中标的馆配商拖延供货时间，在合同中可以将实际供货期限改为1～2个月。若供货方不认真采购招标方所需的书目，或有拖延行为，则招标方可以随时按合同条款中止合同，扣除履约保证金。同时也有足够的时间再次招标，以掌握主动地位，防止恶意中标馆配商拖延时间，造成资金被收回的可能。

(3)不去恶意低价馆配商的自有库房选书。当恶意低价馆配商中标后，图书馆可以明确表示不去他们的自有库房选书，可以通过以下渠道选择高质量的图书：一是直接去出版社选书；二是去大型全国书展现场选书；三是去全国各大型图书批销中心现场选书；四是由出版社直接提供该社书目，经筛选查重后交由中标馆配商供书。

(4)选用固定的编目人员。馆配商中标后，在签订合同前，必须要求馆配商选定投标书中的编目人员来做编目加工工作，防止转包现象。

(5)招标结束后，必须加强中标后执行情况的过程监控。馆配商能否保质保量地完成图书供应并提供高质量的配套服务，这方面往往容易被忽视。因为招标完成后，任务执行由不同的部门管理，容易导致失控。同时，不排除有部分诚信度较低的馆配商将招标中的损失转嫁到日后的服务中来，产生诸如把滞销书、盗版书夹杂其中，随意变更服务合同，使用劣质磁条等行为。图书馆作为合同的直接执行者必须加强对馆配商后期的监控，严把质量关，以免遭受损失。

(6)正确认识特价书。特价书往往被不法馆配商所利用，先是低价中标，再将特价书以新书卖给图书馆，以追求最大利润。因此，图书馆要严格把控此类图书。

总之，图书招标是一门科学，也是一门艺术。在当前图书馆经费缺乏的条件下，图书馆采购图书面临诸多困难和问题。实行政府招标采购是一个很好的方式，但也不是万能的良药，况且其自身也存在一些弊端，尤其是以低价中标的“陷阱”需要严加防范。采访人员应该经常咨询专家学者对图书文献采购的意见，图书馆图书文献的招标应该把图书文献的质量放到首位，要“用更少的钱买更好的书”，而不是片面要求“用更少的钱买更多的书”。要以建构图书馆的科学藏书体系为目标，充分考虑到图书文献产品的多源性，需求的多样性，来确定不同的招标方式和中标价格。另外，还需要加强合同执行的监督，合同履行完成后要进行效益评估。

第六节　政府购买服务对馆配工作的影响

政府购买服务是指政府不再直接使用自身的雇员及管理模式去提供公共服务，而是以合约形式通过第三方来实施。目前，购买服务已成为各国政府为公众提供公共服务的一种有效管理方式。政府购买公共服务在国外早已使用，早在1761年，美国政府就有了《联邦采购法》，经过200多年的发展，已建立了完善的公共采购法律体系，并且规定了相应的采购细节，如对采购对象的金额、方式等，为购买公共服务提供了法律依据。另外，20世纪末新的公共管理运动，使得政府购买服务也影响了购买图书馆服务的政策。早在1983年美国公共与预算管理办公室（OMB）就发布公告，鼓励图书馆运营（Library Operation）可实行政府购买服务，对图书馆的服务方式产生了重大影响。1997年，图书馆开始尝试外包服务。据统计，截至2008年，美国共有65个图书馆实行了外包服务，即由政府出资购买替图书馆工作的服务项目。2012年，仅一家从事图书馆服务的专业公司（美国LSSZ公司）就负责了69个图书馆的运行工作，并且总体上得到了政府与读者的肯定。可见，国外实行购买图书馆服务已较为普遍，并且伴随着健全的法律法规以及有保障的财政资金，再辅以较成熟的招标流程来完成购买图书馆服务工作。

实际上在我国各类型图书馆中，购买服务早以不同形式出现，如图书馆的编目工作多年前已采用了购买方式，只是没有采用额外资金购买的方式，多是在招标图书时要求免费提供编目工作。而实际上馆配商早已核算成本，并且将加工成本与图书成本综合在一起参加投标，此项服务已进行十余年。经过多年的研究对比，发现购买服务大大节约了资金和时间成本。如某市级图书馆编目部配备7名工作人员，每年采购图书两万册，设有主任1人，采访1人，加工1人，编目3人，还有1人负责期刊，工作量相当紧张。后来图书的编目加工工作交由馆配商来做，招标时折扣仅提升4%，这就大大缩短了每批图书上架的时间，到馆与上架时间由原来的1～2个月缩短为2周内。按目前多数馆配商的质量标准，馆配商对员工的要求是在保证质量的前提下，每人每个工作日出成品(包括下载数据，少量原编以及加磁条、条码、条码膜、盖章等物理加工工作)至少在200册以上(而馆员每天仅提供30～50条数据就算完成任务)。按照这样计算，2万册图书若由馆配商员工完成的话，一个员工仅需100个工作日就可完成，而所付给的费用不超过3万元。对比馆配商与图书馆编目加工馆员数量和工资成本，效果显而易见。

李克强总理在2013年7月31日召开的国务院常务会议研究推进政府向社会力量购买公共服务的会议上指出，凡社会力量能办好的领域，尽可能交给社会力量承担，有效解决一些领域公共服务产品短缺等问题，使群众得到更多便利和实惠。从以上会议内容可以看出，国家政策对机关、事业单位为做好服务借助社会力量的方式给予了足够的支持力度，图书馆流通外包工作完全符合国家政策。

目前公共图书馆因受编制限制，很难满足因业务大幅拓展而需要的充足的工作人员。高校图书馆也有对新进员工的学历要求，往往博士生才有资格进入高校图书馆，而很少引进急需的图书馆人才特别是最实用的本科图书馆专业人才，致使高校图书馆缺少专业人才的现状在短期内无法改变。因此，通过社会化服务，利用外包服务的人才平台，采用一种薪资市场化、管理合同化、保障企业化的新型图书馆用工模式也是解决图书馆人才队伍不足的补充方式。政府购买服务有两个方面的影响。

一、积极影响

(1)政府购买有利于更好地利用优质社会资源。政府通过公开招标可以吸引优秀社会资源参与到图书馆的购买需求中，拥有价格优势和资源优势的图书馆配商能够在政府招标过程中脱颖而出。通过市场竞争机制发挥作用，帮助图书馆选择质优价廉的馆配商。

(2)政府购买有利于反腐倡廉，提高社会经济效益。在政府购买服务之前，图书馆资料采购发挥不了市场主体作用，缺乏竞争机制的引入，透明度不高，采购人员吃回扣、馆配商暗箱操作，以金钱贿赂采购人员等恶劣的腐败现象时有发生，导致图书资源质量下降，图书馆得不到有效的服务，造成国家资源的损失。招标采购方式的引入，确保了图书馆图书资料采购的公平、公正、公开的市场竞争环境，馆配商通过市场竞争为图书馆提供最为优质的资源和服务，促进了社会经济效益的发展。

(3)政府购买有利于构建完善的市场经济结构。图书馆属于公共资源，在大型数据库或者高价书刊的采购过程中，招标能够避免一人独断、盲目决策的现象发生。在调动图书馆集体智慧的基础上，构建完善的市场经济结构，图书馆与馆配商之间不再是松散的结构关系，而是利益相关关系。图书馆借助中标馆配商建立完善的供需关系，避免了图书补缺困难、后续服务差等弊端，推动了图书馆的整体发展水平。另外，借助法律和市场的双重保护，图书资料的采购更加有章可循、有法可依，市场的主体作用更加明显，维护了图书馆的切身利益，保证了公共资源的合理配置和使用。

(4)购书经费支出的变化。图书馆图书资料购买必须实行政府招标采购，最大的变化是图书馆不直接向馆配商支付购书经费。馆配商完成采购编目加工后，需向财政出具合同验收证明，由财政经费统一支付。因此，图书馆购书就需依靠馆配商来完成，馆配商的优劣反过来又影响着图书馆的采购质量。馆配商为图书馆提供图书，最大的特征就是除采购工作外，也可以外包其他采编业务，包括配货、数据和后期加工等图书馆业务环节均可以由馆配商承担，大大提高图书馆的采访效率。

(5)物流到位。多数馆配商都能针对图书馆的图书采购需求特性开展服务，包括物流、打包、订单管理、验收、账目核对等。即使是大宗到货也能井井有条，减少纰漏的发生。在当前的政策形势下，图书馆要探索采购市场规律，充分掌握各馆配商的信息，了解各馆配商的特点，这也是一项重要任务。

政府购买服务为馆配工作提供了一种公平、公开的竞争环境，解决了图书馆大批量购书的难题，提高了公共资源配置效率，也使得不同的馆配商通过竞争得以成长。

二、消极影响

(1)零散采购有待完善。由于购书经费全部经过政府公开招标，馆配商供货基本上以大批量的图书为主。但图书馆实际上也存在一些无折扣的零散采购，对于此部分书款的报账，图书馆和馆配商之间处理起来比较麻烦。一是作者自销文献，图书馆难以及时给作者报账；二是补配馆藏不足的旧文献，图书馆在采购时不仅要付图书原价，涨价后购入也存在报账时核算麻烦的问题。

(2)书目数据不规范。馆配商提供的数据尽管均依照 MARC 格式著录，但由于各馆自己的著录标准都有特殊之处，因此馆配商提供的数据总是存在或多或少的问题，如字段有出入，字段著录不全等，不完全符合图书馆的要求。

(3)低价中标。正常的竞标应该是投标价或中标价不得低于成本价，但有些招标单位在招标时采取唯价格论，出现中标价低于甚至远低于成本价。低价中标现象之所以出现，和法律法规执行不严、监管机制不完善有一定关系，而从根源上讲，是对优胜劣汰的竞争环境鼓励不足导致的。当有的馆配商每年拿出很多利润来搞研发、创新、提升产品质量时，个别馆配商靠偷工减料、假冒仿制也能同台竞技，甚至竞争成功，长此以往也就没有馆配商愿意花精力搞管理和创新，严重扰乱了市场经营秩序。

政府购买为馆配商提供了机会，通过进一步完善市场环境并维护服务质量过硬的馆配商的正当权益，发挥其引领作用。

第七节　馆配图书订单相关概念

一、馆配图书订单数据统计相关概念

(1)馆配图书订单。馆配图书订单是图书馆采购人员给馆配商提供图书订单之后，馆配商将图书馆提供的采购订单进行汇总整理，将同一出版社出版的图书合并到一起后，提供给出版社的图书订单。

(2)订货数据。订货数据是指馆配商在馆配图书订单中提供的有关图书信息。一般包括订购图书的 ISBN 号、书名、图书定价、出版年月、图书订购品种、图书订购册数、订货码洋等。

(3)供货数据。供货数据是指出版社根据馆配商提供的馆配图书订单，结合出版社库存实际情况统计的发货数据，分为现货和期货。

(4)订单满足率。订单满足率包括品种满足率、册数满足率和码洋满足率。品种满足率是指供货图书品种与订货图书品种之间的比率；册数满足率是指供货图书册数与订货图书册数之间的比率；码洋满足率是指供货图书码洋与订货图书码洋之间的比率。

二、馆配图书订单数据统计分析

(1)按图书所属学科分类统计分析。根据图书所属学科划分，大致可分为科学技术类、自然科学类和社会科学类。按这三个类别分别统计订货册数、供货册数和满足率，自然科学类图书满足率较高，而科学技术类和社会科学类满足率较低。原因主要是自然科学类的图书预留库存量较大，市场发行趋势判断较准确。科学技术类和社会科学类的图书虽然市场需求量较大，但对市场需求把握不准导致满足率较低。

(2)按图书用途分类统计分析。以册数满足率为例说明。根据图书用途划分，大致可分为专著类、教材类和教学辅导类。按这三个类别分别统计订货册数、供货册数和满足率，教学辅导类图书满足率相对较高，教材满足率相对较低。原因主要是教学辅导类图书与教材类图书相比，市场空间较大，适合阅读人群较广。专著类图书满足率也相对较低，可见专著类图书的馆配市场空间还有很大挖掘潜力。

三、馆配订单统计数据的作用

馆配订单可以客观准确地反映馆配市场需求情况，对其统计数据进行分析不仅可以准确把握市场动态，还能为编辑策划选题、有效利用资源提供参考依据。

(1)为深入了解发行动态提供直观数据。馆配图书订单数据统计分析的意义在于帮助发行人员了解馆配市场发行动态，以便有针对性地调整营销策略。

(2)为编辑策划选题提供参考依据。不少出版社每年都有巨大的图书滞销量，这固然有多方面的因素，但无疑与选题策划不到位有相当大的关系。通过对订货册数的统计分析，可以为编辑策划选题提供最为直接的客观数据，作为编辑策划选题时的参考依据。

(3)为有效利用资源、客观招标提供数据支持。很多政府采购部门对图书采用“询价采购”“竞争性谈判”等采购方式，除了价格以外，并未给用户和评委留下更多的对供应商的选择空间。即使是采用公开招标方式，在打分标准中也不对投标折扣进行限定，多采取最低价得报价满分的评分标准。现在各种统计数据在招标时可以作为对比馆配商实力的参考依据。

第八节　馆配商专题书目推送模式研究

专题书目是指馆配商定期向图书馆提供的常规采访(现货、期货、现采)书目以外的数据。一般根据一些获奖图书、好书榜、时政专题、热点动态以及专业人士推荐的书单书目制定不同的主题。这些书目汇集了一定时期经筛选过的学术价值较高的图书或者是购买力较强的畅销书，书目质量高，都是对公众影响力较大、比较权威的书单，具有较高的馆藏价值。馆配商将整理好的专题书目通过QQ群、微信群或者邮箱等方式发送给各图书馆的采编人员，随时满足采编人员对个别专题的需求，同时这也是馆配商提供的一种专项服务。对图书馆采访人员来说，面对大量的书目数据做出选择需要花费很高的时间成本，而有针对性的书目推荐可以节省大量的时间，方便高效。对馆配商来讲，为图书馆提供精细化的专题书目已成为馆配商常态性的服务方式，以增强自己的核心竞争力。那么，馆配商如何做好这项服务呢?

一、多渠道挖掘，为图书馆提供多元化的专题书目，使其更符合馆藏需求

(1)定期提供各大榜单上的专题，包括纸媒、网媒推荐的好书榜、获奖书榜，网上书店、实体书店畅销书榜，以及权威机构、学者或者具有一定影响力的人士推荐的好书；一些主流媒体如新浪网、凤凰网、人民网等推荐的好书榜；一些提供书评、阅读的门户网站如豆瓣读书、百道网、新浪微博等

也会推荐新书好书，大众对其也比较认可，也可以用来参考。很多图书馆发布的读者阅读需求以及网上书店如当当网、亚马逊网上书城、京东商城等，定期会根据销量推出畅销书排行榜，这些数据一定程度上反映了大众读者的阅读倾向，也可以推荐给图书馆参考。

(2)馆配商要有敏锐的触角和知识储备。紧密结合时事变化，从政治、经济、文化、社会等多个角度整理热门或有价值的主题，比如河南省推出航空港建设计划时很多馆配商将有关航空港建设的书目推荐给图书馆，到学校领导或机构需要时，图书馆已经将图书入库，及时满足了读者需求。

(3)馆配商面向高校图书馆应推出更多专业、学术类的图书专题。一是需要多与一些负责学术图书出版的编辑保持联络，及时捕捉学科出版的动态信息，推荐给图书馆。二是需要及时主动搜集部分容易在常规采访书目中缺失的学术、专业书目，以及一些中小出版社或地方出版社的学术图书。三是注意要按年度整理学术专著，或者编制学科主题的专题，特别是较窄主题领域中的图书书目，以备相应的图书馆使用。

(4)馆配商应充分利用自身掌握的数据，建立核心书目。馆配商应建立核心书目，选择科学的图书评价系统或评价模型，推出不同主题的馆配畅销书，供图书馆查漏补缺，也方便为图书馆采访人员提供采购指导，精准地挑选各种专业书籍。同时，馆配商也应在和出版社的合作过程中，及时获取出版社最新出版动态，收集整理，进行专题推送，使图书馆的馆藏及时、连贯、全面。

二、有的放矢，用心为图书馆提供个性化定制书目

虽然要求馆配商为每个图书馆定制符合本馆馆藏的个性化书目信息目前还存在着困难，但是可以针对同类型图书馆制定同类别的专题书目服务。例如根据图书馆所属大学的层次进行学科分类，如综合、医药、理工、财经、师范、政法、外语、体育、艺术、民族、农林等，尽量做到书目数据与高校重点学科建设及采购重点相符合，避免无需求的图书反复推荐，减少采购麻烦，将专题采购书目服务做得更加细致，提高书目的专业化程度。同时，也要控制专题书目的品种内容和推送频率，并适当地合并专题，避免信息量过多或过少，给图书馆工作造成不必要的负担。

三、为图书馆制定专题书目采选法的业务流程设计

专题书目采选法的基本流程包括：①图书馆根据本馆资源建设的个性化需求编制各类型专题书目定制的用户需求书；②馆配商根据用户需求书的细则编制各类型专题书目；③图书馆把馆配商编制好的专题书目推送给对应的服务对象；④各服务对象根据自身信息需求选择专题书目；⑤采访人员根据需求进行书目选订，查重后并生成预选单；⑥图书馆将订单传递给馆配商，馆配商根据不同情形做好每一个专题书目的订单回告，图书馆对馆配商发回的订单回告进行最后确认；⑦馆配商为图书馆配送专题图书，由图书馆验收。

四、利用科技方式，实现专题书目智能推送

馆配商除了整理多样化的专题书目信息外，还要采用科技方式实现专题书目的智能推送。如采用系统平台，可以根据客户专业设置不同的规则将推送的专题书目进行自动筛选和智能推送，以避免图书馆工作人员凭经验采访的盲目性推送。例如，山东中教公司和郑州日成公司先后研发了智能建购信息平台，通过科技手段实现了智能推送。

馆配商在激烈的市场竞争中，为了稳定和吸引更多的图书馆用户，为图书馆免费进行馆藏结构分析的同时，针对核心出版社、重点学科和新增专业提供专题书目是主打的增值服务之一。图书馆根据馆藏分析的结果，对比馆配商推送的个性化书目信息，适时进行采购策略的调整和缺藏图书的补充，对馆藏结构的优化和科学地决策各学科专业图书的合理占比有重要意义，同时也增加一个考察馆配商实力的方式。

第九节　馆配会研究

一、各地馆配会介绍

馆配会就是为图书馆配书举办的图书展示、展销、交易会。馆配会经过多年的发展，规模不断扩大，参会人员不断增多，采购码洋也屡创新

高。馆配会的市场格局呈现多样化。目前的馆配会有中国版权协会组织的，也有各省新华书店组织的，还有各个民营馆配商组织的，基本形成了以全国图书交易博览会、北京图书订货会为代表的全国性馆配会和北京人天书店有限公司、武汉三新书业有限公司等为代表的民营馆配商举办的地方区域性馆配会以及各新华书店举办的馆配会的市场格局。馆配会的举办多集中在3～11月。其中，3月和9月较为集中，约占全年馆配会总数的70%，这是由学校经费到位时间、大中专院校开学时间及出版社的出版规律所造成的。近年来，公共图书馆和中小学图书馆对馆配会的参与度和采购金额都相对较高，高校图书馆的参与度有所降低，这是由于国家开始重视图书馆建设，公共图书馆和中小学图书馆起点比较低，对现采需求较大，而高校经历了教育部本科教学评估之后，图书的采购已从数量急剧扩张式的非理性采购阶段，逐步过渡到以学科建设和特色文献建设为主体的理性采购阶段。纵观全国馆配会，大致可以分为两大类：一是全国书市；二是区域性馆配会。在各地馆配会现场，展示了各式各样的图书，馆配服务人员和出版社营销人员可以现场向图书馆工作人员进行全方位的介绍和推荐。通过参加馆配会，出版社和馆配商实现了销售目的，并且通过和图书馆开展交流沟通活动，促进了馆配工作的开展。

1. 全国书市

(1)全国图书交易博览会原名为全国书市，始于1980年，每年在不同的地区轮流举办。全国图书交易博览会是一个大型的图书博览会，从第一届全国书市开始，先后在北京、上海、广州等城市举办。2006年8月5日，中央颁布了《国家“十一五”时期文化发展规划纲要》，全国书市被列入这个纲要，并更名为“全国图书交易博览会”。从第17届开始正式更名，一直沿用至今。截至2016年，全国图书交易博览会已成功举办了26届。每一届全国图书交易博览会的成功举办，都是对中国出版业繁荣发展的促进、对出版界最新成果的检验，对推动举办城市的经济发展和社会进步产生积极的影响，也为图书馆、出版社及馆配商提供了现采机会。

(2)北京图书订货会是由中华人民共和国新闻出版广电总局主管，中国书刊发行业协会、中国出版工作者协会主办的图书出版行业的盛会。一般是一月初在北京举办，原来是为新华书店准备的会议，为方便社、店年终总结和推送来年选题计划。为了适应馆配市场，近十年来，在每次书市中专门设置馆配专场，方便图书馆和馆配商选购。由中国出版协会和中国书刊发行业协会主办的2017年北京图书订货会于2017年1月12日至14日在中国国际展览中心(老馆)举行，这是第30届北京图书订货会。在过去的30年中，订货会从单一订货到多元化功能发展，现已成为全国重要的图书盛会，见证了我国出版业改革开放的历程。2017年北京图书订货会会展2 369个，馆配展架910个，参展单位737家，邀请新华书店、图书馆、馆配商、海内外华文书店等3 000余家，举办文化活动200余场，编辑馆配可供书目11万种，现场馆配采定码洋1.14亿元人民币。由于北京是我国的政治文化中心，出版社有300余家设在北京，因此，每年在所有的馆配会中，出版社参展最多的馆配会就是北京书市，参会图书品种也最多，建议图书馆在选择馆配会时可以将北京书市当成首选。

2. 区域性馆配会

(1)重庆地区图书现采会。主办方：重庆天泰文化传播有限公司。时间：一般为每年的3月初及9月中旬。在2017年重庆地区春季馆配会上，参会图书为2016年6月至2017年2月可供科技类及社科类图书，包括外语教学与研究出版社、清华大学出版社、机械工业出版社、人民邮电出版社、电子工业出版社、化学工业出版社、科学出版社、中国人民大学出版社、北京大学出版社、社会科学文献出版社及部分师范、社科类出版社的图书。此现采会是重庆地区最大的馆配会，2017年还新增了VR图书馆体验厅、2017年出版社在线资源新资讯等。

(2)北京人天书店订货会。主办方：北京人天书店有限公司。举办地：北京人天书店现采库及济南全国少儿图书采配基地。时间：每年3月及9月份。人天书会的特点是采书周期长，现货及样采品种充足，采书方式多样，环境优雅，陪采服务专业。现采地点在人天书店新库房，新库房占地面积4.2万平方米，容纳现货品种32万余种。同时设立现货样本库。新书展厅样采：新书展厅容纳近两年新书18万种，出版社展示专架近300个。典藏图书展厅样采：展示大码洋典藏图书近600种。全国少儿图书采配基地：库房占地面积1.2万平方米，新书品种5万余种。同时增设中小学库房，满足图书馆市场的多元化需求。

(3)北京百万庄图书大厦精品图书订货会。主办方：北京百万庄图书大厦有限公司。举办地：北京百万庄图书大厦。参展品种：精品学术类为主的新书3万多种，出版时间均在2016年10月以后。百万庄书会的特点是：①北京百万庄图书大厦精品图书现采订货会，自2009年起，已经连续举办了8届，旨在为图书馆和出版社搭建畅通的沟通交流平台。百万庄馆配坚持特色发展，连续多年馆配销售额过亿元。②邀请业界专家就热点话题做学术交流，并策划了重点出版社的新品推介活动。③单独陈列各社精心挑选的重点图书、大部头精品图书，布展完全参照出版社分类摆放。同时还配备了大量图书数据采集器，为现采提供便利。

(4)山东图书馆采购联谊会。主办方：山东青岛市新华书店有限责任公司。举办地：山东青岛市北区傍海中路29号图书采供物流中心。参展的出版社有中国出版集团所属中华书局、人民文学出版社、生活·读书·新知三联书店、上海世纪出版集团、机械工业出版社、化学工业出版社、环境科学出版社、海洋科技出版社、人民卫生出版社、中国农业出版社以及清华大学出版社、北京大学出版社、华东师范大学出版社、陕西师范大学出版社等，展出这些出版社出版发行的十万种图书、音像制品。

(5)广东新华馆配会。主办方：广东新华发行集团股份有限公司。广东书会的特点是：①2017年春季馆配会以推进智慧图书馆建设、促进中小学生阅读为主题，结合省教育厅“书香校园”线上读书系列活动，推出中小学智慧图书馆整体解决方案，打造中小学校阅读空间；②以新书看样订货为主要功能，集中展示中国出版集团、京版、沪版、粤版及全国各地大学社、人民社、科技社、少儿社等近500家出版社2016年6月至今出版的30万种适合图书馆采购的新书；③集中展示国家图书馆、中华书局、线装书局等出版社的典藏图书。

(6)全国地方版图书博览会。主办方：湖北三新文化传媒有限公司。三新书会参展品种以适合馆藏的出版社的重点品牌书、畅销书，以及各大出版社近两年高端、精品专业的图书为主。还特设畅销书、高码洋精品书、少儿图书等专区，品种总计达20万种。

(7)山东图书馆馆配会。主办方：山东新华书店集团有限公司。参展品种是自2016年下半年至今出版的适合馆购的重点书、精品书、畅销书、高端专业书及电子音像制品。

(8)吉林省图书馆新书样采订货会。主办方：吉林省新华书店集团外文图书发行有限责任公司。吉林书会的特点是：①馆配会响应“书香吉林”全民阅读主题开展系列阅读活动，为广大市民提供一次阅读盛宴；②馆配会自2010年开始举办，本着小而精的模式，力求在图书品种、专业涵盖上适合当地的采购需求；③馆配会结合线上图书馆采购服务平台，突出线上和线下相结合的服务模式，为图书馆提供更优质的采购服务。

(9)南京馆藏图书展销会。主办方：凤凰出版传媒集团、江苏省出版物发行业协会主办，江苏新华发行集团承办。举办地：江苏新华发行集团物流基地。参展品种是自2016年下半年至今出版的新书品种。适合大中专院校图书馆、公共图书馆、中小学图书馆馆藏业务建设需要。展销会邀请全国美术联合体作为主宾单位，现采与样采共同进行，是年度全国规模较大、信息提供齐全、馆藏服务优良、销售总量较高的全国性馆藏图书展销会。

(10)浙江省馆藏图书展示会。主办方：浙江大学图书馆、浙江图书馆、浙江省新华书店集团有限公司。出版商参展品种：主会场展示20余万种适合馆藏的品种；分会场——新华书店集团馆藏样本室提供看样扫描订货，样本室有近两年新书20万种。共有浙江版，上海世纪出版集团，古籍、文艺、少儿类，社科类，科技类，教育类，音像类参展商约600家。

(11)全国馆配商联盟图采会。主办方：全国馆配商联盟、北京人天书店有限公司。举办地：每年轮流主办。展次：每年两次。参展新书12万种以上，出版商参展近500家。书会力求打造一个公平、开放的馆配会平台，提供全方位的馆配服务。除了实现新书样采以外，还设立馆配电子书展区、图书馆设备展区、少儿类图书展区和自助图书馆的体验专区。举办学术论坛，邀请图书馆学专家，从政策导向及市场需求等方向，对图书馆服务如何转型升级以及馆配商如何应对等进行探讨交流。

(12)甘、青、宁图书馆新书看样现采订货会。该书会是本地区最大的图书看样订货会，汇集百余家出版社近来出版的学术专业书。

(13)海峡两岸图书交易会。主办方：厦门市人民政府、福建省新闻出版广电局、中国出版协会和“台北市出版商业同业公会”“台湾图书出版事业协会”“台湾图书发行协进会”共同主办，山东省新闻出版广电局、厦门市文化广电新闻出版局、海峡出版发行集团、厦门外图集团有限公司、北京书友之家文化交流有限公司、“台北市出版商业同业公会”承办。举办地：福建厦门。时间：每年 9 月。客户范围包括大陆 400 家以上出版单位和图书公司、出版相关产业单位，台湾 250 家以上的出版社参展，两岸出版发行界、出版相关产业及两岸图书馆采编人员参会。该书会特点是：设立台版图书展订区；可以提供 10 万余册的台湾原版和大陆精品畅销书给读者。

(14)嘉汇汉唐馆配图书订货会。主办方：嘉汇汉唐书城。举办地：西安。时间：每年 9 月份。书会特点是：以近来新书、数据采访为主，兼以卖场现采，并举办座谈和论坛进行信息互动。

(15)河南省新华书店图书馆看样订货会。主办方：河南省新华书店发行集团有限公司。举办地：郑州。时间：每年 3 月及 9 月份。客户范围：当地近 100 多家高校图书馆、职业技术院校图书馆和公共图书馆参加，近 200 家出版机构布展。书会特点是：展出近一年内出版的各类图书，展销品种以适合馆藏的出版社重点品牌书、畅销书及各大专业出版社的高端、精品专业书为主。

二、馆配会利弊分析

目前，一些所谓畅销书大行其道，而真正有学术含金量的文献馆藏类图书却无人问津。因此，越来越多的出版商对馆配会寄予厚望，馆配会也一度被认为是图书馆采访的主流形式。馆配会主要有以下特点：

第一，品种齐全。馆配会涵盖法规、学术、教育、考试、实务、大众等诸多出版领域的系列产品和优势品种。各级、各类图书馆基本上都能够找到适合其购买、备货的图书。

第二，参展出版社齐全。中央版、京版、苏版、鲁版、地方版、大学版悉数参加，几乎囊括全国所有优秀出版社。各出版社促销人员在展会期间，竭尽全力推销本社各类图书，与各地图书馆、新华书店和专业书店进行沟通交流，与各出版社业界同仁交流经验，抓紧时机收集市场信息。

第三，选购方式多样。现货现选，有的图书品种是有代表性的出版社重点品种，当场看样拿货。样本采选，有的地方版新品是图书馆平时难以采购满足的品种，所展样本同现货品种不相重复。随着时代发展和科技进步，图书展销会在展销形式上发生变化，由单一的现采发展到网上订购、现场RF联网采选、数据选购等多种展销形式。利用现代网络计算机技术可进行馆藏数据查重，图书选购可实行多人网络采购。馆配会一般还能提供计算机和网络订购终端，以便实行远程对接。利用现代网络资源，图书展销会构建了一个专业、便捷、快速的图书馆资源选购平台，解决了图书馆大批量采购的难题，缓解了馆社供需信息不对称的矛盾。

由于还没有形成完善、标准的组织办法，馆配会也存在一些问题，不利于馆配产业链的平衡发展。如何规范馆配市场秩序、提升馆配会品质、推动馆配市场健康持续发展，成了图书业共同的呼声。馆配会存在的问题包括以下三个方面：

(1)数量多，频率密。馆配会密集，让人目不暇接。从年初的北京图书订货会开始，各种各样的馆配会轮番登台，让出版社的馆配人员及图书馆的采访人员疲于应对。出版社要不停地布展、上会、撤展，从一个城市奔赴另一个城市，仅春季馆配会，出版社的馆配人员就要去至少20个城市。这直接导致出版社的馆配业务人员流动性大，缺乏稳定性，不利于图书馆、出版社之间长期稳定的常态化信息沟通。同时，如此频繁地办会，图书馆配市场也显得十分混乱，有相当一部分馆配会打着公益旗号，通过出版社的展位费来获取商业利益。

(2)效益低、同质化。伴随着馆配会的扎堆，出现了馆配会形式、内容、产品同质化现象。馆配会的频繁举办，消耗了图书馆、出版社、馆配商有限的人力资源，增加了成本支出。与此同时，图书馆有限的购书经费被频繁的馆配会稀释，订货码洋呈下降趋势。同一时段内各馆配会上同一出版社的图书品种几乎相同，也使图书馆人员在辛苦奔波后，收获却不大。

(3)中小型出版社专业性图书难觅，其利益无法得到保证。馆配会增多的同时，附加增值服务也在增多，使出版社参会成本越来越高。有的馆配会不仅要缴纳高额的展位费，还需要给馆配会的订单降折扣发货，再加上参会人员的差旅费，使整体费用直线上升，一些规模较小的出版社核算下来难以收回成本。在巨大的参会成本压力下，中小型出版社逐渐失去了参会的热情，致使一些图书馆需要的一些地方社、民族社、小社等出版的专业性很强和馆藏价值很高的图书在馆配会上难觅。

三、馆配会前景分析

当前，书业展会的订货功能不断下降，各大展会面临着转型的挑战。几乎每个书业展会都毫无例外地配有一个图书馆配会作为支撑，因为馆配会有着实实在在的现采订货功能。虽然图书馆、馆配商、出版社每年都参加馆配会、现采会、采编会等宣传交流活动，扩大了出版社的声誉，增加了图书馆的现采机会，却没有给出版社和馆配商带来丰厚的利润。

中国书刊发行业协会副秘书长王成法就曾表示，全国性馆配商、区域馆配商、大型出版社、行业联盟等都在办会，每年大大小小的馆配会有四五十个场次。因此，呼吁建立一个统一的、全局性的、权威的馆配行业大平台。这个平台既包含采访、订购、联合编目、可供书目的行业共享，更重要的是做到在统一的标准下的数据交换。因此，需要建设一个 B2B 的馆配书店，出版社和图书馆可以在网上进行需求对接，完成采访，这才是馆配会的发展趋势。

另外，将馆配会融入学术活动。配合馆配会的图书现采活动，可以邀请专家学者就业界众人关注的话题和动态与图书馆采购人员进行互动交流。如春季北京订货会图采会的“全国馆社高层论坛”、全国大学出版社图书订货会的“大学出版论坛”、上海书展暨“书香中国”上海周、中国书业馆配年会的“图书馆与出版社高层论坛”等学术交流活动为馆配三方之间加强交流、了解信息、畅通交易搭建平台，达到馆、社、商的互利共赢，促进馆配市场沿着健康有序的轨道发展。

建设和谐良好的市场环境，有利于馆配业的健康发展。下一步还应该在馆配会的品种、布局方面进行调整，丰富内容，形成符合图书馆需求的业务模式，使馆配会模式持久。

第四章　馆配市场趋势展望

第一节　馆配市场前景分析

根据国家教育部2015年7月6日公布的数据显示，全国各类高等教育在学总规模达到3 647万人，全国共有普通高等学校和成人高等学校2 852所。其中，普通高等学校2 560所(含独立学院275所)，成人高等学校292所。普通高校中本科院校1 219所，比上年增加17所，高职(专科)院校1 341所，比上年增加14所，全国共有研究生培养机构792个，其中，普通高校575个，科研机构217个。细分到各类型图书馆，“211工程”院校图书馆112家，占全国高校图书馆的3.93%，一般本科院校图书馆937家，占全国高校图书馆的32.85%，高职高专院校图书馆合计1 341家，占全国高校图书馆的47%；“211工程”院校图书馆、一般本科院校图书馆及高职高专院校图书馆合计约占全国高校图书馆总数的8成。另据《中国统计年鉴：2016》的数据显示，我国有公共图书馆3 172家，包含国家图书馆1家，省级、自治区、直辖市公共图书馆39家，地市级公共图书馆360家，县市级、市辖区、县级公共图书馆等2 772家。随着国家对公共文化事业的日益重视，图书馆的采购经费在不断增加，馆配市场的发展潜力是十分巨大的。

一、公共图书馆

2016年年底，我国共有公共图书馆3 172家，总流通量为64 781万人次。2000年文化部在《2000年的中国文化》发展战略中提出每20万人拥有一个图书馆的目标。目前，全国公共图书馆距离该目标还很遥远，至少要增长130%，达到7 000家图书馆才能符合需求。

根据国家公共文化设施网络建设，要求市、县两级图书馆达到文化部颁二级以上标准，其中要求人均年增新书在0.04册以上，现在平均图书定价50元，人均至少要增加2元。按照最低标准核算，公共图书馆馆配市场每年可达30亿元码洋。

二、高校图书馆

从全国高校的分布情况来看，江苏省高校的数量最多，其次是广东省、山东省、河南省。根据教育部规定，本科生应至少达到人均3册图书，研究生人均6册，博士生人均9册。高校图书馆的图书2016年平均定价近60元，2016年全国各类高等教育在学总规模3 699万人。其中，普通高等教育本专科在校生2 695.84万人，在学硕士生198.11万人，在学博士生34.2万人。初步计算，全国高等院校全年馆配码洋合计超过52亿元人民币。

三、中小学市场

据统计，2016年全国共有小学17.76万所，在校学生9 913.01万人；共有初中学校5.21万所，在校学生4 329.37万人；共有特殊教育学校2 080所，在校学生49.17万人；共有高中学校2.47万所，在校学生3 970.06万人。2016年，上海市教委发布了《上海市普通中小学图书馆规程》，规定了中小学图书馆生均纸质图书和馆藏纸质报刊配置的最低标准：小学30册，初中40册，完全中学45册，高中50册，报刊的种类要求不包含复本。规定还要求纸质图书的复本原则上不超出5册，并且收入馆藏的供集体教学用的循环使用教材、图书等不占用学校生均图书经费。如果全国其他地区按照这个标准减半核算，未来中小学图书市场有可能突破50亿元码洋。

四、职工书屋

2016年，职工书屋正式纳入公共文化体系设施服务场所，这意味着职工书屋建设将不仅仅是各地工会和各企业的工作，还将由政府支持，各地工会主导。职工书屋从2008年开始启动，到目前达到10万家，全国总工会在全国重点扶持1万家。如果说重点扶持的1万家，以每家购买5万元图书为标准，那么市场可达到5亿元人民币。全部达标的10万家，以后每家每年购买1万元图书，那么这个市场将增加到15亿元人民币。

简单地计算，未来的馆配市场容量可达150亿元码洋以上。此外，全国还有很多的科研院所、国家行政机关、少儿图书馆、博览馆、寺院等需要大量图书的单位。可以说，未来的馆配市场潜力无限。

北京大学信息管理系教授刘兹恒总结分析了图书馆未来发展的十大趋势：图书馆服务泛在化、环境网络化、资源数据化、功能智慧化、阅读移动化、空间创意化、用户自主化、工作规范化、馆藏仓储化、事业社会化，这些为未来馆配事业的发展提供了方向和参考。

第二节　数字资源下馆配商面临的挑战与转型

随着手机、电脑等电子产品的日益普及化，图书馆为用户服务的主题功能从单一的纸质资源向纸质资源与电子资源并重的方向转变。图书馆不仅仅是搜索和寻找信息的地方，更是信息共享的场所。数字资源在图书馆采购经费中的占比越来越大。图书馆的功能转型也必然会引发馆配商服务模式的变革。因此，馆配商要树立危机意识、竞争意识和创新意识，从纸质图书和数字产品代理商的角色尽快向辅助图书馆学术转型的方向发展转变，适应数字资源下开展馆配工作的新局面。馆配商要做好转型工作，首先要仔细研究目前数字出版方面的困境。

一、数字资源下馆配商呈现的问题

1. 数字出版市场缺乏行业规范

数字资源是未来图书馆文献资源建设的重要方向，但无论是出版社还是馆配商，对图书馆进行数字产品销售时会面临知识产权保护和定价困难的问题。知识产权和产品的定价关乎出版社和作者的切身利益，但目前的馆配市场缺少一套数字出版的标准，法律保障机制也尚不完善，使得知识产权得不到有效的保护，盗版情况比较严重。数字资源的销售方式同传统纸质资源的销售方式类似，零售市场会逐渐萎缩，馆配才是销售盈利的主渠道。虽然目前数字资源比较丰富，但缺乏一个权威性的数字资源馆配销售平台，此平台最好能够依据科学的出版规范，强化版权意识，制定合理的销售价格，并提供出版社的核心内容，以及最新、最全、最精准的书目信息，有效地解决馆社之间信息不对称的问题。

2. 电子图书新书、好书少

近五年来，适合馆配的中文纸质图书可供书目品种维持在 40 万种左右，但电子书不足 10 万种。出版社为保证纸质图书的销量，同一种图书电子版的发行一般要滞后于纸质版半年以上，尤其是专业书、畅销书，滞后时间更久，造成馆配市场上电子图书新书、好书少的局面。虽然这种局面不断得到改善，纸质图书、电子图书同步出版发行逐渐升温，但是电子新书、好书品种仍旧短缺，难以满足日益增长的数字阅读需求，销售规模及利润的增长也会受到限制。

二、数字资源下馆配商的转型发展

以上困境也给馆配商带来了良好的发展机遇。馆配商的转型发展可以在细化采访工作、图书流通信息监控、馆藏资源的分析整理与挖掘、古籍资源修复与整理、担当国家战略发展的智库机构服务者等几个方面寻求突破。

1. 采访工作智能化

馆配商提供的传统采访工作主要是向图书馆提供尽可能全的书目信息。但馆配商众多，没有统一的行业规范，书目信息各有侧重，有的按学科分类、有的按出版社设专门目录分类、有的按本科和高职高专等层次分类。馆配商将各种书目信息每周发送给图书馆采编主任，再由采编主任分配给各学科馆员。采编主任和学科馆员经常面临因日常工作任务重而处理不了庞大的信息量，从而错过优质图书采购的问题。

馆配商若想得到更多的图书馆合作订单，就要在采访信息的提供方面下功夫，把握图书馆采编主任的工作难题，主动替其解决问题。以高校图书馆为例，馆配商不仅要把出版社发送的书目完整地呈现给图书馆，更要把握该图书馆的需求，分析各院系学科特点，主动为各院系老师提供最新前沿的书目，供各学科馆员快速有效地寻找到其学科研究、教师科研、学生学习所需图书，进而推送给图书馆，提高服务附加值。如郑州日成图书有限公司作为河南地区的一家区域馆配商，为了向图书馆提供更加高端的产品，研发出了图书馆智能采访管理系统，通过该系统减少采访人员的劳动强度，达到快捷、高效地采访优质图书。该系统是采用大数据分析方法，结合馆配行业多年的工作经验设计研发的一套智能采访软件。系统收集了近十年以来约 200 万条书目信息，并将书目分类与主题词、学科名称分别建立对应关系，并根据客户对图书的具体要求，如图书的出版年限、出版社、页码、价格、装帧、学科类别等，同时具有数据定制和查重功能，通过系统自动识别并且剔除不符合要求的书目，直接获取本馆所需要的可供书目。待采访人员最终确认后，由系统分配至馆配商，最终完成采访工作。同时，该系统还具有馆藏信息对比、馆配商管理、读者院系荐购、书目推荐以及电子图书荐购、纸电同步等功能，是采访人员日常采编的得力助手。另外，结合市场需求，该系统又新增了现场外采、书单自动分配、智能推送、馆配商评价四个功能。

2. 流通信息的数据化统计

许多图书馆为了节约人力成本，将流通服务外包给馆配商，以达到优化岗位配置、强化图书馆核心功能的目的。馆配商承担图书馆流通外包工作，分担了图书馆的部分工作压力，显然是一种业务转型，特别是其为图书馆提供了人力资源的转型服务，但是也要注意到现代图书馆所需的流通服务不仅是借、还的简单服务，还应进行数据分析，把图书馆馆藏的结构与读者实际的借阅结果进行统计对比，找出图书馆应该采购的图书的种类。馆配商还应该对读者的借阅情况进行认真分析，比如借阅的册数、类型、习惯，对新书需求的反馈等，调取该馆借阅者借阅次数频繁的图书品种和零借阅的图书品种，分析研究该馆馆藏图书走向、优势和劣势，帮助学科馆员理清采购思路，找到采购关键点。馆配商也可以通过借阅情况发现读者的阅读趋向，提供给图书馆，并提供数据支持。做好流通服务转型工作也可以通过分析读者的借阅习惯将相应的数据提供给出版社服务，使出版社在进行新书选题时明晰客户的具体需求，增强出版社对馆配商的依赖度，使得馆配商在竞争生态链中有自己的核心竞争力。

馆配商掌握着大量数据，可以将这些数据充分利用起来，分门别类地分析，预测图书发行走向，统计图书销售情况，为图书馆采访工作提供决策支持，从而帮助图书馆制定有效的图书评价体系。馆配商一方面可以从采访数据中挖掘与整理出核心书目，搭建核心书目专题库，以便采访人员快速、准确地选择图书资料，提高图书质量。另一方面也可为相同类型的图书馆设计相似类别的书目专题服务，既可以避免重复劳动，又能有效地提高书目的专业化水平。从高校图书馆来看，馆配商可以根据高校图书馆的不同层次区分，如“985”院校、“211”院校、一般本科院校、新升本科院校等，也可以结合高校属性分类，如师范、综合、医药、理工、民族、农林等，争取最大可能地做到书目数据与高校所设重点学科建设与采购重点的一致性。可见，馆配商既要了解不同类型图书馆的多样性需要，又要制定策略，有针对性、个性化地推送专题书目。在大数据背景下，馆配商应着手成立馆藏大数据研发中心，充分利用馆藏大数据开展文献信息资源建设。馆配商可以利用馆藏数据对藏书的结构等进行统计分析，对馆藏进行正确评估，制定馆藏未来的发展方向，同时，利用综合评价法确定各个学科的核心出版社、重要的研究机构和相应的研究强项，作为图书馆采购图书的参考依据。

3. 整理挖掘图书馆的馆藏资源并形成新的数字资源

目前，社会科学的研究还有用纸质资源的，但自然科学的研究基本不用纸质资源，大都转向使用数字资源。用户的需求趋于数字化，图书馆就会减少印本购买，出版社也会相应减少印本印刷，那么馆配商就更要有危机意识。馆配商可从整理挖掘纸质资源入手，将图书馆有价值的馆藏进行数字化或创意设计，形成新的馆藏和商机。一来有利于保护、传播优秀馆藏资源；二来提高馆配商的专业化服务水平，形成新的核心竞争力，从而在新的形势下站稳脚跟。如古籍的数字化是一个相当烦琐、耗费人力的过程，它既包括破损修复、原文影印、图像处理等简单劳动，又包括编辑、版本考证、辨伪、内容深加工再利用等较高层次古籍整理专业技能，对每个图书馆来说，都是一项战线长、任务重的庞大工程。图书馆单靠自身能力往往很难完成古籍数字化的工作，而馆配商可以利用灵活的经营机制协助图书馆与出版社进行古籍资源的再整理，以减轻图书馆的工作量。第一，由于体制所限，图书馆人员引进比较困难。在古籍原文图像数字化层面，需占用大量高学历、高能力的馆员。如果把这部分外包给馆配商，按古籍难易程度、册数、工作量等量化考核馆配商的工作内容，并给予其相应的报酬，既可以使馆配商在此项目中获益，又可以使图书馆人员专注于做校勘、版本对比、注释等更深层次的古籍书目信息数字化的工作。第二，馆配商具有招聘方便、工作效率高、可从事简单体力劳动等优势。如对古籍的简单修复、图文影印、图像处理等，既能体现分工合作的益处，又能帮助图书馆加快古籍整理进度，实现古籍文献挖掘利用的社会功能。第三，在跨学科学习培训上，馆配商的工作人员也比图书馆固定岗位人员具备调动灵活性的特点。馆配商可以提前谋划布局，利用资金优势培养相应人才，使从事该工作的人员既具备传统版本目录学、文献信息学、古文字学等基本学科知识，又掌握计算机应用技术，能最大化满足专业人员的需求。当馆配商组建起这样一支学术性人员队伍时，就可以辅助图书馆转型，增强自身企业竞争力。

4. 信息分析与智库服务

图书馆通过数据分析发掘，可以详细了解馆藏借阅种类分布。通过对读者群体类型以及读者借阅行为分析，总结资源购买规律，便于科学采购。分析结果也有助于出版发行部门的内容整合、选题研究、营销方向。智库是国家软实力的重要组成部分，泛指收集、分析和创造知识产品的组织，一般是一些政府机构、大型公司为国家建设提供蕴含科学理性和价值理性的研究成果，作为国家制定大政方针的重要参考依据。在智库服务方面，中国国家图书馆与中国社会科学院图书馆走在了前列。中国国家图书馆下设的立法决策服务部，被称为隐形的国家智库，发展为国家图书馆立法决策服务平台，已经成为成功的图书馆智库案例。中国社会科学院图书馆通过建立科研成果数据库和社会调查数据库，充分利用自身丰富的文献信息资源和广泛的数据获取渠道，结合各方面需求，为国家、企事业单位的发展规划、各类项目提供智库服务，提高图书馆的服务水准和层次。馆配商的文化产业和文化事业的特点决定了一个具有前瞻性的馆配商必须是研究创新型企业，以科学研究的工作和智库的建设工作为核心的智力资源建设是馆配商全面推动传统资源与数字资源融合，实现跨越式发展的重要动力。作为政府投资的智库机构在建言时会有所顾忌，而馆配商则无此方面的顾虑。公司化运作能及时发挥第三方作用，理性分析并指出缺陷，使决策机构能及时看到来自社会的反馈效果，以更好地造福于民。同时，馆配商应以需求为导向提前投入到智库机构建设中，成立研发中心，制定规章制度，培养高端学术人才，发表具有前瞻性、战略性的研究成果，搭建起学术平台，帮助图书馆成为国家决策的思想高地，使馆配商在信息社会中处于领先地位。

总之，馆配商只有具备了学术转型的功能，积极作为，提高竞争力，才能在竞争中处于有利地位，成为图书馆工作中的有机组成部分。当前是图书馆数字资源转型的良好机遇，对馆配商来说是挑战也是机遇，馆配商应发挥机制优势、资金优势，配合图书馆学术转型，获得图书馆的认可，也为未来的发展奠定坚实的基础。

第三节　馆配商馆配服务的创新与发展

馆配市场一方面由于部分高校在教学评估过后，高校图书馆对图书采购复本量下降，另一方面图书馆对品种的需求大幅增长，因此馆配总量并没有下降。总体而言，馆配市场随着各项政策拉动还有很大的增长空间。大型馆配商做中盘批发，有能力将整个馆配市场上中下游环节疏通，集合出版社全部货品种类、批发价格、图书数据，带动各区域馆配商发展；区域馆配商做特色化、专业化服务，向长期合作的图书馆推送个性化目录，提供适合该馆特色的专题图书、查漏补缺图书、特种图书的补配等业务。公共图书馆使用功能在过去很长一段时间比较弱，在全民阅读时代，馆配商也要关注公共图书馆的需求，关注社区图书馆、中小学图书馆、企事业单位资料室等新兴用户。近年来，中央政府不断加大对文化教育事业扶持力度，对社会公共文化经费投入增大，馆配商应在保持高校图书馆订单量的前提下抓住商机，扩展公共图书馆、农村书屋、社区自助图书馆的业务量。

一、未来馆配商一定要兼做数据信息整合商

伴随着大数据时代的到来，如今的学者、商人们都已经意识到了信息的重要性。对于如何利用“大数据”，马云在公司内部演讲中也曾提到：“未来几年内，要把一切业务数据化，一切数据业务化”。未来，数据的价值将进一步凸显，用数据赚钱也将成为企业的核心竞争力。那么，数据如何为馆配商创造价值？馆配商可以致力于在采访数据、馆藏分析、读者荐购、馆藏补缺等方面开发一些有利于资源建设的增值服务，契合图书馆个性化的需求。

同时，馆配商实际上也掌握着海量的大数据，如各高校图书馆采购的图书种类、复本数、下载次数，能反映出学生的研究偏好、文献需求、科研成果转化率等，这些信息如何转化为企业盈利的着力点，是馆配商应着重考虑的。馆配商若能抓住用户需求，准确推送图书馆所需文献，通过科技力量增强自身竞争力，及时解决图书馆面临的困难，就能在行业转型升级中立于不败之地。

二、成为图书馆开放空间服务和社区化服务的供应商

随着移动互联网的普及，图书馆“藏书”“看书”的空间功能正在被弱化，而人们对精神层面的需求并没有减弱，用户对图书馆的定义不再仅仅是一个借书、还书的地方，更是一个信息资源中心，是一个人与人交流的空间，是聚集信息资源与人的资源的知识空间。图书馆作为公共空间，以其包容性与非营利性的特点使得不同阶层、不同职业、不同年龄的人们和谐地相处在同一个社会空间内，它给予的感受不仅仅是物质层面的，更包含了心理因素。现代图书馆作为精神文化交流、激发灵感的平台作用逐渐凸显出来，追求的是拓展引领学习和知识交流的功能，也是最好的心理减压空间。因此，馆配商在向图书馆提供业务的同时，也会获得很多图书馆的需求信息。比如图书馆需向用户提供独立休息空间和休息用品，馆配商即可联合设计公司、桌椅帐篷配送公司，为图书馆量身定做，装配到位；图书馆需要向所在地域周边社区提供社区无人自助图书配送时，馆配商即可帮助图书馆及时更换无人自助图书馆的图书和零件以及软件的维护与维

修；图书馆需要向社会提供24小时聚会、演讲、研讨会等活动场地时，馆配商即可安排人员提供夜间值守服务……图书馆作为公益性服务机构，人手和精力有限，但读者需求多种多样，这就给馆配商提供了商机。馆配商作为独立的经营机构，在人员管理和招聘方面有着灵活、快捷的优势，能整合社会各种资源为图书馆各项业务需求服务。如果图书馆把每项需求分散向社会购买，单一图书馆对应单一社会物资配送公司，优惠力度不大，结果会使图书馆因经费受限制，很多工作不能及时开展或用有限的资金不能达到最理想的效果。而馆配商可整合各种服务项目，向多个图书馆进行相关业务的服务，即可和社会多个公司有重复合作机会。有的服务内容本身可由馆配商自己进行，那么对单个图书馆来说，合作成本可以降低很多。图书馆需要这样的供应商，馆配商就可以抓住商机，增设部门，组建团队，转做图书馆开放空间服务和社区化服务的供应商。

三、成为图书馆文创开发工作的设计者

《关于推动文化文物单位文化创意产品开发的若干意见》下发后，一些省级图书馆借助政策，积极开展文创开发工作。如江苏省又确定了一批省内文创试点单位，出台相关文创政策，并给出多项扶持政策，促进文创工作的开展。河南省图书馆设立了专门的机构“文创开发中心”，并将原有的经济实体一并纳入到文创中心，由文创中心直接管理，以便文创工作的开展。馆配商应该抓住当下这一历史机遇，积极为图书馆这一新的业务工作谋划布局。馆配商为图书馆文创产品设计开发时既要把握传统文化发展脉络，又要注重探索新型现代化的表达方式，以求呈现方式的多元化，从而使图书馆文创产品兼具历史性、艺术性、知识性和实用性、故事性、趣味性等特点，以满足现代年轻人不断升级的文化需求。《关于推动文化文物单位文化创意产品开发的若干意见》中指出：“支持文化资源与创意设计、旅游等相关产业跨界融合，提升文化旅游产品和服务的设计水平，开发具有地域特色、民族风情、文化品位的旅游商品和纪念品”。文创与旅游相互促进，共同提升，馆配商可以依托图书馆的文化资源优势成立图书馆文化旅游公司，组织中小学生开展文化研学互动，既促进产业相互融合，优势互补，又可以相关产业带动传统文化的传播。

四、成为智慧图书馆建设的服务商

智慧图书馆的概念最早出现在2001年，通过不断的研究，逐步引起图书馆界的重视。特别是在2008年IBM提出的“智慧地球”理念后，随即“智慧国家”“智慧城市”“智慧医院”等一系列有关“智慧”的词语应运而生，风靡一时。“智慧图书馆”作为继“智慧地球”概念的微观延伸，自然而然地出现在了大众视野中。从智能角度来看，智慧图书馆囊括图书馆资源、物联网、云计算、智能化设备，是通过物联网方式来实现智慧化图书馆的服务和管理。从智能建筑角度来看，智慧图书馆是把智能技术运用到图书馆建设中而形成的一种智能化建筑，是智能建筑与高度自动化管理的数字图书馆的有机结合和创新。从数字图书馆服务的角度来看，智慧图书馆是指充分利用ICT技术，实现不限时间、不限地点阅览图书资料，预约阅读座位等功能的数字图书馆。从感知的角度来看，智慧图书馆是感知智慧化和数字图书馆服务智慧化的综合。可见，智慧图书馆是通过利用一系列新型信息技术(如物联网、云计算、关联数据等)，预知或即时感知用户的需求，提供泛在、及时的智慧服务的一种新型图书馆。如上海图书馆基于大数据分析、自媒体平台、数字化资源为读者量身定制了阅读账单、自助借还、读者荐购等精细化服务。深圳盐田区图书馆基于物联网、移动服务、大数据等技术让读者全方位地体会到了智能系统中人、物、书之间的互联互通。内蒙古图书馆基于云计算推出了“彩云计划”，实现了由传统图书馆向“云图书馆”的转变，表达出了“我阅读，你买单，我的图书馆，我做主”的新型理念。南京大学图书馆的智能机器人，形如小车，游走于书架之间，不仅可以自动取出读者指定的书，还能够自动识别“错架”的书，大大节省了取书、放书的时间。浙江图书馆的机器人自动应答系统可根据读者的问题自动提供智慧语音服务，深得小朋友的喜爱。河南省图书馆和郑州日成图书有限公司基于“互联网+”思维研发出的“智能采访管理软件”将图书馆的馆藏资源与出版社新出书目有效整合对接，打通了双方信息不透明的天然屏障，既提高了图书馆的采访效率，又大大降低了出版社的库存成本。

图书馆在向广泛互联和融合共享的图书馆模式发展，馆配商也要高瞻远瞩、提前布局，为智慧图书馆的建设贡献力量。一方面，馆配商可以借助大数据的智能性，从海量的数据中整合出有用的信息或模式，准确推送用户需要的科研创新的分析和预测。另一方面，构建全面覆盖出版社、馆配商、图书馆多市场主体的信息平台，大胆转变合作观念，敢于向读者开放采购权、图书采购流程再造、跨界融合，以图书馆为主体，馆配商具体实施，职责分工明确，实现图书馆与馆配商长期合作的新机制。如馆配商可根据图书馆的业务流程特点开发实用性的业务流程软件，以此提高图书馆的服务效率。针对智慧图书馆突出的交互式通信互联，馆配商可发展移动设备和APP软件技术开发，为各个移动图书馆提供情景体验、双向互动的个性化、多格式、多媒体查看等定制服务，拓展更强大的搜索引擎服务，支持各种资源的实时检索和各种方式的检索功能。在智慧图书馆产生的大数据环境下，为图书馆提供数据分析、整合服务。

图书馆的智慧化转型，为馆配服务的创新与发展提供了契机。因此，馆配商服务要在大数据、开放空间服务和社区化服务、文创开发工作、智慧图书馆建设方面为图书馆提供创新服务，在图书馆转型变革中扮演好服务商的角色，创造出更多商机。

第四节　全国馆配商联盟成立的作用与影响

全国馆配商联盟成立至今已有六年，目前约有70%以上的民营馆配商与部分省市新华书店都在联盟队伍之列，成员数还在不断的攀升中。该联盟从成立之初就获得业界的极大关注，一直以来认同与疑虑并存。特别是对出版社的整个销售布局和销售业绩产生了极大的影响。一些小型馆配商惴惴不安，在选择是否加入馆配商联盟时犹豫不决。但无论如何，该联盟从某种程度上来说，改变了现有的馆配市场局面，还打破了馆配生态与竞争格局，未来将影响深远。

全国馆配商联盟希望建立进货与出货标准，梳理全国价格体系，维护馆配市场秩序，规范馆配交易行为；引导建立新的符合图书馆文献资源建设的招投标规则，避免恶意竞争；在联盟内采取统一的数据交换与共享平台，减少采访工作成本，提高行业竞争力；打造“中国可供书目”；建立现货数据交换平台，将出版社、批销中心、策划公司的数据放在一个统一的平台上，实现图书发行行业内的物联网布局。

在馆配商联盟看来，联盟的成立属顺应时势，其背景为市场协作已成大势所趋，其更是在为三方利益的合理诉求构建保障、平衡与制约。上中下游作为同一价值链上的利益三方，需要协调好立场，互相帮衬。联盟作为行业内一支重要的力量，要维护馆配市场持续、稳定与健康地发展，需要变竞争为合作，这已经在联盟内部得到实现。同时也证明，竞争关系有可能在条件成熟的情况下变为长远的合作伙伴。联盟时代已经到来，不但再造了馆配市场的新秩序，更为“大中盘格局”的实现奠定了基石。

一直以来，中国都缺少一个馆配“大中盘”，不过，“大中盘”的格局已经随着馆配商联盟的落地、成熟逐渐显现出来。所谓“大中盘商”，首先是能够突破地域的限制，产生在某种意义上的具有垄断地位的影响力，如市场占有率与规模。这样的中盘商具备足够的整合能力，上至各出版社品种数量、图书数据的收集能力，图书目录的编辑和加工能力，中至全国各区域馆配商的凝聚能力，下至对图书馆的服务能力、供货能力，包括物流的仓储和配送能力、图书品种的查重能力、对图书馆需求调整的反应能力、查漏补缺的能力、各类数据的提供能力、电子资源文献的服务能力等，以及足够的销售能力，具备将整个馆配上中下游环节疏通的能力。全国性的大中盘商是针对辐射全国范围的服务需求，最终实现联合采购的一个格局。相对于过去所指的联采中盘，这里所指的大中盘更是“信息大中盘”的概念，一个由信息系统带动物流系统，从而进一步带动商流的中盘。希望馆配商联盟在馆配行业中起到引导作用，使整个馆配市场健康有序发展。

第五节　第五至第七届全国馆配商联盟会议介绍

一、第五届全国馆配商联盟会议介绍

2015 年 3 月 10 日，第五届中国馆配高层论坛暨 2015 年度全国馆配商联盟年会在广西桂林召开。本届论坛首次邀请了出版社和图书馆代表，意

在紧密联结供应链各个环节，突出“生态馆配”的论坛主旨。一些区域馆配商也以了解的态度参加了本次会议。

此次年会除了对全国馆配商联盟2014年工作进行总结并阐述发展策略之外，还汇集了出版发行领域的图书馆学专家、实务专家和行业专家的10场演讲报告。其中包括针对图书馆典藏书籍发行、政府文化产业扶持资金申请、数据资源采购现状与发展趋势等各个层面的深入讨论。如馆配商联盟副理事长、甘肃纸中城邦书业有限公司董事长文群所做的《学术珍藏图书的销售和管理》以及社会科学文献出版社信息化与数字出版工作委员会主任谢炜所做的《电子图书及数据库的现状和发展趋势》等报告。北京人天书店有限公司旗下数字公司北京畅想之星信息技术有限公司总经理贺照纯介绍了畅想之星电子图书平台建设情况。

据全国馆配商联盟常务副理事长、北京人天集团总经理施春生介绍，2014年馆配商联盟搭建了统一标准的数据交换平台，使得不同产品通过同样的渠道输出，及时配合图书馆资源类型的转型。据了解，2015年北京人天集团将在全国馆配商联盟内实现ERP管理，提供馆配行业的企业管理解决方案。施春生提到，下一步公司还将提供全产业链数据分析。

来自全国馆配商联盟108家单位的166名成员出席会议，这是馆配商参会人数较多的一次会议。北京人天书店有限公司通过不断地宣传，让馆配商对馆配商联盟又有了新的认识。河南馆配商大都参加了本次会议，这次会议也给大家提供了坦诚交流的机会。通过沟通，使得河南馆配商能够理性地对待平时的竞争和摩擦，就区域内的领军馆配商的馆配服务理念达成了共识，为河南省馆配工作良性发展奠定了基础，也为其他省馆配商树立了榜样。

二、第六届全国馆配商联盟会议介绍

2016年2月25日，第六届中国馆配高层论坛暨2016年度全国馆配商联盟年会在山东济南召开。本次论坛以“十三五”期间馆配商如何发展为主题，结合出版发行、图书馆馆配及电商平台等领域，全方位诠释了“十三五”期间馆配商的发展路线。

全国馆配商联盟合作数据依托北京人天集团中盘数据平台统计，目前该联盟2015年有效客户（产生订单客户）为400余家，销售总码洋近5亿元。通过对联盟各单位在北京人天集团产生的业务份额进行分析，客观真实地反映了馆配商联盟各单位的业务开展、市场份额情况。全国馆配商联盟常务副理事长、北京人天集团总经理施春生发布了2015年度全国馆配商联盟合作数据。总体来看，在联盟单位中，北京地区的市场份额较高，其次是河南、广东，说明与其他地区馆配商相比，这三个地区的馆配业务开展较好、需求较大。该数据还对各出版单位与北京人天集团合作的业务量进行分析，其中北京地区出版单位所占市场份额亦较大，但市场对各地方出版单位的图书品种亦有一定需求。同时，通过北京人天集团馆配中心各办事处对所在地招标情况进行的统计分析，对比了各地区市场招标份额及各大馆配商市场占有率。

就全国馆配商联盟2015年馆配量情况来看，数据显示：北京（34.04%）、河南（11.38%）、广东（7.67%）、江苏（4.89%）、上海（4.30%）、山东（3.91%）、湖南（3.11%）、重庆（2.96%）、安徽（2.80%）、四川（2.69%）十个省市成为联盟最重要的区域市场；其次是福建（2.50%）、浙江（2.36%）、辽宁（2.35%）、陕西（2.22%）、甘肃（1.88%）、河北（1.65%）、江西（1.61%）、黑龙江（1.55%）、吉林（1.24%）、天津（1.18%）；新疆、广西、宁夏、陕西、湖北、云南六个省区份额不足1%，依次排在最末位。全国馆配商联盟合作数据还披露了各省市招标量的情况，广东、江苏、浙江分列前三甲，可以说，位次越靠前的区域，是我国馆配市场化程度越高的区域。

会议期间，施春生还向联盟成员汇报了2015年馆配商联盟工作成果，合作共建、共享机制建设，并论及“十三五”时期馆配商的发展方向。他在报告中谈到，目前少儿图书馆数量多、分布广，少儿图书属于高消耗品，重复采购数量和次数多；少儿图书馆配处于初级发展阶段，馆藏量、场地面积、图书品种等较为有限，急需从馆配服务上建立少儿以及中小学生图书馆配的供应链。

馆配商联盟成员单位、出版社、图书馆在大会上进行了深入交流，明确了馆、社、商合作共赢的格局。“十三五”期间，馆配商联盟将着眼未来，推进业务转型，开拓新的市场，实现合作共赢。

三、第七届全国馆配商联盟会议介绍

2017 年 2 月 17 日，第七届中国馆配高层论坛暨 2017 年度全国馆配商联盟年会在湖南长沙召开。来自图书馆、出版社、书店以及馆配商的近 200 名嘉宾，与学者、专家等齐聚一堂，共论当下馆配市场热点，探究如何携手共赢，共建馆配市场体系。

在 2016 年实体渠道销售额呈－2.04％下滑的情况下，馆配渠道的销售额却在增长。北京人天书店有限公司在近 3 年的统计数据分析显示，馆配市场上的低价位图书品种仍然占据优势，但同时定价稍高的图书正越来越受到青睐，馆藏发展方向也趋于收藏性、学术性；目前馆配市场化相对成熟的地区分别为广东、北京、江苏、江西，而河北、山东、浙江三省的民营书商数量最多，馆配市场竞争也最为激烈；当下出版社的目光也逐渐转向馆配市场，在数据上体现为单品销售码洋下降，品种数增加；主要馆配商的市场占比也普遍有所提升，在过去的一年中，北京人天书店有限公司、湖北三新文化传媒有限公司、浙江省新华书店集团馆藏图书有限公司分别以 23.85％、10.08％、3.82％的市场份额位居馆配市场前三。

中国韬奋基金会理事长聂震宁先生在《图书馆事业：全民阅读的新气象》主题演讲中，充分解析了政策红利给馆配市场带来的诸多有利因素，并肯定了当下图书馆在读者服务创新方面所采取的各项举措，如读者购书，图书馆买单等。聂震宁表示，随着各项利好政策的出台，图书馆事业正实现加快发展，“互联网＋”时代的公共图书馆功能已发生转变，更多倾向于服务型。阅读需求多样性与公共图书馆多样化为馆配业务的发展提供了新的机遇和挑战，馆配商应进一步细分市场，充分发挥资源供应方的优势，助力图书馆资源建设，服务全民阅读。

面对馆配市场未来极具潜力的增长空间，无论是新华书店还是电商都期盼能大显身手、有所作为。新华书店总店副总经理、新华互联电子商务有限责任公司总经理张雅山表示，当下馆配已成为新华书店的主营业务之一，作为拥有馆配市场资源优势的新华书店，未来将加大其在馆配市场的力度和密度，不仅成为一个体验、零售中心，更要为大宗客户服务。他期待新华书店与民营书商进一步紧密合作，培育市场，为图书馆这块文化重地的发展做出贡献。京东商城图书文娱业务部总经理杨海峰则结合京东图书平台发展，就馆配商如何开展电商平台业务进行了交流。

通过近几年的全国馆配商联盟会议，使得更多的区域馆配商对馆配商联盟有了更多的认识和了解。随着联盟成员的不断增多，联盟在馆配行业中的影响力也在不断扩大，这种局面对未来区域馆配商的发展和出版社的馆配政策都会产生一定的影响，也会引发出版社和馆配商更多的思考。区域馆配商如何借助联盟资源发展壮大，出版社如何借助联盟提高销售码洋，这都是他们重点思考的问题。

第五章　馆配工作实践成果

第一节　从事馆配工作十五年概述

时光荏苒，岁月如梭。转眼间我已在河南省图书馆工作了28个年头。28年的岁月短暂而又漫长。岁月夺走了年华，磨平了棱角，为自己换来了满满的充实感。

1990年，我从郑州纺织工学院(现中原工学院)供暖通风与中央空调专业毕业。那时个人电脑和互联网还未普及，课余的时间多数在图书馆里度过。浩瀚无垠的图书世界，是我痴迷的地方。畅游书海不仅丰富了自己的知识，更给予了我寻找光明与灯塔的力量。20世纪90年代初正是国家大力推行改革开放的年代，南方沿海经济快速腾飞，许多同学大学毕业后都选择到南方发展。那时我也正编织着南下淘金的梦，然而，我的人生却被河南省图书馆的一则毕业生需求信息改变了。

河南省图书馆成立于1909年，至今已有百余年的历史，是我国第一批设立的公共图书馆之一，最初的馆址位于开封二曾祠，名为“河南图书馆”，1915年改为“河南省立图书馆”，1928年改为“河南省图书馆”。抗日战争期间曾迁至南阳、淅川等地，1946年迁回开封，1957年5月，迁至省会郑州。在20世纪80年代初，河南省图书馆建成了新馆舍，1988年正式开馆。当时的馆长童吉永先生毕业于北京大学图书馆学系，他不仅学识渊博，而且对图书管理有独到的见解，尤其重视对古籍图书的保护，他当时就提出了对古籍图书恒温恒湿的保存理念。为此，他专门到主管机关——河南省文化厅申请了一个空调专业毕业生的专项就业指标，开始面向全省招聘。因为图书馆是事业单位，毕业生踊跃报名，但结合当时河南省图书馆的实际情况，在人选方面，单位就这个专业的基础上又设置了三个硬性条件：第一，必须是空调专业毕业；第二，必须是男性(利于长期稳定工作)；第三，必须是郑州户口且有住房(当时图书馆没有住房条件)。经过综合评定，他们最终选择了我。

到河南省图书馆工作后，我被分配到基建科，主要从事馆内空调设备的使用及维护工作。由于进口空调设备价格昂贵，图书馆采用的都是国产设备。而当时国内的工艺技术尚未成熟，导致空调性能极不稳定，短短两年时间里设备事故频发。虽然厂家多次来馆调试，但温控效果始终达不到古籍图书保存的要求。考虑到古籍的安全，图书馆最终放弃使用空调设备，还是采取原始的自然储存方式进行保存。也正是这个原因，使我从基建科调到了行政科。

调到行政科后，领导觉得我年轻、有干劲，提出让我负责单位里的外勤联络工作。外勤联络工作的经历，让我练就出与人沟通的经验技巧和坚韧不拔的性格品质，这是我一生难得的宝贵财富。

虽然每天都继续干着自己的本职工作，但我时刻没有忘记要趁着年轻多去学习和进步。我一方面时刻关注着本行业的发展趋势，另一方面积极向从事经营活动的同学和长辈请教，倾听他们的经验教训，同时参加各种商业培训活动，阅读一些管理类的书籍。那段时间虽然漫长而辛苦，但我又进步了许多。

20 世纪 90 年代随着改革浪潮的兴起，许多国有企事业单位纷纷响应，建立了自己的服务公司，河南省图书馆也在其列。早在 80 年代，河南省图书馆就创办了读者服务部，为读者和其他图书馆提供全方位的服务，如图书设备及各种图书馆耗材，受到了广泛认可。1997 年，河南省图书馆成立了“河南省图苑实业发展有限责任公司”，进一步规范了服务公司的经营活动，拓展了经营项目。

然而，改革并非一帆风顺，由于没有平衡好责、权、利之间的关系，加上没有良好的竞争和奖励机制，公司的经营状况不是很理想。到了 2003 年，河南省图书馆对公司总经理采取竞聘上岗，我成功竞选。在此感谢当时馆内各位领导和同事们对我的信任。

刚上任时我雄心勃勃，急切地想做出成绩，但现实却不容乐观。公司在当时基础比较薄弱，没有固定的合作客户，没有懂经营的专业人员，就连日常的运营资金，都是我拿家里的积蓄来支撑。

在最开始的一段时间，很感谢范光烈、朱宝淮、汪建伟这三位同事的鼎力支持和辛苦付出。当时公司的业务只是图书用品、耗材等产品的销售，没有核心竞争力的产品和服务。大家在熟悉图书馆业务的同时，又动员身边所有的力量去寻找客户，通过加强销售，了解更多的市场需求。这里还要特别感谢河南省图书馆的各位领导和同事，在当时给予了我们全力的鼓励、支持和帮助。

机会总是留给有准备的人。2004 年 1 月 24 日，这一天是大年初三。一位高校客户辗转联系到了我们，说他们学校马上要接受评估，为保证图书册数达标，要赶在开学前，把所有未加工的图书完成编目加工，因为在过年期间，没有公司愿意承接这批小业务，现在着急寻找合作伙伴。听到这个消息，我赶紧把公司几位核心人员召集在一起，共同商议解决方案。虽然当时还不了解其中具体的操作流程，但我们不厌其烦地去找同行和前辈请教。在几位编目高手的帮助下，春节放假期间我们顺利完成了任务，并得到了客户的认可。通过这项工作，我们整个团队掌握了图书编目加工的整个过程，了解了高校图书馆的评估政策，明确了馆配的概念，同时也为公司未来的发展指明了方向。

公司开始将工作重心放在馆配业务上。由于没有出版社的进货渠道，我们就集中精力加强自身的编目能力，渐渐在同行业中形成了独特的核心竞争力。与此同时，通过与图书批发市场中的一些书店合作，慢慢接触到一些出版社。在这里要特别感谢浙江大学出版社、机械工业出版社、国家图书馆出版社、知识产权出版社等单位，在我们没有足够多客户且经营时间不长的情况下，他们依然相信我们的实力和潜力，给予了我们有力的支持。如浙江大学出版社，在公司成立不到两年时，就给我们提供了样书，为图书馆采购提供了便利条件。另一家要特别感谢的是机械工业出版社，虽然公司当时刚刚起步，客户并不多，但是机械工业出版社看中了我们的干劲儿，认定我们是只潜力股，早早地就把我们纳入到合作伙伴之列。在这里再次感谢机械工业出版社以及杨振老师，正是他们的鼓励与支持，为公司的进一步发展奠定了基础。

2004年，我们先后承接了河南政法干校（现河南财经政法大学）、河南经贸学院、中原工学院、新乡学院的图书供应及编目加工业务。特别是在2004年下半年，公司承接了安钢图书馆整体配备的任务，为安钢图书馆完成了从图书管理软件培训、书籍采购、编目加工，到定制书架、防盗仪器等设备的安装，使公司对图书馆的整体需求又有了更加全面而深刻的了解。我们的团队也得到了极大的锻炼，公司整体业务水平也有了很大的提升，我们更加坚定了要依托省图书馆的业务优势走馆配路子的决心。

2005年，公司参加了在河南农业大学举办的高校图书馆年会。借助河南省高校图工委的大力支持，我们正式进入了省内高校图书馆馆配领域。随着广大客户对我们编目质量的认可，公司的销售额逐年增加。从2003年前，公司年销售额还不到5万元，到2003年销售额达到十几万元，再到2004年销售额实现60多万元，2005年销售额突破了200万元。

2006年，郑州大学图书馆退休职工翟五一老师来到公司主持编目技术工作。翟老师博学谦和，在她的带领下，公司的编目水平有了全面的提升。翟老师很注重对后辈的提携，她言传身教，培养了一批优秀的编目人才。其中，梁艳丽、薛良伟、陈瑞娜、孙丽娜、王艳等能陆续成为公司的骨干人才，都离不开翟老师的谆谆教导。

2007年，公司进入了快速发展时期。为顺应馆配市场需求，“郑州日成图书有限公司”正式成立。自此，河南馆配市场中又多了一支专注于做馆配业务的队伍。经过十年来不断的努力，郑州日成图书有限公司发展成为河南馆配市场中让图书馆放心的一支馆配力量。

第二节　从事馆配工作以来的科研论文

作为一名从事馆配工作的图书馆人，时刻关注图书馆的业务转型。一方面捕捉新的商机，另一方面利用商机为图书馆提供更多的服务。目前图书馆除了编目外包，有的图书馆也外包了流通工作，一些馆配商开始从事流通外包工作，如广东大音文化发展有限公司以及郑州日成图书有限公司。在提供外包服务时他们也常常思考：馆配商做流通业务的优势是什么？怎么才能做得更好？图书馆为什么要外包？这种局面会持续多久？我把在工作中的所看、所思进行了以下总结，现分享给大家，以供参考。

一、图书馆流通业务外包酬薪核算机制改进

流通业务外包是传统图书馆向现代化图书馆转型过程中，图书馆业务职能更加社会化的必然趋势。图书馆业务外包是指图书馆借用企业外包服务的理念，将非核心业务交给社会组织完成，便于图书馆将更多精力投入到其核心业务的一种行为。随着图书馆数字资源在馆藏占比中逐渐增加，调整图书馆各岗位人员比例，扩大外包业务范围，科学整合图书馆工作流程与人力资源应用方式等，都需要图书馆管理者加以重视。图书馆业务外包内容与形式多种多样，诸如采访、编目、网络自动化、物业管理、物流、流通服务、阅览服务、读者自助服务等。经过多年的实践，图书编目业务外包工作已日趋成熟，形成了以馆配商提供编目数据为主流的图书馆业务外包工作方式。与此同时，图书馆流通业务外包逐渐兴起，并被越来越多的图书馆所认可与接受。例如，北京朝阳区朝外街道文化服务中心（朝外地区办事处所辖部门）利用社会力量运营街道图书馆的管理模式，即朝外街道文化服务中心、朝阳区图书馆和悠贝服务商三方通力合作、各司其职，朝外街道文化服务中心承担朝外地区图书馆的物业、水电、网络等运营管理产生的开销，朝阳区图书馆承担朝外地区图书馆文献信息资源的采集和配送，悠贝服务商负责朝外地区图书馆文献流通服务工作。图书馆流通业务外包不仅能够降低图书馆的用工成本与管理成本，提高工作效率，同时也能够改善馆员队伍结构，提升服务水平。毋庸置疑，流通业务外包不如图书编目业务外包的实践普遍，存在着业务市场不够完善与成熟、外包公司轻视该业务、图书馆本身思想转变较慢与热情不足等问题。而且如何评定其工作质量及如何支付流通工作的报酬也是图书馆亟须解决的问题。

1. 图书馆流通业务外包的现状

随着政府对文化事业的政策扶持力度及资金投入的不断加大，各类型图书馆的馆藏数量均有较大幅度的提升，任务量日益繁重，但图书馆员数

量却难以突破原有编制而相应增加，因此造成图书馆员队伍建设滞后、人员严重不足，高校图书馆缺人现象更为突出。随着高校招生规模的扩大，图书馆购书经费的增加，图书数量必然相应增加，流通部门的工作量也随之增大。图书馆通过各种方法向学校申请人员编制，但收效甚微，大多数只能采用招聘临时工、勤工俭学学生及志愿者等方式增加工作人员数量，以充实流通部门队伍。实践证明，这些方法虽解决了一部分实际困难，但也存在诸多问题：①临时工的工作不稳定；②学生工作与学习相冲突；③志愿者的工作质量不高。

人员匮乏制约着图书馆流通借阅服务的发展不仅是体制上的问题，更重要的是，即使图书馆能够招聘足够的人员，管理者也需要思考如何留住他们。整个图书馆工作流程往往涉及采编部、流通部、咨询部、技术部、阅览部、信息资源部、研究辅导部、古籍部、综合办公室等部门，相比较而言，流通部工作任务繁重，时间要求紧迫，直接面对读者，借阅压力较大，很多员工不愿意到流通部工作。即使个别员工到流通部工作，过一段时间，也总会想方设法调出流通部，以至于流通部人员流动性大，导致图书馆外包工作整体质量得不到保证。本着按劳分配、多劳多得的原则，图书馆管理者可以制定合理的薪酬支付标准，以合理的薪酬留住人员。毋庸置疑，流通业务外包的计酬方式必须是建立在图书馆流通业务工作质量基础之上的，与工作质量控制息息相关，而有效的计酬方式能够提高图书馆流通业务外包工作质量。

2. 图书馆流通业务外包的质量控制

图书馆流通业务外包的根本目的在于调整工作重点，合理分配人员，将有限的图书馆员安置到更核心的工作岗位，以提升图书馆核心竞争力。实现流通业务外包的前提是，服务质量非但不能降低，反而要有所提升。因此，图书馆实行流通业务外包之后，还要注重对流通业务外包质量进行全方位监控。

图书馆流通业务外包工作质量控制主要从两方面着手：①管理制度的制定与执行。流通业务外包工作质量的高低取决于制度建设，即加强流通业务外包工作管理的科学化、规范化、条理化，包括详细制定人员数量、上岗时间、量化管理、工作流程等。很多公司制定了具体的工作指标，如错架率不得高于多少；分拣区未上架图书不得超过多少本；为了保证外包人员上架及时和巡视到位，有的公司借鉴安保管理措施，在不同方位放置数台打卡机，方便外包人员刷卡；规定单位时间内图书上架、整理、巡视，以保证外包人员按时完成工作，满足图书馆流通工作的质量要求，以提升读者的利用率。②工作人员的素质。流通业务外包工作质量的好坏关键在于员工整体素质的高低，一些图书馆的管理者或公司高层简单地认为流通工作外包省力、省钱，招聘一些文化水平低，只能做些简单的上架、下架搬运体力活的廉价劳动力。实质上，图书馆管理也是一种知识管理，它包括与知识有关的各种资源和无形资产的管理，这种管理对工作人员提出了更高要求，也对到馆服务的流通业务外包人员提出了更高的素质要求。同时，图书馆学是一门实践性较强的学科，理论来源于图书馆工作实践，又应用于实践，而流通工作是最好的实践。因此，在工作中总结理论与实践经验，为图书馆研究提供宝贵的经验，这需要高素质员工才能做到，也只有提供合理的薪酬待遇才能招聘到此类人才。制定合理的薪酬标准，图书馆就可以结合本馆实际情况，向有关部门提出用人标准和预算，采用招标方式，选用制定最适合的薪酬标准的服务公司，并且在工作中监督公司支付员工工资数额，以保证在满足公司合理利润的前提下，最大限度地保证员工待遇，从而使员工工作稳定，达到图书馆、员工、服务公司多赢的目的，最终实现工作质量的提高。无锡新区图书馆是较早实践流通业务外包的图书馆之一，它的外包公司在管理上详细地把工作步骤流程化，整个流通服务环节达30余项，包括上架时间、频次、册数、排架错误率、读者投诉次数、仪容仪表、卫生清洁次数、消毒次数等，甚至对员工在工作时间暂时离开都有明确规定，这样一方面有利于公司科学管理，另一方面有利于所服务的图书馆开展监督活动。

3. 图书馆流通业务外包的薪酬支付方式

目前，图书馆对流通业务外包工作的薪酬支付方式主要有三种：以人定酬、按工作量一次性支配及总体核算，这三种方式在实际操作中都有着明显的缺陷。

(1)以人定酬。现在许多图书馆采用的是以人定酬方式，操作简单，即对所有临时人员，无论工作强度及岗位差别都采用相同的薪酬标准。这种方式的缺点表现为：图书馆及主管部门仅参考市场临时工工资标准制订计划，并没有认识到流通工作的知识含量及其重要性，结果往往导致中标公司只能招聘一些愿意接受较低工资的人员来从事流通业务工作，难以保证服务的质量。例如，某工业大学图书馆新馆投入运营却人员不足，由于采用了较先进的借阅设备及网络系统，普通人员根本无法胜任，但图书馆行业没有合理的工资评定标准，只能按临时工工资待遇执行；加之，学校负责人事的部门认为临时工水平足够应对工作，导致图书馆只能虚报招聘人数指标，即本需要 25 人，而向学校申请 35 人。待资金审批后，通过招标程序，图书馆与中标公司约定，将多出的 10 人工资分配给几个重要岗位的员工，以保证这几个员工的福利待遇。虽然解决了待遇问题，也满足了工作需求，但毕竟是图书馆违规操作，极易出现不良后果，这正是由图书馆业务外包人员没有工资衡量标准的原因造成的。

(2)按工作量一次性支配。图书馆参考原有工作人数，在实行流通业务外包时，以相等或略低于原有人数的标准，并参考市场临时工工资标准，按工资总数一次性与外包公司结算。这种方式的好处体现在：一是图书馆无须考虑外包岗位人数，仅考核工作最终成效；二是外包公司有了较大的用人自由度，技术含量较高的岗位可以用高薪聘请，保证了服务质量。但是，外包公司往往会将追求经济利益最大化作为目标，极有可能采取降低工资标准或减少使用人数的方式，容易造成外包人员因工作量较大，产生职业倦怠现象，不利于提高工作效率。如果外包公司将利润与质量二者统筹权衡，定会产生较为良好的结果。仅仅依靠外包公司自律意识很难达到这种理想状态，因此按工作量一次性支配，并不是一种科学、有效的薪酬管理办法。

(3)总体核算。总体核算是在科学定量、全方位合作基础上开展的，这种方式的实践典型为无锡新区图书馆与无锡艾迪讯电子科技有限公司的合作。由于编制所限，无锡新区图书馆缺少正式编制人员，经过评估，尝试采用图书馆与艾迪讯电子科技有限公司合作的方式，开展图书馆流通服务工作。艾迪讯电子科技有限公司承担无锡新区图书馆的图书采购、编目、上架、排架、读者服务、文化沙龙、总馆分馆之间的图书流通等工作。除了馆长是由图书馆主管部门的一名负责人兼任，其余员工全部由艾迪讯电子科技有限公司负责招聘、培训及管理，如此一来，无锡新区图书馆管理运行正常化，得益于艾迪讯电子科技有限公司拥有较好的工作政策及合理的薪酬标准。艾迪讯电子科技有限公司按照合理的薪酬招聘合适人员，如采访编目工作岗位招聘的是图书馆学专业的毕业生，读者服务岗位招聘的是善于与人交往的相关专业毕业生，这些人员各司其职，各尽其才，促进了图书馆工作的开展。然而，这种方式很难复制，无锡艾迪讯电子科技有限公司是台湾艾迪讯投资股份有限公司的分公司，总公司在台湾常年从事图书馆管理服务工作，积累了丰富的管理经验，无锡新区管委会也给予该公司充分的工作自由度，才形成了双赢局面。从实践结果看，招聘合适的工作人员，给予合适的薪酬待遇，在很大程度上能够提升图书馆流通业务外包工作质量。

纵观图书馆流通业务外包薪酬支付的现状，普遍存在着付酬理念的误区。在实行流通业务外包时，一些图书馆员乃至人事主管机构对流通工作的重要性及知识性认识不足，仍认为流通工作只是简单的借还图书，没有技术含量，不值得去为流通业务外包人员支付较多薪酬，甚至把流通人员等同于图书的看守者，把这项工作简单等同于安保工作，因此常以招聘物业、保安的思维模式去对待流通人员薪酬问题，致使很多图书馆不得不使用低工资聘任人员，而后果则是人员素质较低，责任心不强，容易造成人员流动性过大，形成不良的流通业务外包效果，进而陷入恶性循环，影响到流通业务外包的实施。现结合以上三种不同薪酬支付模式的利弊，认真调查图书馆岗位需求及市场企业招聘流程和行业工资标准，提出了一种新型的计酬方式，即“八八制”计酬方式。

①核算方法。众所周知，无论是图书馆还是服务方，做好流通业务外包工作，离不开高素质的员工支持，这有赖于合理的薪酬标准支撑。在实践工作中，很多图书馆也提出了兼顾图书馆、外包公司、员工三方利益的科学方案，最终圆满完成流通业务外包工作。例如，河南农业大学图书馆在实施外包前经过多次调研，了解已实施外包服务图书馆的多种薪酬支付方式，在向相关领导汇报外包方案时，详细地论述了各种方式的利弊得失，及时通报学校相关部门，使有关负责人明晰流通岗位人员所需的知识水平，以利于学校相关部门制定较为合理的工资标准。学校根据岗位人

数，将外包阅览室由原来的 4 名外包人员改为 3 名，又参考学校正式人员工资标准和市场工资标准，除社保福利外，将外包人员工资标准确定为每月 3 000 元，并要求服务公司不得减少工作人员人数。目前，外包公司聘用的 3 名工作人员均是正规院校的本科毕业生，所学专业有历史、中文，还有 1 名员工从事过图书馆临时工作。这样既使员工有满意的工资待遇，又避免了外包公司故意减少工作人数或降低工资标准导致无法保证工作人员素质的问题发生，从而保证了流通业务外包质量。

2014 年，郑州日成图书有限公司通过竞标，承接河南农业大学、华北水利水电大学等图书馆流通业务外包工作。同年，河南鑫红日实业有限公司中标某工业大学图书馆外包服务。在这些外包服务工作中，经过调研发现外包员工按图书馆正式职工工资的八折拿取报酬，而工作量又超出正式职工的四分之一，这一工作量与工资数额的关联比例应该是个合理的数值，这个数值也得到图书馆、外包公司、聘用人员的基本认可，如表 5-1 所示。

表 5-1　外包员工工作量与工资数额的关联比

单位名称 / 项目	河南农业大学图书馆	华北水利水电大学图书馆	某工业大学图书馆	郑州师范学院图书馆	郑州日成图书有限公司	合计	百分比
薪酬(月薪)/元	4 000	4 000	4 000	4 000	2 880	18 880	
人数	7	42	16	7	19	91	
满意	4	25	9	5	12	55	60.4%
基本满意	2	15	6	1	6	30	33.1%
不满意	1	2	1	1	1	6	6.5%

由表 5-1 可知，采用“八八制”计酬方式，外包公司临时工作人员对薪酬的满意度达到了 93.5%。外包公司在图书馆员每月 4 000 元薪酬基础上，按八折核算，核算结果为每月 3 200 元，再扣除公司管理费 10%，最后公司员工获取每月2 880 元。这个薪酬水平超出了郑州市 2015 年的最低工资标准1 600 元，与郑州市平均月薪3 000 元左右持平，极大地提高了外包人员的工作积极性，同时降低了图书馆人力、财力等成本。

为学习河南农业大学图书馆及其他图书馆流通业务外包经验，河南省图书馆由馆领导率队到北京、深圳、无锡等地图书馆进行实地考察并达成共识，决定把图书流通业务整体外包。河南省图书馆针对外包项目的具体内容和要求，制订了外包实施方案，然后通过招标，与郑州日成图书有限公司签订承包合同，明确规定了外包业务岗位的人员数量和素质要求、项目外包范围及工作要求、双方的权利与义务以及项目外包考核细则等。流通业务外包工作程序合法，职责分明，科学合理，易于操作。如此，在保证服务质量的前提下，既可以降低工作人员人数又可以节省工资支出，达到省钱、省力及高效的目的。据此制定了一个较为合理的流通业务外包待遇计算方式：即外包人员数量可按原来岗位人数的八折计算，工资标准也按原来岗位待遇的八折计算，如原来岗位有 5 人，实行外包后 4 人即可；原来流通人员的工资标准是每月 4 000 元，外包后每月 3 200 元即可。故原来一年的薪酬支出为 240 000 元，现在仅需要 153 600 元，只占原来支出的 64%，节省了不少开支。同时，以当地图书馆员工资的八折标准招聘临时人员，能选择许多合适的人才。外包公司虽然会提取一定的管理费用，但是外包人员也能够保持一个不错的收入水准。这种计酬标准总体上计算仅有原先支出的 64%，从理论上讲，人员减少，工资标准降低，为图书馆节省不少开支。同时，避免了原来以临时工工资标准招工的模式发生。另外，因为各个地方工资标准差别较大，以当地相同岗位标准的一定比例计算薪酬方式相对科学，也具有推广价值。

②具体核算依据。“八八制”计酬方式并没有标准的薪酬计算工具可供参考，是在实际工作中总结出来的。目前，图书馆的一个阅览室的标准配置是 4 个人分两班工作，有的是两人 1 组，上、下午轮换；有的是两人上一天班，第二天休息，如此循环。两人上班可以彼此照应，相互配合，但也造成一定的人力浪费。对外包公司而言，一般 3 个人即可把工作完成，按企业运行方式，一般是 1 人上午班，1 人下午班，并且下午班与第二天上午班相连，可以使交接工作更为方便，第三人一般上行政班或在重点时段上班，保证员工吃饭等临时不在岗时的人员配置。当然，行政班还有休息日。这样，人数按八折计算，可以有 3.2 人的配置指标以保证到岗人数。外包的阅览室越多，岗位越多，这种效果更好，既能节省人力，也便于外包公司进行人员调配。

从节省资金又能招聘高素质人员的平衡点来看，以原先待遇的八折标准去选择合适人才可以基本保证人员素质。简单来讲，“八八制”薪酬方式，就是图书馆流通业务外包的薪酬按人数及工资总数的64％计算，达到既省钱、省力又便于管理的目的，进而提高服务水平。

③验证效果。以吉安市图书馆流通业务外包为例。吉安市图书馆按定编标准需安排11个文献流通岗位，福利待遇为每人每月3 200元，年总费用465 600元。实行项目外包后，员工人均月工资2 000元左右，总项目经费只需288 000元，为政府节省177 600元。所需经费仅为原来费用的61.86％，基本上与“八八制”计算方法相符。这种计酬方式能够挖掘社会劳动力的工作潜力，使其全心地投入流通业务外包工作之中，提高工作效率，实现图书馆、外包公司、读者三方合作共赢。

合理的报酬方能招聘到合适的员工。目前，流通业务外包工作虽然取得一些成绩，积累了一些经验，但还要继续探索更多的有利于外包工作的方式方法，以合理报酬吸引更合适的人才。例如，现在业界存在本科类图情专业人才流失问题，很多高校招聘要求是博士学历，最低限度也是硕士学历，使得许多本专业的本科毕业生无法进入高校图书馆；并且，公共图书馆的事业单位属性也使得这些学生很难有机会从事本专业工作。仅以河南省图书馆2015年招聘为例，16人的招聘名额，报名者竟超过1 000人。而流通业务外包的工作模式推广，使得这些无法进入图书馆正式编制的毕业生有了用武之地，无锡新区图书馆及广州市南沙区图书馆实行外包的实践也证明了这一点。例如，负责南沙区图书馆外包工作的广东大音文化发展有限公司，为外包服务共派出的9名工作人员中有6名所学专业与图书馆相关。图书馆业务外包实施合理的计酬方式，使图情专业的毕业生既有了稳定合理的薪酬，又有了发挥专业才能的机会，也为图书馆储备了专业人才，有利于图书馆事业的发展。因此，制定“八八制”计酬标准，有利于推进流通业务外包工作。

对于已实行流通业务外包工作的图书馆而言，相关馆员应就薪酬支付方式进行更多研究，认真分析利弊得失，形成研究成果，加以推广，使其他图书馆加深对流通工作的了解，特别是意识到科学定酬对流通工作成效的影响，引起准备实施流通业务外包的图书馆对薪酬标准足够的重视。同时，图书馆还要与人事主管部门加强沟通，前往已实施外包的图书馆进行实地考察，与外包人员进行实际交流，了解其薪酬意愿，结合图书馆对外包人员的工作评定，参考本单位的实际情况，制定合理的薪酬标准。例如，河南农业大学图书馆在实施流通业务外包前曾多次实地参观、调研实施外包的图书馆，结合岗位特点及要求，制定出了本馆的外包薪酬标准，通过一年多的流通岗位外包使用人数和薪酬支付实践，印证了“八八制”计酬方式的合理性和科学性。

未来，流通业务外包方式会被更多的图书馆所采用。随着计酬方式的逐渐改善，图书馆业务外包服务工作会吸引越来越多的高素质人才，特别是原来流入其他行业的图情专业及相关专业毕业生，有可能会被重新吸引到图书馆工作中来，发挥其专业特长，对图书馆各项业务工作有更好的促进作用。“八八制”计酬方式旨在为图书馆流通业务外包提供更加科学、合理、规范的发展思路，同时也期待着更多、更好的计酬方式出现，完善流通业务外包服务，共同把图书馆事业做好。

二、图书馆流通工作社会化服务的困难与解决方法

1. 图书业务社会化服务产生的背景

(1)新形势下的业务人员短缺。2011 年，文化部、财政部下发关于推进“三馆”免费开放工作的意见，各省、市、县图书馆相应得到了各级政府的财政支持，各类型图书馆的文献特别是纸质图书均得到了补充，加大了馆藏量，聚集了更多的读者。但是相应的配套资金并没有完全到位，工作量增加但工作人员数量却没有增加，使原本人员就欠缺的图书馆面临不小的压力。而且免费开放后，读者人数激增，给流通工作带来了较大的压力。仅以河南省图书馆为例，免费开放前，每年办证 6 000 多个；开放后每年办证近 20 000 个，工作强度明显增加。

随着社会的发展，图书馆的业务范围大幅扩张，如数字图书馆、共享工程建设、数字资源的建设、古籍保护、讲座、讲坛等项目相继成了图书馆的业务范畴。而图书馆的职工人数还是按照八九十年代基础业务条件下核准的，人员编制并没有随着新业务的开展而增加，这也是造成人员短缺的主要原因。

高校图书馆也面临同样的问题，因为评估工作的需要，图书馆每年购书量大幅增加，同时学校招生规模不断扩大，致使读者人数急剧上升，再加上开架借阅，开放时间延长，有的学校图书馆开放时间延长为14个小时，馆员的借阅工作量也随之增加，造成工作人员严重短缺。

(2)流通工作使用临时人员存在的问题分析

①雇用临时工的方式。为解决流通人员不足的问题，有些图书馆采取增加临时工的方式。这种方式面临一个很现实的问题，就是如何办理临时工的各种社会保障。随着新劳动合同法的补充条款及“同工同酬”标准的实施，单位雇用临时工更加谨慎，稍有不慎，就会面临很多劳动纠纷。目前，在社会上也出现了一批所谓的“临时工”，专门利用某些单位不能及时办理劳动保障的漏洞，工作几个月后去劳动部门投诉，来获取劳动法中规定的“1＋1”工资补偿，而且这种投诉胜诉率很高，给用工单位造成了经济损失及恶劣影响。同时，图书馆流通部门不具备直接招聘临时工的资格，多是由上级部门招聘，但招聘的人员往往不符合流通部门要求。由于不是流通部门直接支付工资，临时工对流通部门的工作缺少责任感，执行力大打折扣。同时，临时工的工资待遇往往是当地规定的最低工资标准，且人员流动性较大，工作积极性不高。以上几方面都造成了临时人员无法胜任流通部门的工作。

②学生勤工俭学的方式。高校图书馆拥有众多学生，经常采用学生勤工俭学的方式弥补人员不足。有些同学勤工俭学是为了解决家庭经济困难，有些则是抱着锻炼自己的实践目的，面对单一、机械性的流通工作，他们缺少工作积极性。如负责阅览室的学生，经常在工作岗位上自己埋头看书，极少主动检查阅览秩序；而流通组学生只满足于被动上架的要求，对归架整理工作不积极，导致经常出现乱架现象；在临近考试之际，勤工俭学学生多数不能按时工作，而此时恰是图书馆的图书借还最集中的时期，因此积压了大量工作，造成图书馆最需要人时无人可用的局面，影响了流通工作的正常进行。

③使用志愿者的方式。公共图书馆志愿者多由社会上热爱图书馆事业的爱心人士组成，高校图书馆的志愿者多由学院志愿者社团不定期参与图书馆业务活动的志愿者组成。他们热情、积极、责任心强，不计报酬，热

心工作，但他们的不固定性改变不了流通部门缺少人员的现状，并且如果志愿者在工作中造成失误或损失，图书馆也不便对其进行惩罚。因此，该方式也不是一种理想模式。

(3)流通工作中的职业倦怠现状。流通部是与读者接触最多、最密切、最广泛的部门之一。为了给读者提供准确、热情的工作，馆员们日复一日、年复一年地重复着借出、归还、整理、上架、再借出、再整理的简单机械式工作，这种工作很容易使人疲惫；再加上需要面对少数素质较低读者的无理要求，以及外界对流通工作技术含量持较低的认可度，使得流通人员的职业倦怠现状指数偏高。如《广州市公共图书馆一线馆员职业倦怠现状调查》显示，职业倦怠现象极大影响了一线流通工作人员的身心健康。

(4)图书馆发展的方向需要图书馆除具备基本的储藏、借阅文献功能之外，还应承担起参与社会教育的职能。如河南省图书馆所倡导的三个“面向服务”：“面向读者服务”“面向专业服务”“面向决策服务”。图书馆既有历史悠久的珍贵典藏、纸质资料，又有形式多样的电子、视听资料，这些丰富的文献资源为图书馆开展专业及决策服务提供了有力保障，这也是未来图书馆发展的方向。图书馆将占用人员较多、耗费精力较大的非核心业务外包，实行社会化服务，可以使图书馆集中人力、物力、财力将核心业务做得更好，提高自己的社会地位，提升图书馆的整体形象。

2. 实行社会化服务遇到的困难

(1)实行外包服务是否有相应的政策支持。长期以来，图书馆一直被定义为国家投资的公益服务性事业单位，人员编制固定，人、财、物由政府统一安排，借阅、流通工作又是图书馆最基础的工作之一，采用经营性质的外包服务方式是否被国家政策所允许尚待求证。

(2)外包后对服务质量的质疑。一些馆员认为图书公司不一定能够满足图书馆的标准与读者的要求。流通工作需要对图书分类有一定了解，能否适应单一、重复机械性工作，能否有效与读者沟通交流，能否胜任繁重的体力要求，能否对国有资产产生足够的安全及保护意识，这些都是需要在进行外包服务工作之前解决的问题。

(3)外包服务对图书馆员工的影响。图书馆有些业务工作通过市场经济运营模式来解决，会对图书馆员工的心态产生不小的影响，工作外包后馆员会对自身价值的认同感及重要性产生怀疑，大大降低工作的积极性和主动性，甚至对外包方式或单位产生一定的抵触情绪和消极举动。同时实行外包服务必然使原来馆员分流到其他部门，对新的岗位和同事的陌生以及对新业务的不熟悉都会使其产生急躁和忧虑的情绪，对单位的归属感也会有不同程度的降低，所以服务外包前期会产生一定的负面影响。

(4)外包服务的资金来源问题。实行外包服务，必然涉及资金问题，资金的项目来源以及如何使用资金也是需要关注的问题，能否争取到财政支持也是能否实行外包服务的前提。

3. 如何开展社会化服务

(1)研究国家政策、响应政府号召。李克强总理在2013年7月31日召开的国务院常务会议研究推进政府向社会力量购买公共服务的会议上指出，凡社会力量能办好的领域，尽可能交给社会力量承担，有效地解决一些领域公共服务产品短缺等问题，使群众得到更多便利和实惠。从会议内容可以看出，国家政策对机关、事业单位为做好服务借助社会力量的方式给予了足够的支持力度，图书馆流通外包工作完全符合国家政策。

通过社会化服务，利用外包服务的人才平台，采用一种薪资市场化、管理合同化、保障企业化的新型图书馆用工模式也是解决图书馆人才队伍不足的补充方式。

(2)采用企业化管理，保证流通质量。图书馆业务工作外包方式早有先例。图书馆的图书数据编目外包在十年前已经开始实行，经过不断的发展，编目外包已经成为各图书馆普遍采用的一种方式，除非图书馆有充足的采编人员。以河南省公办本科院校为例，在40余所院校图书馆中，除一两所未采用编目外包，其他全部由外包公司运作，而且外包公司的编目质量、速度及售后服务等都得到了图书馆的认可。图书馆流通工作的外包方式在有些公共图书馆及高校图书馆已经开始使用，如上海浦东图书馆、广州南沙区图书馆及北京大学、清华大学、中国人民大学、中国传媒大学、北京第二外国语大学、北京建筑大学、北京工业大学、北京劳动关系学院等，并取得了不错的效果。笔者曾前往上述学校进行实地调研，采用流通外包后，外包公司的企业化管理、人性化服务受到了图书馆馆员以及读者的好评，形成了馆企共赢的局面。①严格的业务培训，标准的量化管理。

②科学合理安排工作流程及方式。流通工作是机械式单一的重复性劳动，企业员工容易产生倦怠心理，外包公司应提供并完善一定的心理辅导工作，使员工保持良好的工作热情和积极的生活态度。同时制定量化考核标准，通过工作量、工作能力等项目决定待遇和职务的提升，保持良好的晋升空间。

(3)集中人力，使员工精力投入核心业务。①发挥各自特长，投入核心业务。原有流通人员离开非核心业务部门后，专业对口的馆员可以从事参考咨询、读者工作、研究辅导、古籍整理、二次文献开发、地方文献整理等核心业务，或者利用各自特长开展丰富多彩的读者活动。②建立学科馆员制度，建设特色馆藏。高校图书馆流通业务的外包，解决了人员不足的难题，也使图书馆有了更多的人员可以调配，为推动学科馆员制度的建立提供了机遇。学科馆员有充足的时间进行学科馆藏建设，可积极地与相关院系进行沟通交流，收集学科需求，提供相对应的馆藏资源，加强图书馆与各院系的联系，实现图书馆为科研服务的目的，提高图书馆服务水平。同时，也可组织人力将本馆的馆藏特色加以整理分类、补充，形成特色馆藏。

(4)采用多样的资金支付方式，支持外包服务工作。外包服务的顺利实施，离不开资金的支持。目前外包服务的资金来源方式主要有以下几种：①原有临时工的工资形式。临时工工资较低，而外包公司可以在完成任务的前提下减少人员配置，保持工资总额不变，提高现有工作人员的工资标准，以保证服务质量及公司正常运转。②若图书馆欲使用高学历人员或对工作人员专业有要求，则应参考学校员工工资标准及市场工资行情，制定合理的工资标准。公司按照要求统一招聘、培训、管理，以达到馆方要求。③参考图书编目加工的费用支付方式。流通业务作为配送图书的附带业务，可提高供书折扣，免费提供图书借阅工作。总之，资金是保证流通业务工作社会化的前提。

4. 结语

图书馆流通工作社会化服务的探讨，可以使人们了解一种新型的工作方式，且又提供了一种解决一线馆员不足的方法。当然，这是不是适合流通工作的最佳方案也有待于实践的检验，但图书馆工作重点向核心业务倾斜应是未来图书馆的发展方向。我们期待着各种不同的工作方式并存，使图书馆工作更加完善，也期待着图书馆事业更加辉煌。

在努力做好馆配业务的同时，笔者所在的郑州日成图书有限公司也紧跟国家政策，大胆创新，积极发挥人才优势，不断拓展新的业务领域。从图书配送到研发图书馆业务软件、文创产品开发，我们一直紧密围绕着图书馆业务需求与技术需求不断创新发展，以期为图书馆事业做出更大的贡献。由于馆配行业缺少一个公共的、中立的书目信息平台，书目被屏蔽现象时有发生，虽然各个方面都在努力改变这种现状，但效果不是很好，所以我就萌发了做一个书目信息平台的念头。作为图书馆投资的公司希望能为其他图书馆提供一个这样的使用平台，便于图书馆客观、全面地挑选图书，提高馆藏质量。我想这既是自己的责任，也是公司的使命。

第三节　图书馆智能采访管理系统介绍

目前，馆配行业都有一个共识，就是缺少一个中立的全国书目信息平台。虽然已有了几个类似的平台，但一直没有应用到实践中。主要原因是：一是书目信息收集困难；二是平台开发困难，研发技术要求高；三是软件开发成本高，销售困难。

目前有能力收集齐全的书目信息的机构只有大型馆配商，特别是与众多出版社合作的馆配商。图书馆、出版社及其他机构无法拥有这种资源。如果由馆配商来提供书目，不可避免地要屏蔽一些折扣高的书目信息，不容易做到客观、中立。

同时，研发一个可以连通出版社、图书馆、馆配商三方的书目信息平台，除了要有书目资源，还要有过硬的软件研发能力，并且这个研发团队还要了解馆配行业，熟悉图书馆采编工作流程，才能将图书馆业务需求与软件技术有机地结合起来。

另外，书目信息平台的制作需要投入大量资金，回报周期长，销售对象偏少，一般公司也不愿意制作此类平台。我们在研发这个平台前也曾考虑以上问题，但作为图书馆投资兴办的馆配公司，有责任将齐全的书目信息提供给图书馆同仁。研发的过程中，得益于公司与出版社长期建立的深厚合作关系，书目搜索工作能比较顺利地进行。接下来，笔者所在的郑州日成图书有限公司，发挥对图书馆馆配流程的优势，联合北京云晟文创科技有限公司一起成功研发了图书馆智能采访管理系统软件。该平台很好地解决了书目被屏蔽的问题，并且通过科技方式减轻了采访人员的工作强度，提高了工作效率，也提升了馆藏质量，得到了图书馆客户的普遍欢迎。目前，该系统已在全国逐渐被推广使用。下面，简单介绍一下图书馆智能采访管理系统软件的功能和使用方法。

(1)从 580 余家出版社及 500 余家图书公司中，收集每年 20 多万种 1 版 1 次印刷的新书书目以及当年出版社库存品种。系统将书目数据整理成统一格式，保证最新、最全的书目供图书馆采选；在系统左侧导航栏的书目数据分析中，可以看到系统中所有书目每一类的种数占比及每一大类的平均单价。

(2)采访人员可以将本馆所要求的图书类别、地域、行业、专业、学科等特点按系统中的程序设置，分别输入有关数据，经过系统运行整理，采访人员可以得到与以上信息所匹配的书目信息，并以此进行科学、合理的选择。可以通过系统中的关键词、高级检索、中图法、主题、学科检索等设置相应的检索规则，系统自动匹配出图书馆相关的图书。例如，中图法检索可以在左侧导航栏检索规则中，选择中图法检索规则，可以按照图书馆的专业及选书的需求来选择中图法。中图法分为三级，个别甚至分到四级，以方便图书馆采访人员选书。再选择查重，可与馆藏、书单、订单分别查重。馆藏需要导入中央库数据后与馆藏查重，判断此书是否还需要再购买，书单与订单则是由使用系统产生的单子，系统本身具备查重功能。再选择图书的出版时间、出版社、装帧方式、开本、上传图书的时间、删除图书项(即不符合要求的图书，如试卷、挂图等)，然后选择复本，输入这些条件后，还可以保存规则(便于下次再使用时，只需要修改某一条件即可)，输入各种条件后，点击检索，则可显示出所要的书单。

(3)智能推送。系统可以根据客户专业设置不同的规则进行自动推送，分为新书推送、专题推送、出版社推送、新上传书目推送、关键词推送等。客户根据专业特点设置相应的推送规则，由系统定期推送适合馆藏的图书书目信息，从而可以降低采访人员收集图书信息花费的时间。首选可以设置相应的推送规则，如关键词、中图法、出版社等，设置后系统更新书目时，由系统自动推送出符合条件的书单；新书、专题等图书信息也是由系统自动推送，便于图书馆采选。

(4)外采书目。采编人员可以将外采的书目数据(只有一个书号)导入该系统，由系统自动匹配出相对应的书名、定价、出版社、作者、出版时间、分类、分辑号、分辑名、丛书名、读者对象等相关的信息，系统还可将自动匹配出的书目数据和未匹配出的书目数据分类导出，从而避免中标馆配商更换书目数据，防止外采数据丢失。

(5)书目单的自动分配。系统可将同一书单根据工作人员学科背景的不同，自动分配给不同的工作人员。此书单不仅可以由系统产生的书单自动分配给客户管理人员，也可以由管理人员生成总书单后根据学科不同自动分配，还可以将馆配商发过来的书目导入系统，由平台设置相应的规则，自动推送给相应的院系老师，以方便各院系采书，从而提高馆藏的质量。

(6)馆际联盟。采访人员还可以得到全国同类型图书馆的相应馆藏信息，以便对比借鉴，达到取长补短的目的，达到一次录入多终端共享的目的，互联互建资源明晰，不受时空限制，缩短工作流程，减少人力开支，节约工作成本，减少财政浪费，规避经费漏洞，统一标准管理。

(7)各大网站排行榜书目的收集、整理、汇总。在系统首页热门网站中还可以列出按各种形式推荐的畅销图书名目榜，如京东网、当当网、卓越网等图书畅销排行榜；点击更多时可以查看相应网站的详细书目信息；还可以登录某一网站查看具体的信息。

(8)专题书目的收集、整理、汇总。系统中定期列出某一项专题图书的书目数据，便于学校补充各类的专题书目；在首页专题书目中点击更多专题则显示出不同专题的书单，根据需要可以打开相应的专题书目进行操作。

(9)院系单独设置账号。在系统左侧导航栏运行维护中可以给院系分配相应的账号及不同的权限，由院系登录平台，自己选择合适的图书，以减轻采编收集书目的工作量，提高院系参与，提高馆藏的质量。

(10)订单、馆藏统计分析。在系统左侧导航栏中将订单按出版社、分类法、价格区间、到货状态、下单时间及馆配商的分配进行多样分析与管理。“馆藏分析”功能则实现将馆藏根据图书的价格、出版社、出版时间、中图法分类等多种条件进行馆藏分析。

选书流程(以学科为例)如图 5-1 所示。

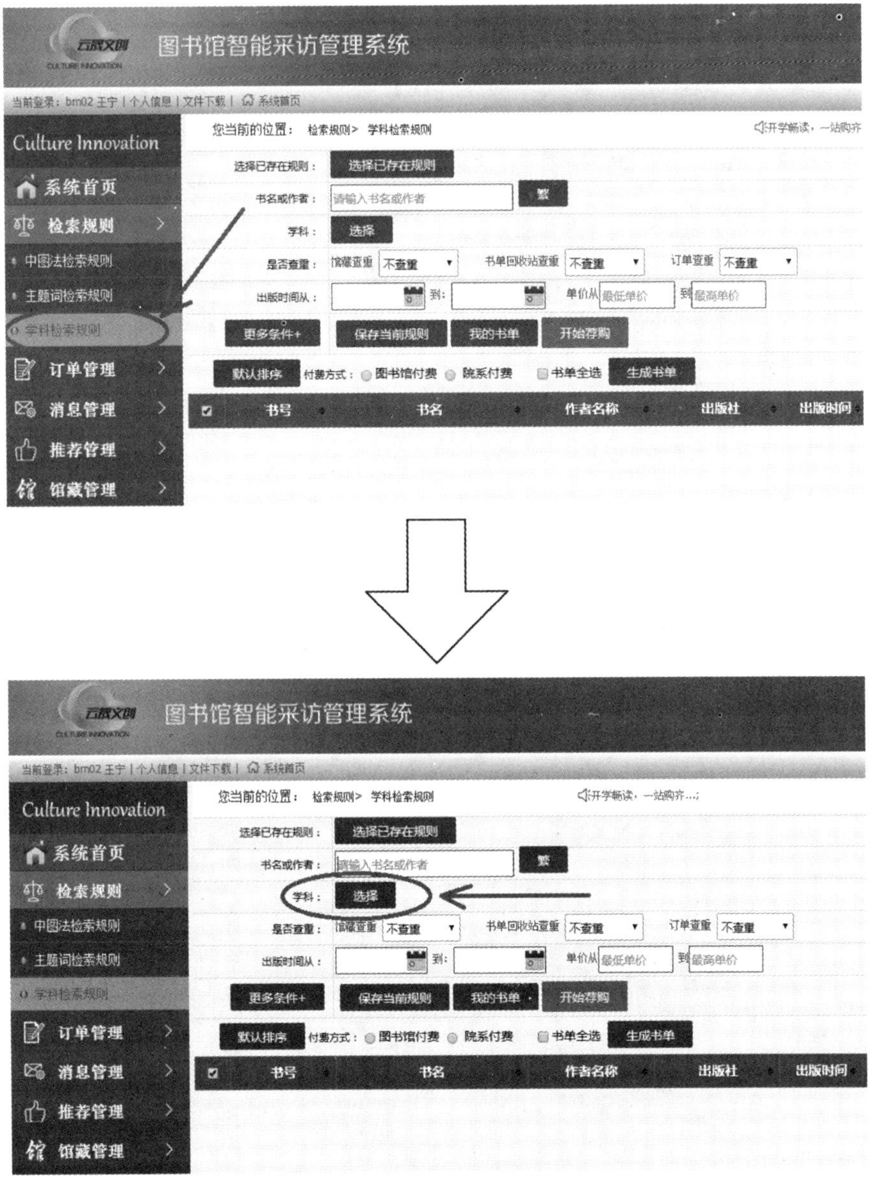

图 5-1　选书流程(一)

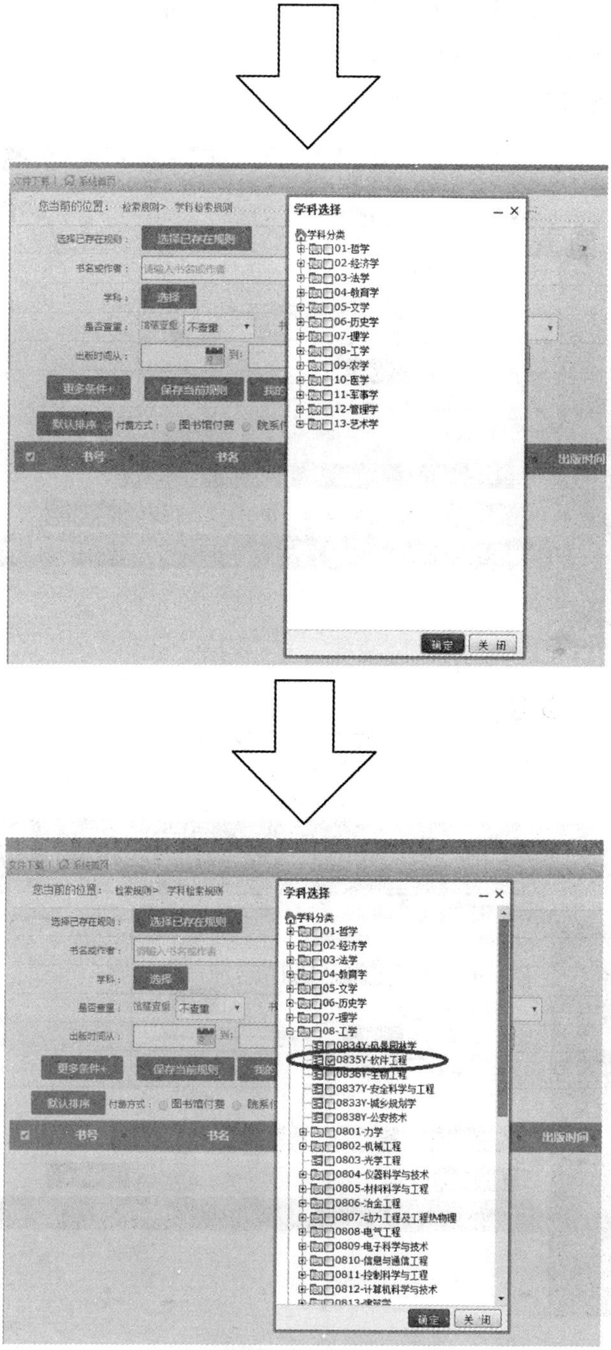
学科选择
学科分类
01-哲学
02-经济学
03-法学
04-教育学
05-文学
06-历史学
07-理学
08-工学
09-农学
10-医学
11-军事学
12-管理学
13-艺术学
确定
关 闭
选择已存在规则
学科：
选择
更多条件+
保存当前规则
默认排序
书号
书名
出版时间
0835Y-软件工程
0837Y-安全科学与工程
0833Y-城乡规划学
0838Y-公安技术
0801-力学
0802-机械工程
0803-光学工程
0804-仪器科学与技术
0805-材料科学与工程
0806-冶金工程
0807-动力工程及工程热物理
0808-电气工程
0809-电子科学与技术
0810-信息与通信工程
0811-控制科学与工程
0812-计算机科学与技术

图 5-1　选书流程(二)

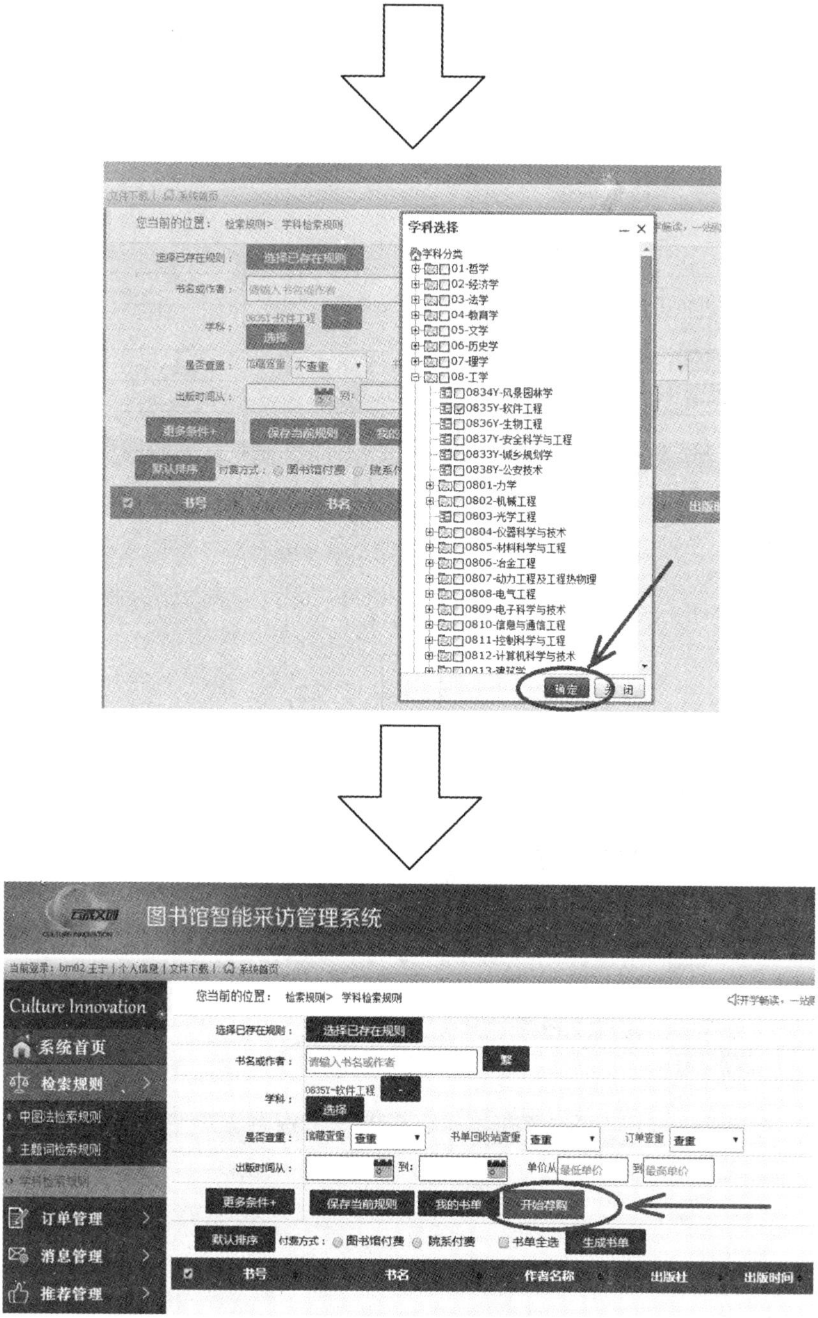

您当前的位置：检索规则> 学科检索规则
选择已存在规则：
选择已存在规则
书名或作者：
请输入书名或作者
学科：
0835Y-软件工程
选择
是否查重：
馆藏查重
不查重
出版时间从：
到：
更多条件+
保存当前规则
默认排序
付费方式：
图书馆付费
书号
书名
学科选择
学科分类
01-哲学
02-经济学
03-法学
04-教育学
05-文学
06-历史学
07-理学
08-工学
0834Y-风景园林学
0835Y-软件工程
0836Y-生物工程
0837Y-安全科学与工程
0833Y-城乡规划学
0838Y-公安技术
0801-力学
0802-机械工程
0803-光学工程
0804-仪器科学与技术
0805-材料科学与工程
0806-冶金工程
0807-动力工程及工程热物理
0808-电气工程
0809-电子科学与技术
0810-信息与通信工程
0811-控制科学与工程
0812-计算机科学与技术
确定
图书馆智能采访管理系统
CULTURE INNOVATION
当前登录：bm02 王宁 | 个人信息 | 文件下载 | 系统首页
Culture Innovation
系统首页
检索规则
中图法检索规则
主题词检索规则
学科检索规则
订单管理
消息管理
推荐管理
您当前的位置：检索规则> 学科检索规则
开学畅读，一站
选择已存在规则：
选择已存在规则
书名或作者：
请输入书名或作者
学科：
0835Y-软件工程
选择
是否查重：
馆藏查重
查重
书单回收站查重
查重
订单查重
查重
出版时间从：
到：
单价从
最低单价
到
最高单价
更多条件+
保存当前规则
我的书单
开始荐购
默认排序
付费方式：
图书馆付费
院系付费
书单全选
生成书单
书号
书名
作者名称
出版社
出版时间

图 5-1　选书流程(三)

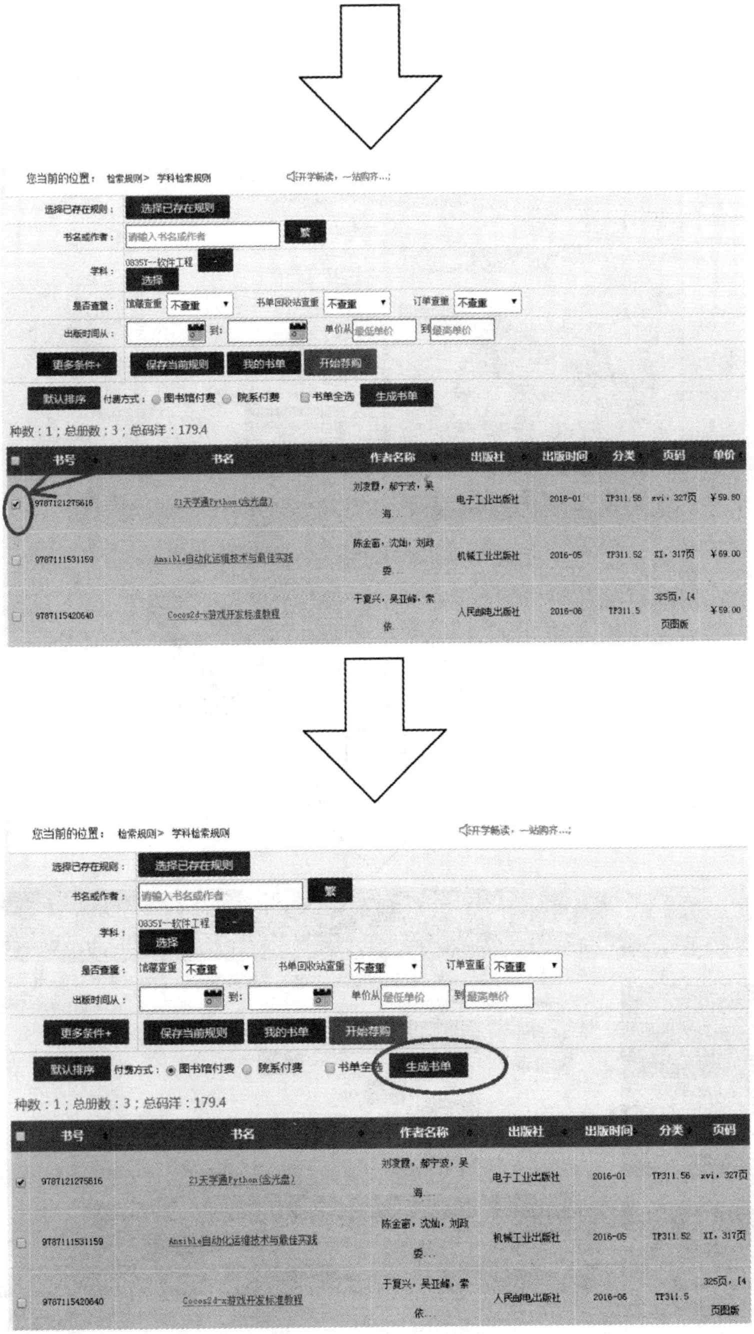

您当前的位置： 检索规则> 学科检索规则
开学畅读，一站购齐...
选择已存在规则：
选择已存在规则
书名或作者：
请输入书名或作者
学科：
0835Y--软件工程
选择
是否查重：
馆藏查重
不查重
书单回收站查重
订单查重
出版时间从：
到：
单价从
最低单价
最高单价
更多条件+
保存当前规则
我的书单
开始荐购
默认排序
付费方式：
图书馆付费
院系付费
书单全选
生成书单
种数：1；总册数：3；总码洋：179.4
书号
书名
作者名称
出版社
出版时间
分类
页码
单价
9787121275616
21天学通Python(含光盘)
刘凌霞，郝宁波，吴海...
电子工业出版社
2016-01
TP311.56
xvi，327页
￥59.80
9787111531159
Ansible自动化运维技术与最佳实践
陈金窗，沈灿，刘政委...
机械工业出版社
2016-05
TP311.52
XI，317页
￥69.00
9787115420640
Cocos2d-x游戏开发标准教程
于复兴，吴亚峰，索依...
人民邮电出版社
2016-06
TP311.5
325页，[4页图版
￥59.00

图 5-1　选书流程(四)

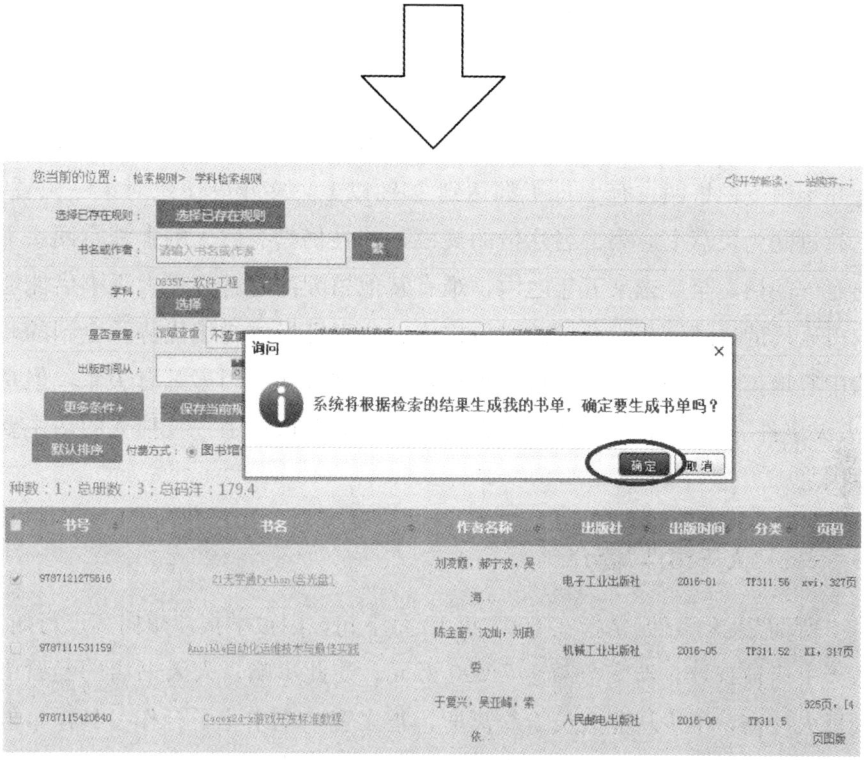

图 5-1　选书流程(五)

以上内容都是系统平台可以提供的功能，并且该系统能够通过一键共享多终端平台，方便快捷，实现书目信息获取渠道多样化、透明化，打破人为和自然信息屏障。对照原有图书采访软件构架，遵循用户体验，依据馆藏、经费、借阅量、采购意向等情况，智能分级筛选匹配，减少人为因素造成的采购短板，同时降低学习成本，易学易用，最终实现科学荐购馆藏的目标。

第四节　“人天事件”对馆配行业的影响

研究馆配市场，离不开北京人天书店，离不开“人天事件”。

北京人天书店有限公司(以下简称人天书店)成立于1998年，经过近二十年的发展，已经成为中国最大的民营图书发行公司和出版信息提供商，是中国馆配行业内的知名品牌。人天书店定位于为公共和高校图书馆提供专业化服务，服务范围包括中文图书、中文期刊、数据加工、专业图书策划，并为全国馆配市场提供全面、及时的出版信息服务。目前，人天书店近几年馆配销售额占有率每年都达到20%以上，多年处于绝对第一位置，已超过同为民营书店第二名几倍的规模，并且仍具有巨大的上涨空间，不出意外的话，至少未来五年之内，难有其他馆配商超越它。人天书店能够取得这样的成绩，与它合理的股份构成、北京良好的物流优势及全国的政治中心地位、出版社的集聚地、现代化的管理方式等因素都有关系，但是“人天事件”的发生，也是造就了人天书店目前在市场中一枝独秀的最主要原因之一。

一、“人天事件”简介

所谓“人天事件”是指在2005年10月下旬，因被举报涉嫌向客户行贿，人天书店被查处，涉案金额达7 000万元。受此影响，人天书店的经营受到极大冲击，不少从业人员纷纷离职，很多客户也中止了合作。具体事件是由一本记录着人天书店向合作客户给予回扣的明细账被有关部门查获所引起的。20世纪90年代末，在市场经济潮流的冲击下，不少机关事业单位热衷于创收工作，兴办服务公司，高校也不例外。作为无法直接从事经营活动的图书馆来说，一些图书馆打起了采购经费的主意，特别是在书店销售人员有意无意地引导下，“回扣”现象成了一种潜规则。复旦大学葛剑雄教授言称，如果按照图书采购圈内的潜规则，他一年至少拒收上百万元的购书回扣。2009年，复旦大学图书馆经费开支达到3 500万元，其中购买图书花费了3 090万元。通常情况下，假如书店以八折价格将图书销售给图书馆，图书馆按码洋与书店结算，其中两折的差价作为“回扣”再返给图书馆，留作图书馆或负责人的小金库。这里又分为两种情况：一种是图书馆账目清楚，将此款项报告学校，作为机动资金，用于学校或图书馆不便开支的地方，或作为福利发放给职工；另一种情况就是图书馆没有向学校汇报，将此回扣款私自截留下来，用于图书馆甚至被个别负责人直接拿走。据人天书店的“16年馆配浮沉史”记载，董事长邹进讲，当时没有意识到有问题，因为这是一个行业的潜规则，多数图书馆都是这样做，否则图书馆不给你业务，书店就会面临生存问题。

有关部门拿到人天书店的账目表后顺藤摸瓜，在整个图书馆系统中掀起一阵反贿赂风暴。各级检察机关统一行动，全国几百家图书馆牵扯其中，特别是对于直接将回扣款留给图书馆或负责人的单位和个人进行了查处，不少人受到了刑事处罚。实际上，人天书店的“回扣”事件不仅使人天书店受到调查，受此影响，整个行业的馆配商都受到或大或小的牵连。一些区域性的较大馆配商也被调查，与之合作的图书馆中，有不少人被追责。有传闻，当时举报者同样也遭到调查，受到处罚，后来退出了馆配市场。事件结束后，不少馆配商一蹶不振，人天书店经过整顿又重新发展起来，成为馆配行业的领先者。可以说，“人天事件”对馆配工作的健康发展，对其他馆配商的成长有很大借鉴意义。

二、“人天事件”对人天书店的影响

1. 企业发展方向明确

除了管理层高效、果断的决策与运筹外，确定好企业发展方向也值得其他企业学习。人天书店虽然馆配规模越来越大，也开拓了很多新项目，如电子图书、图书设备、图书软件、自营餐厅、招待所等，但基本上都是围绕着主营业务或文化产业方面发展，没有偏离经营主业。反观其他一些企业，业务发展到一定规模后，感觉自己干哪行都行，这山望着那山高，盲目投资其他行业，结果造成主业、副业都受到影响。

2. 经营资金运作稳健

人天书店能抵抗住“人天事件”的冲击，很重要的一点就是当时资金充足。事件发生后，不少图书供应商(出版社)担心资金不能及时收回，纷纷提前催款。这种情况下，很多企业往往会因资金短缺被挤兑破产。而人天书店为了信誉，争取做到及时付款，甚至有时还能提前付款，及时稳定了图书供应商的情绪，保证了货源的及时供应。可见，充足的现金流保证了人天书店的经营安全。

3. 历练了队伍

“人天事件”发生后，引起了人天书店员工的思想慌乱，不少人纷纷离职。患难见真情，在企业生死存亡的关头，也是最考验人的时刻，留下来的都是对企业有浓厚感情及对企业发展有信心的员工。“人天事件”结束后，人天书店又将受此事件被牵连的员工招纳过来，使得这批员工成了公司骨干，目前，人天书店很多部门经理都是那一批员工。经过“人天事件”，书店进一步检验了队伍，保留了人天书店的核心力量。

4. 企业获得整顿期的休养生息

“人天事件”对人天书店的经营造成很大影响，在被调查期间，馆配业务不得不暂缓下来，但同时也获得了难得的休整时间，企业可以反思工作流程中的不顺畅之处，认真考虑各部门人员设置的合理性，仔细考虑业务的成本收益比例，还可以健全、丰富企业文化。人天书店的理想是：将个人的追求融入人天的长远发展之中，将人天的发展融入员工的不断成长之中。人天书店倡导工作和生活的环境是：一个自由温馨、保护个人利益和尊重人的个性的环境；一个鼓励学习、鼓励个人发展和独立创新的环境；一个有激励机制、奖惩制度并提供社会保障的环境。从某种意义上讲，“人天事件”使得人天书店因祸得福。在整顿期，人天书店进行全面调整，休养生息。事件结束后，人天书店得以厚积薄发，一骑绝尘，远远将其他馆配商甩在后面。

三、“人天事件”对馆配同行的启示

目前，民营馆配商中，人天书店独占鳌头，2015 年 1～10 月馆配码洋合计 6.39 亿元，比 2014 年(5.19 亿元)同期增长 23.33%。2016 年，人天集团实现销售码洋突破 20 亿元大关，畅想之星电子图书销售金额 2 000 万元等任务目标。

目前仅按馆配业务计算，除了湖北三新公司，民营馆配商中业务量还没有码洋过亿元的，好的馆配商码洋多数为 3 000 万～6 000 万元(新华书店因为馆配业务与教材量交织在一起，难以区分，仅以民营馆配商为例)。在馆配市场中能名列前茅的区域馆配商实际上也多是与人天书店一起起步的，如重庆天泰(1999 年)、西安汉唐(2002 年)、天津高雷(1986 年)、安徽万品(1998 年)、江苏知识(1993 年)、河南天富(1996 年)、昆明新知(1991 年)、江西弘苑(1993 年)、山东中教(1993 年)、江苏华茂(1994 年)

等。仅有个别成立较晚的馆配商，如广东才华(2005年)、郑州日成(2007年)，近几年没有再出现较有实力的馆配商。人天书店是1998年成立的，而另外一些与其同期的著名馆配商却折戟沉沙，如成都世云、安徽儒林、湖北海天等。研究“人天事件”，结合人天书店的危机应对措施也给其他馆配商诸多启示。

1. 合理股份构成

目前，很多馆配商都是从20世纪90年代的个体书店发展起来的，都是个体经营，还有不少是夫妻店。从开始经营到现在，多数馆配商的经营时间都是十几年，个别超过20年。从个人来讲，很多馆配商的经营者目前已经拥有较高的物质基础，子女也多长大成人，已缺乏再发展的动力，再加上馆配业务的服务项目越来越多，利润逐年降低，使得经营者愈发吃力。另外，多数民营馆配商股份构成不合理，很多业务骨干还存在打工心态，没有形成合力共同发展。按企业管理模式讲，良好的股份构成，可以激发员工的工作热情，增强员工的主人翁意识，有利于促进企业的发展。现在个别馆配商也进行了股份改造探索，杭州大涵图书有限公司已改制完毕，成功上市新三板。这种转变对其他区域馆配商很有借鉴意义，而人天书店的合理股权构成奠定了其稳步发展的基础。

2. 健全管理体制

企业在高速发展过程中，往往不愿放慢发展步伐，为每年不断增长的业绩目标而抢夺市场，就像不断运行的车辆一样，只顾不断前行，不愿停下来做短暂休整维修，最终极易酿成事故。如安徽儒林和成都世云，当时也是与人天书店并驾齐驱的全国性著名馆配商，但其在高速发展期，没有进行内部休整，并且在“人天事件”发生后，过多地抢夺市场，没有考虑企业承受能力，忽视内部管理，以致在遇到一些小挫折后，竟一蹶不振，甚是可惜。而人天书店在被整顿期间，不得不自我调整，实际上也积聚了后期发展的动力。因此，“人天事件”对目前发展势头良好的馆配商也有很好的启发意义。规模大并不一定强，企业在发展过程中要处理好实力与发展的协调关系，稳步前进、稳步发展才是企业的经营之道。

3. 处理转型与产业经营的关系

企业发展到一定阶段，获得一定成功后，很多经营者觉得自己无所不能，这山望着那山高，四处投资，以期获取更多利益。实际上每个行业都有自己的特点和发展规律，外行很难了解。不少馆配商利用与出版社的账期间隔所产生的时间差，将资金投资于高收益行业，一旦投资失败，自己的主业便会受到牵连。如西北某馆配商将资金用于房产开发，受政策影响投资失败，不仅给出版社造成损失，自己也不得不退出馆配市场。企业一定要保证好正常的资金储备，有了规范的资金运行体制，认真做好主业，才能健康发展。

4. 时刻关注图书馆资源建设的转型与发展

加强图书馆与馆配商的合作是提高图书采访工作水平，完善图书馆馆藏资源建设的重要保障。在馆配市场，人天书店的发展得益于图书馆业内专家们的鼎力支持，如人天书店发展过程中受到国家图书馆、首都师范大学图书馆以及原中宣部出版局陈源蒸先生的帮助，使得人天书店得以更早了解馆配需求，先人一步。企业应时刻关注图书馆发展趋势，积极适应图书馆采编工作方式。在前期的馆配过程中，企业应积极提供编目及加工服务，搭建网络平台，提供书目信息、储藏分析信息服务，提供先进手法辅助设备等服务项目。如人天书店的“采书宝”手持选书器和电子图书销售平台，为下一步的纸电同步业务奠定了基础。人天书店不断探索新业务，已经走在了其他馆配商前面，值得其他馆配商认真学习。

5. 经营者强烈的敬业精神

作为馆配行业的领先者，人天书店没有停下前进的步伐。人天书店继续对每年度的优秀员工、优秀经理及先进集体进行表彰，并给予优秀个人、先进集体终身制奖金奖励。为了推广纸电同步业务，人天书店董事长邹进不辞辛苦，多次跟随推广部门亲自推介，现场演示。而反观一些有少许成就的馆配商创始人，则安于享乐，满足于眼前成绩，逐渐落后于行业领先者。

“人天事件”的发生，对人天书店既是损失也是变革的契机，通过此事件，公司获得调整时间，积聚发展动力，最终凤凰涅槃，重获新生。很多馆配商也吸取经验，完善自己的经营体制，以质量和服务取胜，净化了馆配市场的经营环境。在2012年，人天书店倡导成立“全国馆配商联盟”，获得多数馆配商认可，纷纷加盟，形成了馆配市场中的主流馆配商群体。全国馆配商联盟合作数据依托北京人天书店集团中盘数据平台统计，目前该联盟 2015 年有效客户(产生订单客户)为 400 余家，总码洋近 5 亿元。由此可见，在馆配发展历史上，“人天事件”必将留下最浓重的一笔。

当然，对图书馆来讲，最佳的服务模式还是全国性馆配商与区域馆配商相结合、民营性馆配商与新华书店系统相结合、规模化馆配商与精细化馆配商相结合。多种形式的服务体系有助于图书馆进行多种选择，增加自主权，避免个别馆配商形成垄断优势，“客大欺店”，破坏供需平衡。图书馆应有意识倾向国有企业和地方性馆配商一些，不能被少数馆配商所限制，杜绝书目屏蔽、价格垄断等现象的发生。结合“人天事件”后果，图书馆采访人员也应谨慎行事，不做任何法律所不容的事情，以质量和服务作为检验馆配商水平的首要标准，保证采访质量，使读者看到更好的图书，做好馆配工作。这也是“人天事件”对馆配工作起到的积极正面影响。

第五节　馆配商的竞争与合作

长期以来，馆配商经营都是各自为政，独自发展，只有少数馆配商抓住了历史机遇，通过完善的管理制度及人才优势逐渐成为馆配市场中的佼佼者。如北京人天书店有限公司、湖北三新文化传播有限公司等，特别是北京人天书店牵头组建了全国馆配商联盟，充分利用自身进货优势，与其他区域馆配商联合发展并取得了不错的成绩。反观其他区域馆配商则面临不少困难，主要表现在以下几方面。

(1)投标压力。区域馆配商虽然拥有地域优势，但与全国性馆配商相比，各个方面都还有很大差距。无论是人才结构、管理水平、创新水平还是进货渠道、图书成本，区域馆配商都没有与全国性馆配商抗衡的能力。另外，一些小型馆配商不考虑图书馆对质量及售后服务的要求，低价恶性竞争中标，中标后再通过一系列恶劣手段达到营利的目的。这种无序竞争的行为严重影响了区域馆配商的正常经营。

(2)管理压力。区域馆配商发展到一定阶段后，面临人才不足、管理瓶颈等问题，利润没有随着业务增长而提高，很容易止步不前。

(3)进货渠道压力。全国性馆配商联盟拥有良好的进货优势，其出售价格与出版社相比有很大优势，对区域馆配商有极大的诱惑力。同时，不少出版社既不调整对区域馆配商的销售政策，也不减少区域馆配商每年的任务指标，使区域馆配商陷入两难境地。

因此，建立区域馆配商联盟很有必要。其原因如下：

(1)区域馆配商一般都在各自区域内发展，之间没有直接的竞争压力，很容易在各方面达成合作。

(2)区域馆配商业务相近，可以相互学习各自的管理经验和营销措施，取长补短，提升企业的发展水平和竞争力。

(3)区域馆配商因为规模有限，和出版社合作的紧密程度也有差别。如果发挥好各个区域馆配商与不同出版社的合作优势，组建联盟，便能各取所需，互惠互利，争取到最大的进货优势，既将出版社利益最大化，也可以降低区域馆配商的图书采购成本。

(4)区域馆配商在代理数字产品时，可以利用区域联盟的优势，形成一股强大的销售力量，从而获得更好的收益。同时也能防止全国性馆配商实力过于强大，形成垄断市场。如果区域馆配商联盟成为出版社的另一支重要销售力量，便能与大型馆配商抗衡，保持市场的良性竞争秩序。

组建区域馆配商联盟对馆配生态链的健康发展起到重要的作用，在一定程度上能够调节图书馆、馆配商、出版社三者之间关系。馆配市场中也一直缺少一支这样的销售力量，所以说，组建区域馆配商联盟将有助于馆配市场的良性发展。

第六节　馆配工作中的文创产品开发

2016 年 5 月，文化部、财政部、国家发改委、国家文物局四部委联合下发《关于推动文化文物单位文化创意产品开发若干意见》(以下简称《意见》)的通知，要求图书馆试点单位尽快行动起来，做好文创开发工作。

图书馆的文创产品开发工作是伴随着国家对文化产业的日益重视而形成和发展的。在“十三五”规划中，明确赋予了文化产业新的历史使命，即“公共文化服务体系基本建成，文化产业成为国民经济支柱型产业”，文化产业首次被提升到支柱型产业的高度。2016年5月11日，国务院办公厅在转发文化部等部门《意见》时明确指出，“依托文化文物单位馆藏文化资源，开发各类文化创意产品，是推动中华文化创造性转化和创新性发展、使中国梦和社会主义核心价值观更加深入人心的重要途径，是推动中华文化走向世界、提升国家文化软实力的重要渠道，是丰富人民群众精神文化生活、满足多样化消费需求的重要手段，是增强文化文物单位服务能力、提升服务水平、丰富服务内容的必然要求，对推动优秀传统文化与当代文化相适应、与现代社会相协调，推陈出新、以文化人，具有重要意义。”“文化文物单位主要包括各级各类博物馆、美术馆、图书馆、文化馆、群众艺术馆、纪念馆、非物质文化遗产保护中心及其他文博单位等掌握各种形式文化资源的单位。文化文物单位馆藏的各类文化资源，是中华民族五千多年文明发展进程中创造的博大精深灿烂文化的重要组成部分。”兼具文化内涵和经济价值的图书馆文创产品开发与销售，应以满足观众文化需求和促进图书馆事业发展为出发点，抓住机遇自我提高，开拓创新，积极探索文创工作发展之路，适应转型期的文化消费市场，在文化产业的发展进程中发挥应有作用。

《意见》下发后，文化部办公厅、国家文物局办公室又下发了开展文创开发试点工作的通知，要求在国家级、部分省级和副省级博物馆、美术馆、图书馆中开展开办，在开发模式、收入分配和激励机制等方面进行探索，形成符合文创工作实际、具有较强实用性和推广价值的经验，带动文创工作的全面发展和提升。开发文创产品要弘扬“工匠精神”，深入挖掘价值内涵和文化元素，坚持艺术性和实用性有机统一，开发出更有内涵、更有温度、更有灵魂的文化创意产品，进而形成文化文物单位充分参与、文化驱动力充分释放、新技术新模式充分应用、地域特色充分彰显的文化创意产品开发体系。

文创开发是图书馆一项新的业务需求，馆配商应该顺应图书馆这一新的需要，为图书馆提供更好的个性化服务。如馆配商可以成立专门的文创开发部门，专门针对不同类型的图书馆确定不同的文创发展道路，开发出形式多样的文创产品。以下是笔者经过长期研究和多次实践总结出的关于馆配工作中图书馆文创产品开发项目的构想。

一、馆藏资源开发

(1)古籍资料整理。图书馆文创工作的实质是深入发掘馆藏资源，弘扬中华优秀传统文化，传承中华传统文明。因此，文创工作首先要充分利用馆藏资源。如国家图书馆下属单位“国家典籍博物院”，其主要文创产品就是古籍资料整理。一是与出版社合作出版中华医藏，充分发掘馆藏；二是珍贵馆藏的礼品制作；三是充分发挥专业技能，进行古籍修复方面的设备研发。另外古籍修复人员的业务培训，馆藏资源衍生品生产等都是文创开发的基础业务。

(2)借助“互联网＋”模式，大力加强馆藏的数字化建设。馆藏数字化不仅包括馆藏数字资源，还包括它的存储、管理服务系统。

(3)利用馆藏资源进行深度开发。如绘本的延伸服务，可以在读者阅读的基础上开办兴趣培训班及学习辅导班。武汉图书馆成立的武汉图书馆文化艺术培训中心，其学员按年龄层次、兴趣爱好划分，主要可以分为3～12周岁少儿培训、12～18周岁的初高中生的语数外等文化课教育、在岗人员的职业技能、外语及计算机等方面的培训以及针对室内装潢、注册会计师、教师资格、影视动漫等职业培训。

(4)开展文化旅游。结合馆藏优势，图书馆可以选用不同方式来开发文化旅游。在图书馆设立地方文献资料室；在景点开办馆藏宣传点，介绍景点文化；公共图书馆拥有大量的阅读空间，可以供游客休息和阅览；创办特色的文化休闲旅行社，吸引高品质游客参与文化休闲游，打造一条独特的文化之旅。如杭州西湖旁的文澜阁(浙江图书馆分馆)，在旅游胜地庐山也建有一座规模较大的庐山图书馆，重点收藏当地历史文化、民俗民物、社会经济、名胜古迹等各类型资源。图书馆通过挖掘、整合和建设数字化旅游文献资源，提供给旅游行业及用户，既让显性知识得以增值，也让隐性知识得以挖掘，实现了知识的传播价值。

二、业务模式创新与流程的软件开发

(1)图书馆工作模式的创新是开发文创产品的重要来源方式。如"杭州中心馆—总分馆"模式的创新服务，以杭州图书馆为中心馆，以区县(市)图书馆与街道、社区三级图书馆为总分馆，统一调配文献资源，统一服务标准，运行效果大幅提升。在"互联网+"时代，图书馆可以利用现代信息技术创新服务模式，同时开发相应的管理流通软件，并形成相应软件产品，如APP开发、微信服务等产品。

(2)利用科技力量实现图书馆文创产品的开发是各试点单位实现经济效益的重要手段之一。郑州日成图书有限公司采用"互联网+"思维，利用大数据分析，将图书馆采访工作流程的书目收集、整理、分类、剔除、书目排序等工序，通过计算机技术实现自动采访功能，并且还可以完成馆藏各项数据分析、院系专家及读者荐购、馆配商管理等服务功能，将科技力量与图书馆业务智能完美地结合起来，并形成新的文创产品。

三、图书馆出版服务与开发

在20世纪早期，商务印书馆与它所创办的东方图书馆通过出书、藏书相辅相成，成为馆社一体化的典范，是图书馆出版的雏形。另外，上海科技文献出版社依托于上海图书馆(上海科学技术情报研究所)所拥有的资源和技术优势，对馆藏资源重新发掘并加以整理出版，也成为馆社一体模式的典型。目前，很多图书馆已经将服务领域扩大到学术界，相当于承担了学术出版的工作，图书馆出版也会成为一种新型的文创开发产品。例如开放存取(Open Access，OA)出版，其方式包括建立开放存取资源的导航或整合平台(如南开大学图书馆的开放存取资源导航)、开放存取知识库出版(如北京大学期刊网与清华大学机构知识库)、开放存取期刊出版(如《知识管理论坛》)、资助开放存取出版(如高能物理期刊开放出版计划)、指导开放存取出版(如清华大学机构库的开放存取政策)等，这些都为文创工作参与图书馆出版服务与开发提供了一定的参考价值。

四、图书馆的创客空间服务

创客空间与图书馆战略具有内在的相关性，能够促进图书馆功能转向与角色重塑。图书馆发展创客空间应该践行坚持公益、体现平等、量力而行和旨在创新教育等原则。目前国家图书馆与上海图书馆等不少图书馆都开展了创客空间服务。图书馆通过开办创客空间，可以让创客体验真正市场环境下市场经济的运行规律，了解经济实体的发展状况，并通过有计划地引进科技型公司、艺术设计公司、文化传播公司等未来与文创开发有关联的经济实体，在创客空间中实现资源共享、信息互通，提高图书馆的文创开发水平。

五、建立全国文创工作资源共享平台

各级图书馆馆藏各具特色，种类繁多，在文创开发工作中一定要摸清家底，梳理思路，不能盲目跟风。对图书馆文创产品市场要进行调研分析，筛选出哪些馆藏是值得开发的、哪些馆藏是需要联合某些图书馆合作开发才能更加凸显价值的、哪些馆藏是已经被其他图书馆开发过的，要做到知己知彼，突出特色，不能面面俱到。比如有些馆藏文献资源的深度开发需要前瞻性的科学技术，以专业性的学术眼光对古籍进行鉴赏，而以图书馆目前的能力还达不到，不能将馆藏文化价值充分发挥出来，则可借助国家图书馆的文创平台来协助开发，以弥补部分图书馆文创开发经验的不足，合理有效使用文化资源。又如有些馆藏资源在许多图书馆都有分布，那么在文创开发过程中就需要剔除交叉重合的部分，保留符合现代公众需求的经典作品。图书馆之间应加强交流与合作，组建文创开发联盟，搭建共建共享服务平台，将可开发资源进行整合，以达到文化资源联合开发的目的。另外，在文创产品销售推广中，各图书馆也应摒除保护本土品牌的观念，打破地域壁垒，搭建渠道共享平台，加大文创产品的流通，以期更好发挥文创产品的社会价值。通过文创工作资源共享平台，可以使馆藏资源互通有无；可以了解各馆馆藏特点及品种、种类，以便开发个性产品；可以建立销售网络系统，便于产品快速占领市场，使平台共享的各试点单位合作共赢、共铸辉煌。

馆配商是为图书馆服务的，馆配工作也是围绕着图书馆的业务工作展开的，在新形势下，馆配工作理应配合好图书馆做好文创开发工作，积极投入到这项重大意义的事业中去，为文化创意产品开发贡献自已的力量。

第七节　图书馆文创工作给馆配商带来的机遇

文化创意包括文创产品和文创产业。文创产品是指创意源自文化的产品设计，通过文化器物自身涵盖的丰富文化底蕴，加以整合、分析、设计、重构，形成符合现代生活信息的形式，并探求其使用后对人们精神文明的提升与满足。文创产业是指借助人们的智力，充分运用新技术（如云计算、物联网、大数据等互联网技术）优化与整合文化文物单位馆藏的各类文化资源，形成高知识性、智能化、高附加值的产品，并付诸知识产权保护的产业。文创产品或产业往往是以文化、创意理念为核心，是人们的知识、智慧和灵感在特定行业的物化表现，具有高知识性、智能化、高附加值、强融合性、全面提升人民群众的文化素质等特征。图书馆文创工作是指图书馆依托馆藏文化资源，开发各类文化创意产品。这里需要强调的是正确理解馆藏的概念，图书馆馆藏资源是与一定历史时期的文献生产和应用方式紧密相连的，它包括图书、期刊、非正式出版物、论文、照片、电影、胶片、唱片、磁带、美术作品、缩微文献、计算机可读资料等各类型文献资源。它们是以不同的存在形式及载体方式记录了人类所积累和创造的知识信息。所以，图书馆馆藏不只是各类型文献资源的总和，而是包括精心收集、组织、储存等文献选择、利用形式和方法在内的具有特定功能的一种知识体系。“馆藏”不仅是代表资源内容本身，还包含资源的收集、整理、储存、应用等过程与应用形式。那么在文创开发形式上就要突出文创产品的多样化，以创意研发为核心要素，不能拘泥于以往临摹复制的单一文创产品类型，而从创意诞生之初，就应该考虑如何实现文化传播的“立体化”，如何全方位地用各种形式利用馆藏、开发馆藏，为实现这个目的而开发出各种创新的物质产品、软件、工具及工作模式。因此，开展图书馆文创产品开发工作，除了挖掘资源内容本身之外，也应认真研究对馆藏的利用形式，通过创意活动形成各类型文创产品，使文献资源更加方便、更加科学地服务于读者，达到挖掘馆藏的目的。

在国家大力发展文化创意产业的背景下，图书馆文创产业发展也受到了重视，但国内大部分图书馆的资金来源于政府财政支持，真正能投入到文创开发的资金往往有限。为了弥补文创投入的不足，多数图书馆采取引入公司模式对文创产品和文创产业进行整体规划。公司运营弥补了在事业体制下发展文创产业灵活性上的不足，使图书馆文创产业的发展在资金上得到了保障，其经营收入也能再次投入到员工福利、业务研究、展览、教育等图书馆的建设中，没有偏离图书馆公益性的方向。馆配商作为图书馆的服务商，也应该抓住图书馆文创工作这一发展需求，认真研究《意见》内容，积极为图书馆提供文创产品开发计划。如《意见》中指出“推进文化文物单位各类文化资源的系统梳理、分类整理和数字化进程，明确可供开发资源”。按此要求，馆配商可对公共图书馆的特色文献资源和高校图书馆专业性、学术类文献资源进行系统梳理、分类整理，形成数字化资源，为图书馆提供更深层次的文献服务。《意见》中指出“要鼓励依托高新技术创新文化资源展示方式，提升体验性和互动性”，这给文创产品工作提供了一个新思路、新视角，即提升体验性和互动性的新型文化资源展示方式、创新的多种载体和表现形式也都是文创开发。比如深圳市科图自动化新技术应用公司于 20 世纪 90 年代在全国率先研发出的 ILAS 管理系统，改写了我国图书馆长期依赖国外进口软件的历史，图书馆自动化集成系统大幅度提高了工作效率。又如 RFID 自助借还系统通过结合无线射频识别、计算机、网络、软件以及触摸控制操作技术的方式，实现对安装有电子标签的多本图书同时进行借、还书操作，使图书馆从之前的人工借阅模式变革到机器自助借阅。如上海图书馆的创客空间通过提供书籍、资讯和信息，提供创造的工具，激发创客的创意灵感，引发思维的变革，使得公共图书馆真正成为一个馆内历史资源与创客们开拓的思维相互融合，迸发创意的场所，有效地利用图书馆各项资源，促进文创工作的开展。这也给馆配商一个启发，现在图书馆的空间价值越来越突出，馆配商可与图书馆合作，进行空间再利用，塑造图书馆新的功能体系。除此之外，文创工作还可以包括图书馆出版服务与开发、馆藏及读者信息数据发掘分析与智库服务、建立全国文创工作资源共享平台等多种形式，这都为馆配商提供了大量的机会。

一、利用好图书馆特色馆藏资源

馆配商服务的图书馆各式各样，在选择图书馆文创开发项目过程中应理清思路，分析各类型图书馆特色，不能盲目跟风。如省级公共图书馆集合了各县、市优秀特色资源，集中保存了与当地民众生产生活、社会风俗有关的历史资料。在文创开发过程中，馆配商应特别注重省级图书馆的特色馆藏资源。所谓特色馆藏即其他图书馆都没有的，独一无二的，具有宝贵的社会价值、研究价值及文化传承价值。特色馆藏主要包含以下几个方面：①地方特色文献。地方特色文献详细记录了与当地有关的一切知识，具有鲜明的地方性、资料的原始性、形式的广泛性、内容的时代性等特点，它完整地保存了地域发展的真实面貌，是区别于其他地域的原始凭证。馆配商可根据省级图书馆所辖范围内的地方文献资料留存情况，进行系统梳理，建设该省地方文献联合目录合作平台。这一方面可以方便当地地方文献的管理与查询，另一方面也为全国地方文献资源的整合做好对接工作。②自建专题数据库。专题数据库既可以对馆藏资源进行再次开发利用，又能够快速提供支撑其他各个项目管理所需的数据信息，是《意见》中推进文化资源数字化进程的重要手段。目前，部分省级图书馆已建立了多项特色数据库。如湖南省图书馆自建的特色馆藏潇湘人物、湖南家谱、毛泽东著作版本室等数据库。黑龙江省图书馆的寒地黑土农业技术开发利用、北大荒专题、第二次世界大战的终结地等特色数据库。馆配商可以和图书馆合作开发专项数据库，也可自主开发并提供后期的维护管理。③古籍善本。古籍善本具有“足、精、旧”的特点，时代下限一般确定在乾隆六十年，兼具文化底蕴与收藏价值，一向被各个图书馆视为珍宝。如陕西省图书馆的清雍正铜活字印本《古今图书集成》、江西省图书馆的南宋周必大的吉州刻本《欧阳文忠公集》(存三十卷)、河南省图书馆的明刊《李卓吾先生批评西游记》等皆属国内珍本，应该好好开发利用起来。古籍开发，其中一个重要的方式就是数字化。将古籍纳入数据平台后，无论专家学者还是普通大众，都可通过网络便捷地认识古籍、亲近古籍，从而更好地理解与传承优秀传统文化。古籍数据库建设或数字化出版，是一项文化工程、系统工程。在体制上，国家出台的相关政策应更加注重更大范围的共建共享，避免成为某一地域或某一系统的利益专享，进而减少国家从不同地域、不同系统、不同单位单方面开展造成的实质性重复建设。在数据库建设、使用方式上加以区别管理、区别对待，从而实现既全面、有效地传扬优秀传统典籍，又有效地维护各方利益，促进中华文化传承水平的大幅提升。目前，在行业标准上，各单位或机构出于自身利益的考量，各持一套标准，阻碍了资源共享与便利使用。对此，应在国家层面加强领导，加大投入，统一规划，避免浪费，降低门槛，扩大受众面。馆配商应根据我国古籍数字化的目标和任务，建立可被各数字化主体接受并认可的行业标准规范，以便共同遵守。在具体实施的过程中，馆配商应与各古籍出版社和古籍收藏单位密切联系，加大协作力度，利用各自的资源优势和技术优势，走资源与效益共享之路，推动中华传统典籍的科学保护与有效利用。

二、创新图书馆工作模式

工作模式创新是图书馆传统的服务提供方式向移动化服务、数据化服务、智能化服务方向转变的重要方法。工作模式创新一般通过整合资源、高科技技术、先进设备等综合手段颠覆传统的工作模式，以期达到服务便利、高效的目的。如杭州图书馆采用的“中心馆—总分馆制”工作模式，采用统一的技术平台，通借通还的理念，建立以市馆为中心，区县(市)馆为分中心，乡镇(街道)、社区(村)为基层点的公共图书馆四级服务网络，其目的是运用“一证通”借还书体系实现在组织架构内任何一家基层网点共享联盟馆内所有文献资源。同时建有城市生活主题分馆、音乐分馆、佛学分馆、盲文分馆、棋院分馆等多个专业性分馆。杭州图书馆的总分馆制模式通过整合区域内各级各类图书馆资源，加快了资源流通的范围，改变了图书馆单一化的局面，解决了基层图书馆杂乱无序及资源匮乏的问题。如内蒙古图书馆推出的“彩云服务”，搭建集“借、采、藏”一体化服务管理平台，打破了图书馆、书店、读者之间的数据壁垒，将图书馆的借阅服务延伸至每个书店，无限扩大了图书馆的物理空间。同时使读者变成了图书馆文献资源的决策者，转变了传统的自上而下的单一供给方式，建立自下而上的公众弹性需求表达机制，极大地提高了新书的流通率。

图书馆工作模式创新有两种方法，一是图书馆自发变革，二是被动接受，由市场提供。但是不管图书馆采用哪种方式，馆配商都可切入其中。图书馆自发变革过程中需求也在不断升级，这就需要馆配商顺应图书馆新的需求，提供新技术和新服务。同时，馆配商也应把握图书馆的发展方向，主动研发前瞻性产品，引导图书馆不断创新。

三、研发业务流程实用软件

馆配商可根据图书馆各个部门的工作特点研发智能化系统软件，如联机编目管理系统、采编中心管理系统、馆际互借、ILAS总分馆、ILASⅢ数字图书馆系统、图书馆联盟云服务平台等，以提高图书馆工作效率，降低劳动成本。ILAS系列产品就是围绕着图书馆日常工作需要开发出的各种集成化信息系统，大大提高了图书馆的工作效率。有一定资金实力和技术优势的馆配商可以根据图书馆业务流程研发实用性管理软件，既能加强与图书馆的深度合作，又能提高馆配商的研发水平，避免同质化竞争，与其他馆配商拉开距离。

四、为图书馆文创工作打开销售通道

我国公共图书馆的馆员一般要求必须具备图书情报知识和计算机知识。文创开发工作则需要馆员必须具备创意形成过程中需要的创新、设计能力，最为重要的是对文学作品的鉴赏能力和把握读者心理需求的分析能力。但我国现有图书馆馆员很难达到这个要求。为了满足文创服务的人才需求，公共图书馆可以借助外部力量，将文创工作过程中涉及的市场推广等非核心竞争力的业务外包给馆配商，因为馆配商不仅有成熟的管理运营经验，还有一定的市场基础，稳定的客户渠道。所以在文创开发工作中，馆配商应积极发挥自身优势，为图书馆文创工作推广贡献自己的力量。

总的来说，图书馆文创开发工作的核心是：发挥图书馆资源、技术、空间、人才等要素的作用，开发出形式多样、特色鲜明、富有创意、竞争力强的文化创意产品体系。这为馆配商与图书馆的深度合作提供了良好的机会。馆配商应结合自身实力和特点，从为图书馆提供传统的服务转向以文创创意为特征的新型服务，加快文献服务、信息服务向知识服务、智慧服务的延伸与深化，全面提升图书馆支撑文化与社会发展的能力，增强图书馆的服务功能与服务效果。

第八节　业界同仁科研成果简介

通过中国知网(CNKI)全文数据库选择高级检索，输入检索条件，篇名为馆配，精确检索，获取了386条结果。

最早文献为2006年11月25日《出版参考》发表王化兵的《馆配市场三方博弈　数字浪潮推波助澜》一文。

王宁认为，“馆配”就是图书馆采购装备之意。

王晓光认为，馆配市场至少还存在着两大痼疾：中盘代理商整体素质偏低、信息网络平台缺失。

张晓华认为，高校图书馆馆配业务是大型零售书店营销的重要渠道之一。多渠道销售有助于图书销售企业发挥统一平台的资源优势，合理分摊渠道成本和费用，以实现最大化的销售业绩。

潘锦晖认为，由于馆配图书品种规模大，单品种书数量少，作为生产商的出版社因不具备品种规模和专业化服务，没有直接进入馆配市场，都是通过新华书店和民营馆配商作中介完成馆配工作。

吴利萍认为，处于图书分销市场中的馆配商为争夺图书馆这个大客户，纷纷参与图书馆组织的竞标。在图书买方市场的今天，馆配商采取何种竞争策略才能中标并且成为长期供应商是本文的研究重点。

俞欣认为，作为馆配市场供应链的主体，图书馆、馆配商和出版社在市场的不断发展过程中，逐渐呈现出不同主体之间的博弈关系，三方只有在各自不同的职能和定位中找准方向，努力完善各项配供工程，才能促进市场的全面与协调发展。

尚庄对馆配市场的历史和现状加以关注，指出目前的馆配市场还存在着非理性无序竞争、同质化现象严重和书目数据不规范等问题。及时跟进新的采购方式、看重馆配商的服务质量、在合作中与馆配商建立共赢关系是图书馆的科学应对之策。

崔波对高校图书馆的馆配特点、高校图书馆和馆配商的合作进行了分析，认为高校图书馆和馆配商的互利共赢条件已经具备，并会逐步走向现实，同时对高校图书馆和馆配商提出了有益的建议。

黄金凤认为，研究民营馆配商的生存与发展问题有利于图书馆在文献资源建设上未雨绸缪、科学应对。该文分析了金融危机下馆配市场的发展变化，剖析了民营馆配商在图书馆藏书体系中的地位、面临的困境及对馆藏书建设的潜在负面影响，并提出了图书馆的应对之策。又从馆配商诚信缺失的表现形式入手，剖析了诚信缺失产生的原因及其危害，并提出了解决的办法。她认为，研究民营馆配商的生存与发展问题是图书馆科学应对、做好藏书建设的重要课题。文章分析高校教学评估后馆配市场的发展变化，剖析民营馆配商面临的主要问题，并提出若干对策。另外，她还认为民营馆配商经历形成、快速发展和平稳发展三个阶段，在促进图书馆采编业务重构进程、加快新书上架速度、拓展图书采选渠道、创新馆配供书模式等方面产生积极作用，也存在馆配服务缺失、抗风险能力弱等问题。图书馆应研究民营馆配商的演进及其运行规律，慎重选择合作伙伴，加强对合作馆配商的监督管理，把潜在的风险降到最低程度。

黄丽霞从目前国内馆配商的基本情况入手，结合高校图书馆的特点，分析了高校图书馆在馆配商选择方面面临的问题和相关的解决策略。

王郁葱、周国华通过分析不同馆配商提供的采访数据，研究采访数据差异对图书馆采访工作的影响和存在问题，探讨提高馆配商采访数据质量的策略。

时冬梅认为，馆配市场的发展对高校图书馆采访工作起到了积极的推动作用，但由于存在非理性竞争、不熟悉图书馆业务、履行合同不到位等问题，给馆配市场的发展带来了消极的影响。作为高校图书馆应积极研究馆配市场，准确选择馆配商，与馆配商友好合作并进行客观公正的评价，为高校图书馆营造一个健康有序的采访环境。

庞丽川通过对馆配商八个方面的能力评价分析，提出高校图书馆应通过对馆配商综合能力的评价，自主选择与诚信度高、业务规范、服务一流且具有一定规模的馆配商合作，扩大图书选择范围，保障馆藏文献的科学性、系统性和持续性。

乔丽通过对馆配图书市场的历史回顾、馆配市场商业特征的分析，揭示馆配市场在中国现阶段形成和发展的必然性、继续存在和不断扩大的可能性，并针对出版发行工作提出一些思考和建议。

吴民、王新卫认为，高校图书馆应消除馆配市场信息传递过程中出现的信息错位，并提高对出版信息的关注度，优化采购方案，科学合理地解决馆配市场采购中遇到的难题。

李圆圆、吴玉荣探讨了将层次分析法引入图书馆馆配商评价机制的可行性，并对其评价过程进行了演示，对应用中的注意事项进行了强调。

杨遵民阐述了民营发行渠道介入馆配市场的构建意义，探讨民营发行渠道介入馆配市场的平台构建方略，并对该平台构建过程中可能出现的问题提出对策，以期促进民营发行渠道的进一步系统化和规范化发展。

何皓认为对出版社而言，必须了解馆配供应链及其成员特征，认真研究馆配市场运营模式特性，才能取得理想的效果。简而言之，出版社应从产品、馆配商、图书馆、信息服务四个方面做好馆配工作。

丁金龙针对中文图书采购市场上的馆配商及其馆配市场进行了分析，并主要就在高校采购招标环境下的馆配商的竞争与发展导向战略提出了对策。

周燕妮认为，目前我国探索发展中公共图书馆书刊文献馆配情况尚存在不少值得研究的问题。旨在通过专论分析中国目前公共图书馆馆配情况，提出出版社及馆配商应该如何各自努力、互相合作，并如何从各方面提高图书质量和馆配服务水平，使公共图书馆更好地实现各种职能，以推动全民阅读，使全社会民众共享阅读乐趣。同时还编发了有关示范文章，以便为业界提供如何从出版社、具体图书产品和作者信息角度来加以推介和导读，共同为推动社会成员个体的阅读行为，乃至整个时代的阅读氛围而努力。

赵淑芳认为，高校出版社要抢占市场先机，需要根据本社图书的特点，有针对性地建立直接面对终端客户的图书宣传推广和服务功能；与信誉好、实力强的中盘商进行有效的合作；要整合出版社的优势资源，提高营销人员的素质，强化精细化服务意识，进而强化与采编人员和教师之间有效沟通的服务机制。

党卫红、王蕾认为，馆配图书供需链是指图书从出版社出版后，经过馆配商送到图书馆用户的供需过程。在此关系链中，出版社是整个图书馆配工作的源头，图书质量的好坏直接影响着图书馆的藏书质量。图书馆是馆配服务链的终端，也是图书发行的最终用户，同时也是馆配商的服务客户。

刁慕戈、倪海涛认为，在图书招标采购中，图书馆力争以最合理价格买到满意的图书，实现资金效益最大化，而中标的馆配商则追求利润最大化，意图以最小的成本履行合同，二者利益明显存在冲突。图书馆和馆配商为实现各自目标而各尽所能，效果体现在馆配图书质量上，馆配图书质量高低取决于它们之间利益博弈的结果。因此，图书馆应采取合理的评标标准，尽可能避免“最低价中标”导致合同不完全履行现象发生，并严格验收程序，杜绝不合格图书进馆，以期获得理想的图书采购质量。

朱胜龙认为，有序的市场规则是发展出版产业的基础，也是培育出版物市场竞争主体的必备条件。

李锦秋分析了当前馆配市场中新华书店、民营书商以及馆社直供商三类图书馆馆配商的优势和劣势，指出了高校图书馆与馆配商在书目提供、分类编目、图书加工、图书上架等合作过程中出现的问题，为使合作双方互利共赢，提出了相应的对策。

孙元睿认为，为更好地建设图书馆的文献资源，采访人员煞费苦心地进行各种图书采购、现采、预定，开拓网络购书渠道，目的只有一个，购买最适合图书馆的图书，并保证到馆上架，所以，图书馆的到书率就显得尤为重要，控制好到书率，就提高了采访工作效率和图书馆服务水平。

肖竹青概要地评述了馆配市场的历史及发展现状，指出馆配市场目前存在着因高校教学改革带来的压力，馆配商存在非理性无序竞争及诚信缺失等问题。为了应对诸多问题，馆配行业应注重重点出版社及品牌出版社的新产品，实行专业化的服务，加强馆配行业合作，通过多渠道促进馆配工作发展；高校图书馆应该选准馆配商，及时跟进新的采购方式，分散对馆配商的依赖，注重馆配商的服务质量，做好招标工作，客观公正地评价馆配商，同时提高馆员的业务素养等。

肖军介绍图书馆图书采购相关信息，提出馆配营销策略。

甄薇认为图书馆在选择馆配商时需谨慎仔细，充分考虑影响馆配商选择的三种因素，注意四项原则，提出了图书馆选择馆配商的标准、图书馆文献采购的建议以及馆配商综合评价的指标体系。

李伟利用数据处理软件对两个馆配商提供的2010年和2011年两年书目数据和订购数据进行批量统计，得出馆配商书目数据重复比例、类别分布以及当年新书比例等情况，给出订购图书到馆周期及其到馆率，并对两个馆配商的采访数据进行了对比分析。文章还对两个馆配商图书的入藏、流通情况进行了跟踪统计与分析。

张勇认为，独立学院的定位决定了其图书馆应奉行小而美的特色办馆理念，而该办馆理念离不开馆配商的大力支持。馆配市场经过多年发展已经日趋规范，独立学院图书馆只要仔细考察，从实践出发，遵循一定的流程，就能与馆配商互惠互利，实现共赢。

陈大莲认为，关于图书馆与出版社信息沟通的研究有助于提升图书馆文献资源建设的质量和内涵。基于腾讯QQ平台出版社馆配QQ群的调研，结合图书采编工作的具体实践，揭示馆配QQ群在为图书馆提供书目信息服务、促进业界沟通、防范馆配商的不良行为等方面的具体应用。出版社通过把全国各地的图书采访人员集中到QQ群这一网络平台，不仅有效地提高了本社图书在馆配市场中的占有率，同时也促进了图书馆界业务经验的互鉴与信息资源的共享，馆社携手对馆配商的动态监管也有效地提高了专业图书的到馆率。出版社还需加强对馆配QQ群的优化，进一步实现馆社双赢。她又结合当前的馆配会存在着数量多、频率密、效益低、同质化等问题，提出应规范市场秩序，对馆配会进行必要的引导和整合，并搭建图书馆、出版社、馆配商三方共享的出版信息发布平台，从而推动馆配市场健康、有序发展。

向阳从馆配图书订单数据统计相关概念出发，以东北大学出版社部分馆配图书订单数据为例，从订单满足率、订货图书所属学科、订货图书用途、订货册数等多个角度进行数据统计分析，论述了馆配图书订单数据统计分析具有了解发行动态、策划图书选题、有效利用资源的作用。

苏振才通过探究馆配会形式单一、采购成本居高不下、不正当低折扣竞争这些弊端产生的根源，提出了出台发货折扣的指导性意见、大力压缩过多过频的馆配会的近期治理举措，以及出台服务体系指标、建立馆配行业满意度评价体系、重视品牌建设等长期目标。

邹蓉蓉认为，馆配行业多年来稳中有升，已从原来的附属地位一跃进入业内重点领域，成为出版发行业的重要销售渠道。馆配行业自身存在许多有待解决的问题，如以现采为主导的采购模式使得产业链成本居高不下，过多的馆配会让馆社商三方疲于奔命，低价竞标使一些馆配商难以为继，数字出版投入大于产出等。对此，需要完善书目数据，搭建行业馆配会公用平台和电子出版物馆配交易平台，发挥全国馆配商联盟的作用等。

宋旅黄依据850所采样图书馆入藏的2005—2014年出版的中文纸质图书数据的资料进行统计，分析了目前我国馆配市场的竞争格局分布，地方社与京版社的馆配市场份额变化趋势以及差异，认为京版社与地方社馆配具体差异表现为图书定价、单品种馆配册数、馆配结构、馆配新书更新率等方面，据此提出地方社相应的馆配市场策略。又由纸质中文图书整体馆配市场的概况分析，以及各类型图书馆的入藏情况按图书价格、平均复本、新书入藏率、馆藏结构、核心出版社的对比分析可得，我国图书馆应采取以下措施优化纸质中文图书馆藏建设：以文献利用率为导向建立有效可行的馆藏测评机制；将用户需求原则贯穿馆藏资源建设各方面；确定好各个学科的核心出版社和核心作者等。

王福认为，目前我国还没有专业化、专门化的蒙古文资源馆配中心，也没有成熟的蒙古文数字资源平台。蒙古文资源馆配中心的建设受采访、MARC数据、业务拓展及物流配送等因素的制约。内蒙古地区具有建设蒙古文资源馆配中心及数字资源平台的天然优势：拥有众多蒙古文出版社；内蒙古新华发行集团具有发行优势；各类型图书馆具有强烈的资源需求并可提供技术支持。

祖迪对两家馆配商专题书目的现状进行比对，提出馆配商应该将采访书目精细化形成常态性工作，使专题书目主题更多元，书目质量更高，对象更有针对性，操作更便捷，从而更好地提高书目精细化服务质量。

杨淑琼、张俊慧简要概述馆配市场的兴起、发展和当前的特点以及馆配市场存在的问题，并提出了馆配行业与高校图书馆的应对措施。

崔颖认为，近年来，在图书市场整体不景气的背景下，馆配市场却仍然保持着增长的良好态势。探讨了市场化程度最高的大众与少儿类读物在馆配市场的表现以及大众与少儿类出版社如何在竞争日益激烈的馆配市场分得一杯羹。

余侠通过对我国 10 家优秀出版社网站馆配数据获取途径及两次调查结果的比较，指出我国主要出版社对网站馆配数据的重要性认识不足，数据存在获取障碍、更新速度慢、模块名称与书目格式各异等问题，提出把网站馆配数据建设提高到出版社营销战略高度、构建营销服务体系、科学合理设置网站类目、取消不必要手续、注重数据的格式与更新速度、构建统一的国内书目数据平台等对策。

胡燕在分析恶意低价中标内涵的基础上，详细地剖析了恶意低价中标馆配商的操作方法，指出在招标前图书馆应制定防范条款，搭建多方参与的信息共享平台，中标后应采取提高履约保证金，制定有利于招标方的供货期限，远离恶意低价中标馆配商书库与书目，规避馆配商恶意低价中标的风险。

顾洁认为，数字阅读正在成为大众阅读的主要趋势，图书馆对电子图书的需求成为新常态。但超星、书生、方正等几大主要馆配电子图书平台却数据更新缓慢，很难提供最新纸质同步电子图书。因此通过梳理中文电子图书发展脉络，发现馆配电子图书市场存在的问题，就馆配电子图书产业链条上的馆社商三方主要力量，分别指出其需要适应的角色变化。即图书馆需要专业化的数字资源、出版社要专注专业领域内容价值的发现，馆配商要转型升级，促进纸质与电子资源加速融合。最后对中文电子图书产业链各方如何树标准、促合作，做好内容创新、平台创新、盈利模式创新、服务创新等各项工作提出了有益的建议。

刘丽艳认为，加强图书馆与馆配商的合作是提高图书采访工作水平，完善图书馆馆藏资源建设，既而满足读者需求的需要。从实际业务工作和合作机制两个方面分析了图书馆与馆配商合作中存在的问题，通过延伸采访职责，对天津图书馆与馆配商的合作机制进行改革与创新，提出了加强图书馆与馆配商合作的建议。

宋玉艳根据馆配市场发展的统计数据，预测分析未来馆配市场发展的走势，试图通过分析馆配市场的发展对高校图书馆选书的内在联系，得出馆配市场的发展对高校图书馆选书的启示。

余侠通过对全国百佳出版社网站馆配数据现状的调查分析，指出我国出版社网站馆配数据存在普及率低、类目层级及类名设置不够科学、数据类型不适宜、数据更新速度慢等问题，从观念、体制、成本三方面分析影响出版社网站馆配数据建设的因素，提出从思想上重视网站馆配数据建设、提升网站馆配数据建设的普及率、提升网站馆配数据的便利性、加强数据规范化建设、注重数据的时效性以及构建网站馆配数据的长效机制等对策。

杨淑琼从沟通交流机制、协作发展机制、互惠双赢机制三方面进行探讨，旨在两者博弈中求合作，合作中求发展，互惠双赢，实现图书馆馆藏资源的优化与发展。

张美莉以高校图书市场的购书特点为切入点，总结了馆配市场目前存在的主要问题，并提出了高校图书馆在馆配商选择方面的相关策略，以期为业界提供参考。

娄冰从馆配商发展角度，对馆配商的产生、现在与未来进行论述。馆配商伴随着改革开放的深入化，从起初的国营垄断，到民营占据主要市场份额，再到后来的公办、民营馆配商的势均力敌，逐渐成为出版社与图书馆产业链中的重要组成部分。随着数字资源对图书馆影响越来越大，未来出版社和图书馆也不断为适应读者需求而转型变革，作为馆配商也要顺势而为，做数据信息整合商和智慧图书馆建设的配套供应商，才能在竞争中立于不败之地。

闫静怡、夏岩石分析指出，非对称信息存在是制约图书馆采访工作的主要障碍之一，从采访人员综合素质、建立优质荐书平台、设立多重激励措施等方面入手，提出了改进措施，来减少非对称信息对高校图书馆采访工作带来的影响。

沈秀琼认为，在馆配市场规范化程度越来越高的同时，高校图书馆与馆配商应跳出零和博弈的怪圈，为双方“蓝海战略”的形成创新思路。馆配商应通过调整招标竞争策略，创新馆配供书模式，拓展书目信息服务内涵，提供专业化、特色化服务，加强客户关系维护，促进图书馆与出版社的黏合，为开创“蓝海”储备条件。图书馆则应完善招标工作，遴选优秀馆配商，选择恰当的采访模式，搭建图书采选与服务一体化平台，寻求与出版社的合作，加强交流与互动，提高采访人员的业务素养，创造本馆资源建设的“蓝海”。

王欣妮、云玉芹、汪海认为，Web 2.0 在馆配服务中起着重要作用，从馆配信息基本情况介绍、构建纸书馆配平台、构建电子出版物馆配交易平台、设置学术性新书动态板块以及人才培养板块五个方面，构建起基于 Web 2.0 的馆配信息服务平台。为维护平台的有效运行，分别从制度、功能及内容三个方面提出保障措施，以期对 Web 2.0 在馆配中广泛而深入的研究及应用有所启示。

丁璇、孔超以高校图书馆馆配商为研究对象，在梳理相关评价研究的基础上，确定评价体系指标，并用层次分析法与熵权法相结合的主客观组合赋权方式，确立馆配商服务评价体系的权重，构建科学的馆配商服务评价体系模型，并针对评价结果进行分析。同时对于未来馆配商可能涉及、推广的数字化服务进行调研，从图书馆的角度对其可行性进行探究，并给出指向性建议。

于新国认为，区块链技术为高校图书馆自馆配数字化文献资源建设提供了重要的理论与技术支持。文章以高校图书馆整本 OA 电子期刊资源建设为例，对区块链技术及其在图书馆馆配数字化电子文献资源建设中的应用，图书馆自馆配数字化电子文献资源建设的含义与意义，高校图书馆自馆配整本 OA 电子期刊资源建设的优势，高校图书馆自馆配整本 OA 电子期刊资源的来源及获取方法进行了研究。

于新国、江波从图书馆自馆配开放获取整本电子期刊资源建设的含义与条件，图书馆自馆配开放获取整本电子期刊资源建设的新颖性和完整性建设，学科性和品种性建设，历史性和原貌性建设，以及区域性建设等方面，对图书馆自馆配开放获取整本电子期刊资源建设类型进行了研究。此项研究结果对于图书馆自馆配开放获取整本电子期刊资源建设具有重要的参考价值和实际借鉴作用。

喻莉君、杨玉麟、曾淑芬以我国图书馆馆配问题为研究对象，从供应链的“三流”：“资金流”“信息流”“物流”中引申出适合馆配供应链的“服务流”，结合图书馆馆配业务的主要流程设计馆配供应链服务流，以实现图书馆馆配供应链的正常有效运行。

张雪冰、李清林、蒋小华介绍了合作共赢的博弈论，而后对影响馆配市场发展的因素进行了论述，最后对馆配市场中的三方博弈关系和实现共赢发展的策略进行了探讨，对于未来我国馆配市场的发展有一定的指导意义。

关于图书，茅院生主编《见证：中国馆配行业十年》，由2016年华文出版社出版发行。这本书全景记录、反映了中国馆配行业发展的黄金十年，收录了2006—2015年全国馆社高层论坛上领导和专家的主要观点，《图书馆报》刊发的馆配行业的重要事件、重要研究和重大思考。

黄金凤编著了《民营馆配商与图书馆藏书建设》，由2011年华文出版社出版发行。这本书从民营馆配商的演进历程入手，较为系统地论述了民营馆配商在市场激烈竞争的环境下，如何紧跟图书馆藏书建设的时代脉搏，更新观念、细化业务、创新服务等问题，深入剖析民营馆配商在多元化馆配市场条件下面临的挑战，以及对图书馆藏书建设产生的影响。

另外，一些报纸如《中国出版传媒商报》《新华书目报》《中华读书报》《中国新闻出版广电报》等陆续刊发大量有关馆配工作研究的文献，值得大家参考与借鉴。

附　　录

附录一　部分知名馆配商介绍

一、全国性民营馆配商

1. 北京人天书店有限公司

北京人天书店有限公司成立于1998年，主要从事图书、期刊、报纸、电子出版物的批发、零售业务，主要定位于为公共图书馆和高校图书馆提供专业化服务。服务范围包括中文图书、中文期刊、数据加工，并为全国书市提供全面、及时的出版信息服务。2016年图书期刊销售码洋近20亿元，稳居馆配市场第一。并且牵头成立全国馆配商联盟，开展中盘批发业务。

2. 湖北三新文化传媒有限公司

湖北三新文化传媒有限公司总部位于武汉东湖高新技术开发区，成立于1998年。服务范围包括中文图书、中文期刊、数据加工、馆藏数据分析、大中专院校教材、专业图书策划、数码印刷等，并为全国图书市场提供全面、及时的出版信息服务。目前在民营馆配商中销售码洋位于全国第二。近年来，逐渐向电子图书方向发展。

二、新华馆配商

1. 浙江省新华书店集团有限公司

浙江省新华书店集团有限公司是一家国有独资的出版物发行集团，从事省内外出版物连锁经营、出版物批发及相关综合服务，并建有博库网、浙江新华书店网两个电子商务网站。2014 年全省系统实现销售 118 亿元人民币，位居全国新华书店前列。

2. 江苏省新华书店集团有限公司

江苏省新华书店集团有限公司成立于 1985 年，由江苏省新华书店改制而成。主营图书发行、音像制品、图书用品的销售等业务，其中馆配业务在江苏省馆配市场占有重要地位。

3. 上海新华传媒连锁有限公司

上海新华传媒连锁有限公司成立于 2006 年 9 月，其母公司上海新华传媒股份有限公司是中国资本市场第一家通过“股权收购＋资产置换＋股改”同步操作的上市公司，是中国新华书店上市第一股和中国出版发行类传媒公司上市第一股。

4. 广东新华发行集团股份有限公司

广东新华发行集团股份有限公司成立于 1999 年 6 月，前身是广东省新华书店，为全国首批发行体制改革的 3 家试点集团之一，是广东省国有控股的出版物发行龙头企业集团、省重点扶持的七大文化产业集团。作为连接出版社与图书馆的纽带，广东新华发行集团的春秋两季馆配会已连续举办七届，2014 年馆配图书销售达 1 亿元人民币，连续几年实现快速增长，已成为广东最有影响力的专业馆藏订货会。

5. 厦门外图集团有限公司

厦门外图集团有限公司是厦门对外图书交流中心于 2009 年转企改制而设立的国有文化企业。经营范围不仅包括图书、报刊、电子出版物、音像制品等发行、进出口及代理业务，承办外版图书、报刊征订、发行、展览、合作出版等业务，还包括中外文化交流、物流管理、投资管理咨询等业务。

6. 安徽时代出版发行有限公司

安徽时代出版发行有限公司成立于 2007 年，是一家以资本为纽带，整合了优秀的专业经营人才和丰富的出版发行资源，机制灵活，适应市场的教材和图书发行公司。公司是国内最早进入少儿馆配市场的专业馆配商之一，在自主开发全国中小学图书馆配市场方面位居前列。

三、馆社直供商

1. 北京百万庄图书大厦有限公司

北京百万庄图书大厦有限公司是由北京市新闻出版局批准、机械工业出版社投资设立的大型国有图书销售企业，是京城西部地区地标性综合图书中心之一，也是国资委系统第一家大型综合性书店。公司坚持“特色百图、服务百图、数字百图”的发展战略，致力于打造国内知名的图书销售及特色信息馆配商。

2. 江苏华茂博文书业有限公司

江苏华茂博文书业有限公司作为江苏省高校文献信息保障系统文理科中文图书采编中心，是由南京师范大学图书馆于 1994 年 4 月受江苏省高校图书馆工作委员会委托而筹建成立的，为高校图书馆提供中文图书的联合采购，联合编目，书目数据的共建、共享等服务。经过近二十年的发展，该公司定位以区域化、专业化服务于各高校图书馆和公共馆，主要以江浙地区为业务辐射区域。

3. 江苏知识书店

江苏知识书店是南京航空航天大学于 1993 年出资设立的国有企业，在江苏省高校图书情报工作委员会和南京航空航天大学图书馆领导下，承担着为江苏省高校图书馆文献资源共建、共享和中文图书的联采联编的任务。主要服务于省内高校图书馆以及部队院校、科研院所和公共图书馆，为全省图书馆用户提供书目信息整理、图书采购配送、MARC 数据制作、现货展示推送、图书配套加工、网络信息发布、纲目配书及专题书目信息提供、回溯建库、业务研讨等各项服务。

4. 郑州日成图书有限公司

郑州日成图书有限公司成立于 2007 年。公司借助河南省图书馆的业务优势，将提高编目加工水平作为公司的核心竞争力，逐渐向图书馆业务服务商方向积极转型，在图书馆业务软件研发、图书馆文创产品开发、数据库制作等方面取得了一定的成绩。在“图书馆报”主办的“全国优秀馆商”评选活动中，连续五年上榜，也是河南省唯一获此殊荣的单位，并被北京大学出版社、清华大学出版社、人民邮电出版社、电子工业出版社、三联书店以及商务印书馆等知名出版社授予优秀经销商资格。

四、区域馆配商

1. 杭州大涵图书有限公司

杭州大涵图书有限公司的业务包括提供采访数据、编目数据、图书粗加工、到馆全加工、图书回溯建库等，目前在馆配市场开展业务主要是以订单采购为主，每周给图书馆发送采访数据。有时也会组织图书馆老师赴各地参加馆配会。目前该公司已在新三板挂牌，并更名为浙江大涵文化创意股份有限公司，股票代码为838095。

2. 陕西嘉汇汉唐图书发行有限责任公司

陕西嘉汇汉唐图书发行有限责任公司成立于2002年，主要经营各类图书、音像制品和电子出版物，于每年3月和9月份举办两次大型出版社当年度最新科技类图书的馆配看样订货会，为各高校集中采购最新图书提供了便利的渠道。

3. 安徽万品图书经营有限公司

安徽万品图书经营有限公司成立于2000年，是由安徽省工商行政管理局批准成立的省直股份有限公司，安徽省新闻出版局颁发经营许可证，属国家二级批发单位，主要经营图书的国内批发及零售。该公司主要从事高校图书馆图书、高校教材、系统培训用书、图书出版等业务，服务重点为省内高校。

4. 上海联诚图书有限公司

上海联诚图书有限公司主要在上海地区开展业务，主要业务内容包括：一是以高校为主的院校图书馆馆配。二是公共图书馆及街道图书馆馆配。三是各类图书加工外包服务。在馆配市场业务上，该公司主要模式为：高校图书馆以订单为主，馆配会为补充，公共图书馆等以本地现采为主。该公司也成立了自己的科技研发公司，为图书馆提供全方位的服务。

5. 江西省弘苑文化传播有限公司

江西省弘苑文化传播有限公司成立于1993年，2004年开始从事大中专教材和馆配的业务，是一家集高校教材、馆配图书供应、数字资源及出版策划为一体的文化企业，目前在数据库的代理方面颇有成绩。

6. 山东中教产业发展股份有限公司

山东中教产业发展股份有限公司成立于1993年，原名为中国教育企业总公司山东公司，是国家教育部及全国25个教育部门共同投资创建的国有企业。2015年3月，公司经过股份制改造，变更为山东中教产业发展股份有限公司。公司旗下馆配业务拥有专业服务于图书馆采编人员的馆配数据采访服务平台和专业服务于图书馆和读者的图书馆荐购服务平台。

附录二 《图书馆报》概述

《图书馆专刊》是《新华书目报》的子刊，创刊于2003年9月。自创刊开始，专刊就一直备受图书馆、出版社的关注，经过多年的发展，已经累积了相当高的品牌知名度，全国图书馆界形象地将其称为“中国图书馆报”。2009年5月，《图书馆专刊》更名为《图书馆报》，并于2010年初开始正式公开出版发行(邮发代号为1-88)，刊期为周报，全年49期。国内统一刊号：CN11-0126，邮发代号：1-88。

此前，图书馆界没有一份行业报纸，只有学术期刊。由于学术期刊出版周期长，主要以刊载学术论文为主，不能够全面及时地反映图书馆界的发展和变化，图书馆界迫切需要这样一份报纸，以搭建一个沟通、互动与交流的平台。可以说，《图书馆报》的诞生顺应了图书馆行业的发展趋势，因而迅速被图书馆界所接受和认可。不仅是图书馆界，出版界也在逐渐接受和认可《图书馆报》，将《图书馆报》作为出版界向图书馆界进行产品营销和形象宣传的最主要的平台，《图书馆报》的品牌效应日益凸显，打通书业上、中、下游，构建和谐产业链的作用日益得到巩固和加强。

为推进馆配行业交流，《图书馆报》于2006年创办了全国馆社高层论坛，邀请出版界、图书馆界、发行界等馆配行业的领导和专家在论坛上围绕业界热点话题进行研讨，共同推动行业健康发展。论坛在每年1月份于北京图书订货会期间举办，已经连续举办十二届，是北京图书订货会的品牌活动，获得组委会颁发的“最佳文化活动”奖项，在业界产生了较大影响。论坛前期会组织"全国优秀馆配商评选"活动，已经成为馆配行业的重要评选活动，参与的单位数量逐年增加。这一奖项是图书馆进行采购图书比较看重的指标之一，对馆配商能否中标有一定的影响。

附录三　历届全国优秀馆配商名录

2010 年度全国优秀馆配商

【综合实力奖】

北京百万庄图书大厦有限公司

北京人天书店有限公司

新华文轩出版传媒股份有限公司

浙江省新华书店集团有限公司

中国教育图书进出口公司

中国图书进出口(集团)总公司

【诚信经营奖】

北京图书大厦有限责任公司

广东世纪光华书业有限公司

江苏凤凰新华书业股份有限公司

江苏华茂博文书业有限公司

昆明新知集团有限公司

辽宁北方出版物配送有限公司

青岛市新华书店(集团)有限责任公司

厦门外图集团有限公司

武汉三新书业有限公司

2011 年度全国优秀馆配商

【综合实力奖】

北京百万庄图书大厦有限公司

北京人天书店有限公司

北京新华书店首都发行所有限公司
江苏凤凰出版传媒股份有限公司
新华文轩出版传媒股份有限公司
浙江省新华书店集团有限公司
【诚信经营奖】
北京图书大厦网络技术有限公司
广东新华发行集团股份有限公司
江苏华茂博文书业有限公司
辽宁北方出版物配送有限公司
厦门外图集团有限公司
山东新华书店集团有限公司
上海新华传媒连锁有限公司
武汉三新书业有限公司
中国图书进出口(集团)总公司

2012 年度全国优秀馆配商

【全国优秀馆配商】
北京百万庄图书大厦有限公司
北京人天书店有限公司
广东新华发行集团股份有限公司
江苏凤凰出版传媒股份有限公司
辽宁北方出版物配送有限公司
山东新华书店集团有限公司
新华文轩出版传媒股份有限公司
浙江省新华书店集团有限公司
中国图书进出口(集团)总公司
【省级优秀馆配商】
安徽万品图书经营有限公司
北京图书大厦网络技术有限公司
北京新华书店首都发行所有限公司

广东大音文化发展有限公司
广东世纪光华书业有限公司
广西新华书店集团股份有限公司
河南天富文化传播有限公司
吉林省新华书店集团外文图书发行有限责任公司
济南泉城科技图书发行有限公司
江苏华茂博文书业有限公司
山东新华书店集团有限公司济南分公司
上海联诚图书有限公司
厦门外图集团有限公司
郑州日成图书有限公司
重庆天泰文化传播有限公司

2013 年度全国优秀馆配商

【全国优秀馆配商】
北京百万庄图书大厦有限公司
北京人天书店有限公司
北京台湖出版物会展贸易中心有限责任公司
湖北三新文化传媒有限公司
江苏凤凰出版传媒股份有限公司
浙江省新华书店集团有限公司
【省级优秀馆配商】
安徽万品图书经营有限公司
北京图书大厦网络技术有限公司
北京新华书店首都发行所有限公司
大连市新华书店
甘肃纸中城邦书业有限公司
广东大音文化发展有限公司
广东新华发行集团股份有限公司
吉林省新华书店集团外文图书发行有限责任公司

江苏华茂博文书业有限公司
江西省弘苑文化传播有限公司
辽宁北方出版物配送有限公司
山东新华书店集团有限公司
陕西嘉汇汉唐图书发行有限责任公司
厦门外图集团有限公司
郑州日成图书有限公司
重庆天泰文化传播有限公司

2014 年度全国优秀馆配商

【全国优秀馆配商】
北京百万庄图书大厦有限公司
北京台湖出版物会展贸易中心有限责任公司
湖北三新文化传媒有限公司
江苏凤凰出版传媒股份有限公司
辽宁北方出版物配送有限公司
北京人天书店集团
厦门外图集团有限公司
上海新华传媒连锁有限公司
浙江省新华书店集团有限公司
【省级优秀馆配商】
安徽万品图书经营有限公司
北京博大经典文化发展有限公司
大连市新华书店
甘肃省纸中城邦书业有限公司
广东大音文化发展有限公司
广东世纪光华书业有限公司
广东新华发行集团股份有限公司
河北知行天下图书文化有限公司
湖南弘道文化传播有限公司

吉林省新华书店集团外文图书发行有限责任公司
江苏华茂博文书业有限公司
江西省弘苑文化传播有限公司
山东新华书店集团有限公司
深圳出版发行集团公司
重庆天泰文化传播有限公司

2015 年度全国优秀馆配商

【全国优秀馆配商】

北京百万庄图书大厦有限公司
北京人天书店集团
北京台湖出版物会展贸易中心有限责任公司
北京图书大厦有限责任公司
湖北三新文化传播有限公司
江苏凤凰出版传媒股份有限公司
辽宁北方出版物配送有限公司
上海新华传媒连锁有限公司
厦门外图集团有限公司
新华文轩出版传媒股份有限公司
浙江省新华书店集团有限公司
中国图书进出口(集团)总公司

【省级优秀馆配商】

安徽新华传媒股份有限公司
安徽时代出版发行有限公司
安徽万品图书经营有限公司
北京千纵科技发展有限公司
北京万博书香文化有限公司
重庆唐潮教育服务有限公司
重庆天泰文化传播有限公司
甘肃纸中城邦书业有限公司

广东大音文化发展有限公司
广东新华发行集团股份有限公司
广西新华书店集团股份有限公司
河南天富文化传播有限公司
湖南弘道文化传播有限公司
湖南知新文化传播有限公司
吉林省新华书店集团外文图书发行有限责任公司
江苏华茂博文书业有限公司
江西省弘苑文化传播有限公司
昆明春晓图书经贸有限公司
青岛新华书店有限责任公司
山东中教产业发展股份有限公司
陕西嘉汇汉唐图书发行有限责任公司
上海联诚图书有限公司
深圳出版发行集团公司
深圳市瞭望实业有限公司
天津市高雷图书发行有限公司
武汉新华书店股份有限公司
郑州日成图书有限公司

2016年度全国优秀馆配商

【全国优秀馆配商】
安徽新华传媒股份有限公司
安徽万品图书经营有限公司
北京百万庄图书大厦有限公司
北京人天书店集团
北京台湖出版物会展贸易中心有限责任公司
湖北三新文化传媒有限公司
江苏凤凰出版传媒股份有限公司
辽宁北方出版物配送有限公司

上海新华传媒连锁有限公司
新华文轩出版传媒股份有限公司
浙江省新华书店集团有限公司
中国图书进出口(集团)总公司
【省级优秀馆配商】
北京图书大厦有限责任公司
北京万博书香文化有限公司
北京荣景苑图书有限公司
北京世纪摆渡人图书发行有限公司
北京唐威文化发展有限公司
北京思得乐图书有限公司
北京世纪知音文化有限公司
北京波士雅文化发展有限公司
重庆唐潮教育服务有限公司
重庆天泰文化传播有限公司
重庆源洲教育服务有限公司
福建新华发行(集团)有限责任公司
甘肃新世纪书刊有限责任公司
甘肃纸中城邦书业有限公司
广东大音文化发展有限公司
广东世纪光华书业有限公司
广东新华发行集团股份有限公司
河北知行文化传播有限公司
河南天富文化传播有限公司
湖南知新文化传播有限公司
湖南一帆图书文化有限公司
江苏华茂博文书业有限公司
江西省弘苑文化传播有限公司
昆明春晓图书经贸有限公司
青岛新华书店有限责任公司

山东新华书店集团有限公司
山东中教产业发展股份有限公司
上海联诚图书有限公司
山西新华书店集团太原有限公司
深圳出版发行集团公司
四川智禾文化传播有限公司
天津市高雷图书发行有限公司
乌鲁木齐一心悦读文化科技有限公司
厦门外图集团有限公司
西安市新华书店
浙江大涵文化创意股份有限公司
郑州日成图书有限公司

附录四　图书馆招标文件汇集及模板式样

××××××职业学院采购图书项目招标文件

招标编号：××××××

招 标 文 件

合同编号：＿＿＿＿＿＿＿＿
招 标 人：＿＿＿＿＿＿＿＿
代理机构：＿＿＿＿＿＿＿＿
日　　期：＿＿＿＿＿＿＿＿

评标办法

本项目的评标办法采用综合评估法，评标委员会将按照招标文件规定，仅对在实质上响应招标文件要求的投标文件进行评估和比较。综合评分标准：满分100分。

一、投标优惠率报价(30分)

(1)投标优惠率最高的投标人得满分30分。

(2)投标优惠率低于最高投标优惠率的投标人按每低于一个百分点，扣1分，不足一个百分点按一个百分点计算，扣完为止。

投标优惠比例：(此项满分30分)

$$S_n=30\times C_{min}/C_n$$

S_n：第n个有效供应商的投标优惠比例得分；

C_{min}：通过符合性审查的有效投标人中的投标优惠比例最高；

C_n：第n个通过符合性审查的有效投标人的投标优惠比例；

超出采购预算价的报价为废标，不再进行评审。

二、业绩及供货渠道证明(20分)

(1)投标方能够提供2013年以来政府采购活动中金额不低于人民币50万元的业绩证明(特价书除外且与合同一一对应)，每提供一份，加1分。最多加5分。未提供不得分。近三年(2013—2015年)与××省高校单份合同金额100万元(含)以上，每一份加1分，最多加5分。所有原件评标时审验，满分10分。

备注：完整的业绩证明包括合同、中标通知书、图书验收报告。验收报告真实有效，内容含采访书目发布周期、图书编目加工质量、月到货率等，有合作单位盖章、采编部主任签字。标书中放复印件，原件开标时提供。

(2)投标方需提供与采购方标书中要求的加盖公章的出版社的合作授权委托书以及2015年与相应出版社的结算发票以及银行出具的支付转账单，提供完整的10套得10分，满分10分。

备注：完整的一套包括：针对本次招标出具的加盖公章的授权书和

2015年出版社针对投标人开具的发票以及对应发票的支付凭证，标书正本提供授权书原件，其他提供复印件，原件开标时提供。网上需能查验，如出现虚假，将做废标处理。

备注：

所要求的出版社：①化学工业出版社；②机械工业出版社；③科学出版社；④北京大学出版社；⑤清华大学出版社；⑥人民邮电出版社；⑦中国人民大学出版社；⑧社会科学文献出版社；⑨中国轻工业出版社；⑩中华书局；⑪北京理工大学出版社；⑫上海交通大学出版社；⑬中信出版集团股份有限公司；⑭华东师范大学出版社；⑮三联出版社

三、加工能力与图书质量保证(35分)

(1)为保证编目质量，投入本项目的工作人员，必须持有CALIS中心(中国高等教育文献保障中心)的中文图书编目培训证书，最少4人，同时提供该分编人员的中级发行员资格证、身份证原件及社保证明原件，标书中提供复印件，原件开标当天提供，完全符合要求的得20分。每少一套扣5分(每套须含加盖有投标单位公章的该员工的编目证书原件、中级发行员资格证原件、身份证原件及该员工社保证明原件，四证配套为同一人)。以上人员应提供身份证原件及社保证明原件，以证明确系本公司职工，不提供不得分，直至扣完为止。

备注：投标文件提供复印件，开标当天提交原件，所有证书必须加盖投标单位公章，公章须加盖在证书的内容页上，盖在证书封面上无效。开标当天不提供或提供的不符合招标文件要求的不得分。

(2)企业资质(10分)

投标人通过ISO9001国际质量体系认证得2分；通过OHSAS1800：2007职业健康安全管理体系认证得2分；通过ISO14001：2004环境管理体系认证得1分，以原件为准。

企业信用等级证书为AAA，得5分，AA，得2分，A得1分，提供网站查询页面。以原件为准。

(3)经省工商局、国税局、地税局、质监局、住房城乡建设厅、人力资源社会保障厅、环保厅等部门审核，被评为2015年河南省信用建设示范单位企业的，得5分。

备注：投标文件提供复印件，开标当天提交原件，开标当天不提供或提供的不符合招标文件要求的不得分。

四、售后服务(15分)

(1)投标人在××省地区销售及售后服务情况，根据投标人提供的加工方案以及售后服务承诺(配送时间、配送方式、现采及订购方式、配套数据退换流程等实施方案和图书编目、加工、上架等方案计划)酌情打分，给予信誉评价。(0～9分)

(2)近三年在由《图书馆报》主办的“全国优秀馆配商评选”活动中，各种奖项每有一年获奖的得2分，满分6分。(6分)

以上所有条款，供应商如果提供虚假证明文件，按废标处理。

附录五　全国部分出版社名录

截至2016年年底，全国共有出版社584家，为更好地使读者了解出版社，我们整理了100家出版社的资料，以供大家参考。

1. 机械工业出版社

机械工业出版社成立于1950年，是新中国成立后国家设立的第一批科技图书出版机构。机械工业出版社的产品横跨科技出版、教育出版、大众出版三大板块，服务于机械、电气、汽车等十多个领域，并向数字出版、产品流通、电子商务、网络教育延伸。2013年起机械工业出版社开始成为京东第一图书供应商，2014年还首次夺得全国馆配市场占有率第一的名次。机械工业出版社是全国百佳图书出版单位，两次荣获全国图书出版行业社店互评“诚信经营、优质服务”出版单位第一名。

2. 人民邮电出版社

人民邮电出版社成立于1953年10月，是工业和信息化部主管的大型科技出版社。目前该社图书出版领域涵盖信息技术、少儿、经管、摄影、集邮、旅游、心理学、军事、家庭教育等，计算机类、艺术类、摄影类图书的零售市场占有率排名第一，科普类、美术类、经管类、运动与休闲类排名第三，旅游类排名第四，少儿类排名第五。人民邮电出版社是首批“数字出版转型示范单位”，并连续三届荣获“中国出版政府奖先进出版单位奖”。

3. 北京大学出版社

北京大学出版社的前身可以追溯到1902年设立的京师大学堂译书局和编书处，1979年经国家出版事业管理局同意，教育部批准成立北京大学出版社，恢复了北京大学出版社建制。2010年12月，经批准，北京大学出版社变更为北京大学出版社有限公司，顺利完成了改制工作，由此翻开了新的篇章。

近几年，北京大学出版社不断优化选题结构，积极推进实施图书精品战略。2016年，出版新书品种约1 300种，其中教材品种占45%，一般图书品种占55%，覆盖人文科学、社会科学、自然科学、工程技术等领域。

4. 科学出版社

科学出版社是由中国科学院编译局与30年代创建的有较大影响的龙门联合书局于1954年8月合并成立。1993年8月恢复使用“龙门书局”副牌。2007年4月转制为科学出版社有限责任公司。2011年，完成股份制改造，变更为中国科技出版传媒股份有限公司(以下简称公司)。2017年1月18日，公司正式在上海证券交易所主板挂牌上市(股票简称：中国科传，股票代码：601858)，成为中央出版集团上市第一股。

公司拥有《中国科学》杂志社有限责任公司、北京龙腾八方文化有限责任公司、北京中科进出口有限责任公司等21个下属分、子公司。自1954年成立至今，已走过60余载，累计出版了4万余种图书，出版期刊300种，拥有完善的出版、发行网络。

在出版业数字化转型中，该公司大胆创新，确立了学科知识库、医疗健康大数据、数字教育云服务等三大转型升级业务方向，并先后推出“科学文库”“CourseGate教育云平台”“中科医学资源库”“SciEngine中国科技期刊国际传播平台”等多款知识服务产品。其中，“SciEngine中国科技期刊国际传播平台”入选“全国报刊媒体融合创新30佳”榜单，“科学文库”荣获“第二届中国出版政府奖音像电子网络奖”。2015年，国家新闻出版广电总局还授予公司“专业数字内容资源知识服务模式试点单位”称号。

5. 清华大学出版社

清华大学出版社成立于1980年6月，由教育部主管、清华大学主办。2009年4月清华大学出版社正式由国有独资全民所有制企业转变为有限责任公司。清华大学出版社是新闻出版总署审定的国家一级出版社，是国内领先的综合性教育与专业出版机构。

出版社年出版新书约 3 600 种，可供图书近 20 000 种，涵盖理、工、医、计算机与电子信息、经济管理、教育、语言等多个学科的专业图书。其中，建筑文化类精品图书，获得“经典中国国际出版工程”“中国最美的书”“全国文化遗产最佳普及图书”“中国图书对外推广计划”“中国文化著作翻译出版工程”“国家图书馆文津图书奖”等诸多奖项；少儿图书品质高端，由中国国画名家绘画的中国古典故事系列、艺术启蒙、科普、文学等精品少儿图书 500 多种，深受图书馆的信任与好评。全年馆配发货约 1.5 亿元码洋，在全国大学出版社排名第一位。出版社谨守为教学科研服务、为“科教兴国”战略服务、为提高全民族的科学文化素质服务的企业宗旨。

6. 中国人民大学出版社

中国人民大学出版社成立于 1955 年，是新中国成立之后建立的第一家大学出版社，1982 年被教育部评为“全国高校文科教材出版中心”，2007 年荣获首届中国出版政府奖——“先进出版单位奖”，2009 年被新闻出版总署评为“全国百佳出版单位”。据不完全统计，中国人民大学出版社在进入新世纪以来囊括国家级出版奖的所有奖项，在高校出版社中名列第一，在全国出版界名列前茅，400 多种图书获得省部级以上的奖项。目前，年出书 3 000 余种，发行码洋近 10 亿元，成为图书、音像、电子、网络和数字出版物等多种媒体兼营的大型综合性出版社。

7. 化学工业出版社

化学工业出版社成立于 1953 年 1 月，是一家具有突出特色和品牌影响力的大型专业出版社。

教育出版一直是出版社的重要业务方向，目前，出版的教材已基本覆盖全国普通高等教育、职业教育的主要专业方向，综合优势渐显，已成为国家规划教材的重要出版基地。近年来出版了包括教育部面向 21 世纪课程教材，普通高等教育“十一五”、“十二五”国家级规划教材，教育部高职高专规划教材，中等职业教育国家规划教材以及国家级获奖教材、省部级获奖教材千余种。目前可供教材 4 000 余种，年发行量 600 余万册，成为国内优秀的教学资源综合服务提供商。

8. 电子工业出版社

电子工业出版社成立于1982年10月，是工业和信息化部直属的科技与教育出版社，享有“全国优秀出版社”、“讲信誉、重服务”的优秀出版社、“全国版权贸易先进单位”、首届中国出版政府奖“先进出版单位”、“全国百佳图书出版单位”、“中央国家机关文明单位”和“首都文明单位”等荣誉称号。

电子工业出版社经过35年的辛勤耕耘，形成了以图书、期刊、音像和电子出版为基本的业务，以数字出版和信息内容服务、软件研发和信息化服务、教育培训与相关服务、产业促进与行业支撑服务等为增值业务的现代出版与知识服务业务结构。出版物内容涵盖了信息通信技术的各个分支以及工业技术、经济管理、科普与少儿、社科人文等领域，综合出版能力位居全国出版行业前列。

9. 北京理工大学出版社

北京理工大学出版社创建于1985年，是一家综合性的中央级出版社，由北京理工大学主办，工业和信息化部主管。1995年获得电子出版权，2005年获得音像制品出版权，2014年获得互联网出版权。

北京理工大学出版社逐步形成了以学术出版为主体，以教育出版和大众出版为两翼的出版格局。

北京理工大学出版社十分重视国际的交流和版权贸易工作，与世界计算机行业协会(美国)有战略签约，并先后从德国、美国、英国、韩国、日本等国家引进并输出版权。

10. 知识产权出版社

知识产权出版社成立于1980年，主管和主办单位是原国家专利局，是国家专利局最早设立的部门之一，是专利文献法定出版单位，经国家新闻出版总署批准成为国家级出版社和电子出版单位。1998年国务院机构改革后，国家专利局更名为国家知识产权局，原专利文献出版社更名为知识产权出版社。

出版社编辑部每年出版近千种有关知识产权、科学技术以及其他社会科学和自然科学方面的图书和电子出版物，读者对象主要是具有中等以上文化程度的科技人员、干部、学生、企业管理者等。

11. 华东师范大学出版社

华东师范大学出版社创建于1957年，是新中国成立后最早成立的两家大学出版社之一，也是全国百佳图书出版单位、国家首批数字出版转型示范单位，出版社 ECNUP 商标为中国驰名商标、上海市著名商标。

华东师范大学出版社以“大教育”出版为特色，出版物主要由教材教辅、学术著作、社会读物构成，且已形成印刷类图书、电子音像出版、数字网络出版等全品种出版格局。华东师大出版社教育出版、学术出版实力强劲，所出图书备受欢迎，屡有学术图书荣获国家大奖。出版社年出版量 4 000 余种，累计数百种图书荣获国家及省部级图书大奖。

12. 武汉大学出版社

武汉大学出版社成立于 1981 年 12 月，拥有图书、地图、音像制品、电子出版物和网络出版等多项出版权，出版物涵盖人文社会科学、自然科学、技术科学等众多学科。先后被教育部命名为“先进高校出版社”，被中宣部和新闻出版总署授予“全国优秀出版社”荣誉称号。2007 年，改制为国有独资的有限责任公司。

经过 30 多年的建设和发展，武汉大学出版社已经成为在全国有一定影响的高校出版社。

13. 中国纺织出版社

中国纺织出版社创立于 1953 年，历经 60 余年的奋斗进取，改革创新，发展成为集图书、期刊、音像电子、数字出版为一体的综合性出版社，先后有六百多种产品获得国家和省部级奖项。2009 年获评为“国家一级出版社”、“全国百佳图书出版单位”。中国纺织出版社在专业出版、大众出版、教育出版、数字出版方面颇具特色。

14. 生活·读书·新知三联书店

生活·读书·新知三联书店(以下简称三联书店)，以出版人文科学和社会科学图书为主，出版物涉及哲学、历史、文学、艺术、经济、政治、法律和社会生活等领域，在知识界和广大读者中享有盛誉，被誉为“中国知识分子的精神家园”。

2015 年，三联书店确立了以品牌化战略(包括品牌文化建设、品牌产品建设、品牌人才建设)为统领，以数字化战略、国际化战略、集团化战略为支撑的企业发展战略，目前正朝着成为现代化、国际化、集团化的著名出版企业的目标大步前进。

15. 华中科技大学出版社

华中科技大学出版社创建于1980年，是教育部直属的全国重点大学出版社，于2007年改制为华中科技大学出版社有限责任公司，在全国最早实现转企改制，实行市场化运作，同时拥有图书、音像、电子出版物、网络出版物四大出版权。

出版社积极推进“从内容提供到内容集成，从知识传媒到知识服务，从专业渗透向行业延伸”的拓展策略，在文化创意产业领域不断地延伸产业链和价值链，用现代企业的高效管理打造强势的核心竞争力，实施“数字化、专业化、品牌化、国际化”战略，致力于打造国际一流的文化品牌企业。

16. 江苏凤凰出版社有限公司

江苏凤凰出版社有限公司原名江苏古籍出版社，成立于1984年3月，是一家以整理出版中国文、史、哲古籍及其研究著作为主的专业出版社。出版期刊有《古典文学知识》和《中国典籍与文化》。该社成立30多年来，坚持以弘扬中华优秀传统文化为己任，出版了诸如《康有为(大同书)手稿》(函装4册)、《清诗纪事》(全22册)、《版画纪程——鲁迅藏中国现代木刻全集》(全5册)、《嘉定钱大昕全集》(全10册)、《敦煌文献分类录校丛刊》(全10种)、《中国古文献研究丛书》(全12册)、《侵华日军南京大屠杀图集》等一大批具有鲜明特色并在学术界、出版界产生较大影响的图书，百余种图书分别在国家级或省部级的优秀图书评奖活动中获奖。

17. 人民出版社

人民出版社是中国共产党成立后建立的第一家出版机构，1921年9月初创于上海，1950年12月重建于北京。现主管单位为国家新闻出版广电总局。

人民出版社始终坚持把出版马克思主义经典著作和政治理论类书籍作为首要任务，同时还出版了大量的党建论著、思想政治教育方面的普及读物及主题出版物、哲学社会科学著作等。人民出版社主办的期刊《新华月报》《新华文摘》和《人物》，在读者中久负盛名。

从1984年至今，人民出版社有两千多种图书荣获省部级以上图书奖，并荣获多项奖励，如“全国优秀出版社”“中国出版政府奖先进出版单位”“首都文明单位”等。

18. 河南科学技术出版社

河南科学技术出版社成立于1980年，是上市公司——中原大地传媒股份有限公司的全资子公司。自建社以来，在科技类教材、实用技术、时尚生活等领域出版了大量好书，获省级以上优秀图书奖400余次。在医学、生物等出版领域已形成特色；在中小学教材教辅、职业教育及行业培训方面形成优势；在传统出版和新媒体融合上积极探索，在时尚生活与青少年读物方面，形成以图书为媒介，集网络平台、体验馆、教育培训、会展为一体的产业发展模式。

19. 浙江大学出版社

浙江大学出版社是由教育部主管、浙江大学主办的国家一级出版社，创立于1984年5月，经过30多年的发展，已成长为一个拥有图书、期刊、电子、音像和数字等各类出版资质，出版范围涵盖理工农医和人文社科等多个学科领域，年出版新书在1 500种以上的综合性出版企业，先后获得过数百种国家和省部级各类奖励和荣誉，是全国“百佳”出版单位之一、首届全国新闻出版行业文明单位、国家文化出口重点企业，也是国家数字化转型示范单位。

20. 北京邮电大学出版社

北京邮电大学出版社成立于1987年，原隶属工业和信息化部，现为教育部主管的全国重点大学出版社。经过20多年的发展，北京邮电大学出版社已形成一定的生产规模和鲜明的出版特色，信息通信等体现北京邮电大学出版社特色的专著、教材、普及类图书占总出版量的70%以上，逐步形成了以大学本科教材为主体，以研究生教材、应用性本科教材和高职高专教材为补充的出版架构，形成了高、中、低不同层次的教材系列，在信息与电子学科领域有着广泛影响。

21. 社会科学文献出版社

社会科学文献出版社成立于1985年，是直属于中国社会科学院的人文社会科学专业学术出版机构。该社自成立以来，特别是在1998年实施第二次创业以来，先后策划出版了著名的图书品牌和学术品牌“皮书”系列，使社会科学文献出版社的知名度和美誉度日益提高，确立了人文社会科学著作出版的权威地位。

22. 中国农业出版社

中国农业出版社成立于1958年，是农业部直属的以出版农业科技图书为主的大型综合性出版社，为首批受中宣部、国家新闻出版广电总局表彰的十五家全国优秀出版社之一。建社50多年以来，始终以农业专业出版为特色，同时面向大众生活，依托强大的出版资源和高素质的出版队伍，出版了一大批深受读者喜爱的优秀作品。拥有包括袁隆平、谢联辉、任继周等在内的上百名院士和上千名学科带头人、学术权威等高水平的作者队伍。有 300 多种图书和 500 多种教材荣获国家级和省部级奖项。

23. 西安交通大学出版社

西安交通大学出版社于 1983 年 8 月经文化部批准，1984 年 3 月正式成立，是中国国家教育部直属重点大学出版社。西安交通大学音像出版社于 1986 年 4 月经广播电影电视部批准正式成立，是最早成立的大学音像出版社之一。1998 年 4 月，西安交通大学出版社与西安交通大学音像出版社合并，实行“两块牌子，一套班子”的体制，使该社成为中国西北地区唯一一家具有图书、音像、电子出版物出版权的大学出版社。出版了一大批有特色的教材、学术著作、工具书和教学参考书以及教育音像制品和电子出版物；同时，还为中国西北和华北地区未成立出版社的理工科院校出版教材及学术专著等图书。

24. 西安电子科技大学出版社

西安电子科技大学出版社成立于 1983 年，是教育部直属的全国重点大学出版社，是国内知名的以出版电子、通信、计算机、机电类教材及科技图书为主的专业出版社。西安电子科技大学出版社在 1996—2001 年连续 6 年被陕西省新闻出版局评为“最佳单位”。建社 30 多年来，该社出版了以电子信息技术为主的研究生、大中专教材、专著和科技图书近 3 000 种。

25. 北京师范大学出版社

北京师范大学出版社是北京师范大学出版集团的核心企业，成立于 1980 年，是以教育出版为主体、以专业出版和大众出版为两翼的综合性出版社。30 多年来，出版图书万余种，发行量达 15 亿册，出口图书近千种，百余种图书获得国家级、省部级奖，积累了丰富的出版资源，形成了知名的图书品牌。

26. 中国金融出版社

中国金融出版社已形成理论类、实务类、教材类、引进类等多种类别、特色鲜明的图书体系，有百余种图书分别获得“中国图书奖”“全国优秀图书奖”“中华优秀出版物奖”“孙冶方经济科学著作奖”等各类奖项。出版期刊 4 种，其中创刊于 1950 年的《中国金融》杂志是金融业第一大刊，被国家新闻出版总署评为“全国百种重点社科期刊”，被中国社会科学院、北京大学、南京大学等列为“全国中文社科核心期刊”。

27. 中国文史出版社

中国文史出版社是中国人民政治协商会议全国委员会所属的专业出版社。1980年1月，经国家出版事业管理局正式批准成立，初名文史资料出版社，1985年11月，报经国家出版局同意改名为中国文史出版社。出版社负责出版各专门委员会的会议资料和调查研究报告等；出版有关社会科学、文化方面的著作、工具书；人民政协系统所征集的我国近现代文史资料；有关统一战线、人民政协、民主党派的资料、论著、工作手册；著名爱国人士的诗集、文集、年谱和画册，部分党史资料和地方志；根据文史资料编写的纪实性作品和人物传记等。

28. 中国传媒大学出版社

中国传媒大学出版社的前身是北京广播学院出版社，成立于1985年，是改革开放后最早成立的大学出版社之一。于2004年9月改为中国传媒大学出版社。其上级主管单位为中国传媒大学(原北京广播学院)，业务上受国家教育部和国家新闻出版广电总局指导。

29. 上海科学技术文献出版社

上海科学技术文献出版社成立于1978年5月，隶属于上海图书馆上海科学技术情报研究所。上海图书馆上海科学技术情报研究所丰富的馆藏、多元的信息，是上海科学技术文献出版社出版多种载体出版物的资源保障。从2004年起，上海科学技术文献出版社启动了“上海图书馆馆藏拂尘”行动，该行动将上海图书馆馆藏的尘封多年的图书重新挖掘出新的价值，并用新的方式、新的思路，重新演绎。

30. 中国法制出版社

中国法制出版社创建于1989年6月，是国务院法制办公室主管主办的中央级法律类图书专业出版社和国家法律、行政法规标准文本的权威出版机构，也是中国优秀法律专业出版商和法律信息服务提供商之一。

31. 中国环境科学出版社

中国环境科学出版社成立于1980年，是环境保护部直属事业单位，是我国唯一一家以环境科学书刊为主要出版对象的专业出版社，担负着宣传国家的环境保护方针政策，传播环境保护科学知识，提高全民族的环境保护意识的重要责任。

出版社主要出版环境管理、环境工程、环境法学、环境经济、环境监测等专业的基础理论、学术著作、应用技术和环境文化、环境教材以及有关环境保护的科普读物、工具书、画册、期刊等。现已累计出版图书6 000余种，其中有100多种图书先后在全国范围的图书评奖活动中获得各种奖项。

32. 中华书局股份有限公司

中华书局股份有限公司，是一家集编辑、印刷、出版、发行于一体的出版机构，于1912年1月1日由陆费逵筹资在上海创办。公司创立之初，以出版中小学教科书为主，并印行古籍、各类科学、文艺著作和工具书等。同时，中华书局还自办印刷厂，至1937年拥有印刷机械300余架，职工1 000余人。1954年5月，中华书局总部迁址北京，1958年改为以整理古籍为主的专业出版社，在整理出版古籍和学术著作方面更有长足的进展，声名远播海内外。中华书局股份有限公司曾出版《中华大字典》《四部备要》《图书集成》《中华百科丛书》等。

33. 商务印书馆

商务印书馆是中国国家级出版机构，是中国第一家现代出版机构，也是目前中国最具实力和影响力的文化出版机构。商务印书馆1897年创立于上海，1954年迁至北京。2002年，中国出版集团公司成立，商务印书馆是成员单位之一。2011年，商务印书馆改制为商务印书馆有限公司。

34. 中国轻工业出版社

中国轻工业出版社成立于1954年10月。63年来，出版社坚持“为行业科技与教育发展服务”“为了生活更美好”的办社宗旨，坚持“科学、有益、实用、时尚”的出版理念，坚持“立足轻工，专注生活”的总定位，为我国的出版事业和轻工行业提供了一大批具有鲜明特色的图书、期刊、音像制品及网络出版产品。出版业态齐全，在中国出版市场具有一定的市场影响力，树立了良好的品牌形象，深受广大读者喜爱，被国家新闻出版广电总局评为国家一级出版社、全国百佳图书出版单位、全国首批数字出版转型示范单位。

35. 作家出版社

作家出版社是中国作家协会所属国家级大型文学出版社，现设有八个图书编辑室和《作家文摘》报社。自1953年建社以来，广泛团结中外作家，致力于荟萃当代文学佳作，扶植文坛新人，促进海内外文学交流，出版了大量的优秀文学图书，其中有部分作品先后被介绍到海外，在国外产生了广泛影响。

36. 北京工业大学出版社

北京工业大学出版社成立于1987年12月，是由北京市新闻出版广电局主管，北京工业大学主办的北京市属工科大学出版社。出版社成立10余年来，一贯坚持党的出版方针和大学出版社的办社宗旨，坚持为教学科研服务，为社会主义精神文明建设服务的方向，立足高校，面向社会，共出版大中专教材、学术理论专著、计算机和其他科技图书、外语类图书、工具书等近千余种。

37. 南京大学出版社

南京大学出版社成立于1984年，由教育部主管、南京大学主办，自成立之日起，就秉承"诚朴雄伟，励学敦行"的校训，着力把自己铸造成一流的综合性大学出版社。在30年的成长和发展中，南京大学出版社坚持"学术立社，品牌兴社"的出版理念，坚持文化积累和文化传播的使命，坚持高层次、高质量的出书品位，形成了在高校教材、高品位的学术专著、国外学术名著译介和传统思想文化等方面的出版特色。转企改制后，南京大学出版社紧跟出版业的发展形势，直面市场，积极拓展多方资源，培育新的增长点。目前，南京大学出版社下设学术·大众图书中心、高校教材中心、基础教育中心、少儿图书中心、数字出版中心，正全力打造图书、音像、电子和网络出版等多元化、立体化的出版格局。

出版之路，也是文化建设、文化创新的道路。南京大学出版社将再接再厉，与时俱进，坚持不懈打造名牌精品，为先进文化建设和出版业的繁荣发展做出更大贡献。

38. 东南大学出版社

东南大学出版社成立于1985年3月，先后获得"全国教材建设和管理工作先进集体""全国良好出版社"等荣誉称号；2007年，被教育部、新闻出版总署列为全国首批19家大学出版社体制改革试点单位之一；2013年获首届江苏省新闻出版政府奖"先进出版单位"奖，凸显综合优势及实力。在长期的发展中，时刻以强化特色、塑造品牌为导向，根据自身优势，不断调整、优化图书结构，准确把握特色、品牌与规模效益的关系，精心组织相关领域权威专家、知名学者，打造了一大批精品图书，形成了建筑和城市、土木和交通、电子和信息、医学和卫生、经济和管理、能源和环保、人文和社科等特色板块，树立了优势品牌形象。

39. 上海世纪出版集团

上海世纪出版集团成立于1999年2月24日，是经中宣部、新闻出版总署批准成立的全国第一家出版集团。2003年，上海世纪出版集团被列为全国文化体制改革试点单位之一。2003年9月，原属市新闻出版局的上海科学技术出版社等7家出版社加入世纪出版集团。2005年11月26日，经新闻出版总署和上海市人民政府批准，全国出版领域第一家股份公司——上海世纪出版股份有限公司宣告成立，上海世纪出版集团以大部分经营性资产注入股份公司，持有股份公司70%的股权。2011年6月3日，上海文艺出版集团与上海世纪出版集团启动重组。2013年1月，上海长江对外出版有限公司及上海新闻出版发展公司、上海外文图书公司、上海宏图房地产开发公司整体划转至上海世纪出版集团。

40. 北京航空航天大学出版社

北京航空航天大学出版社成立于1985年，现隶属于工业和信息化部主管，是一家以出版科技与教育图书为主，多学科、综合性的中央级出版社，是全国首批36家具有电子出版物出版权的出版社之一。曾被国家教委高教司评为“全国教材管理先进集体”，被国家教委表彰为“先进高校出版社”，连续多年被国家新闻出版广电总局评为“全国良好出版社”。有百余种图书获得省部级以上的奖励。近年来，同美国、英国、日本、韩国、中国台湾、中国香港等国家和地区开展了广泛的版权贸易，并在全国范围内拥有业界唯一的《单片机与嵌入式系统应用》杂志社。

41. 北京交通大学出版社

北京交通大学出版社(原北方交通大学出版社)是由教育部主管，北京交通大学主办的综合性重点大学出版社，出版社为高等学校的教学、科研服务，为全民的终生教育服务，致力于发展国内外文化、技术的交流与合作，繁荣中国的教育与科技出版事业，为振兴高等教育事业，促进国民经济发展做贡献。

42. 上海外语教育出版社

上海外语教育出版社成立于1979年，是一家由国家教育部主管、上海外国语大学主办的大学出版社，以“全心致力中国外语教育事业的发展”为己任，是目前我国最大、最权威的外语出版基地之一。

43. 外语教学与研究出版社

外语教学与研究出版社由北京外国语大学于1979年创办，2010年完成企业改制，更名为“外语教学与研究出版社有限责任公司”(简称“外研社”)，是一家以外语出版为特色，涵盖全学科出版、汉语出版、科学出版、少儿出版等领域的综合性教育出版集团，也是全国规模最大的大学出版社、最大的外语出版机构，并正在实现从出版向综合教育服务提供的转型。

44. 中国社会科学出版社

中国社会科学出版社于1978年6月成立，由中国社会科学院创办并主管。编辑出版中国社会科学院和全国哲学社会科学界、文化界学者的优秀成果，包括专著、资料、教科书、教参书、工具书和普及性读物；国外重要人文社会科学著作的中译本。1993年首批荣获中共中央宣传部和国家新闻出版总署授予的全国优秀出版社称号。

45. 辽宁美术出版社

辽宁美术出版社成立于1945年11月30日，出版美术、摄影、画册、史论、技法、资料、丛刊、期刊、年鉴以及连环画、宣传画、挂历、年历、图片、低幼儿童读物和中小学生素质教育读物等。出版的以“强点艺术”和“纯影像”为标志的一大批出版物，赢得了广大读者的青睐，创造了较好的社会效益和经济效益。1995年和1998年先后两次被国家新闻出版总署评选为全国良好出版社。

46. 中信出版社

中信出版社成立于1988年，作为跨国集团——中国中信集团旗下的综合性传媒机构，正在成长为中国最具活力的媒体先锋。该社主要提供图书、期刊、报纸、网站等多元的媒体产品和服务。

47. 中央编译出版社

中央编译出版社成立于1993年9月，是中央级社会科学专业出版机构，主要翻译介绍世界政治、经济、哲学和文化方面的最新作品。该社以“让中国了解世界，让世界了解中国”为重要使命，与国内外出版社机构进行广泛的合作，以出精品图书为导向，力争所出图书的内容、编辑、印装、设计都达到一流水平；以尊重知识为基石，以国内外专家学者为智力后盾，出版高品位、高质量的图书。

48. 中国铁道出版社

中国铁道出版社是隶属于原铁道部的以出版铁道专业科学技术书刊为主的中央级科技出版社，成立于1951年8月1日。中国铁道出版社以传播科技信息、促进学术交流、推广科技成果、普及科学知识、为铁路运输生产、科研教学服务为办社宗旨，为铁路两个文明建设服务，为铁路职工服务。出版社担负着铁路大中专教材、职工继续教育用书、铁路科技图书、各类规章规范、期刊及旅客列车时刻表的出版任务。

49. 中国水利水电出版社

中国水利水电出版社成立于1956年。该社现有职工近200人，其中具有高、中级技术职称的近70人，专业技术力量雄厚。1993年被中宣部和新闻出版总署联合表彰为全国首批15家优秀图书出版单位之一。

50. 中国人民公安大学出版社

中国人民公安大学出版社是由公安部主管、中国人民公安大学主办的中央级大学出版社，也是全国公安教育系统唯一的大学出版社，同时也是全国高校出版社中专门出版公安类图书唯一的专业出版社。1999年，原中国人民公安大学出版社(成立于1985年)与原警官教育出版社(成立于1989年)合并，成立现中国人民公安大学出版社。

51. 复旦大学出版社

复旦大学出版社成立于1981年，2001年与上海医科大学出版社合并，组建新的复旦大学出版社。2009年改制为复旦大学出版社有限公司，是由国家教育部主管、复旦大学主办的综合性大学出版社。出版社现设复旦大学电子音像出版社、医学分社、外语分社、经济管理分社、学前教育分社、人文编辑部、新闻政法编辑部、理科编辑部、综合编辑部和出版研究所等机构，下辖上海复旦经世书局、上海复天文化发展有限公司、上海复通文化传播有限公司、上海复社图文制作中心。

52. 中国经济出版社

中国经济出版社由原国家经济委员会创办，成立于1985年1月27日，先后隶属国家计划委员会、国家经济贸易委员会、国务院国有资产监督管理委员会。该社下设中国经济书店(1987年3月)、中国经济图书进出口公司(1988年4月)、中国经济贸易年鉴社(2002年12月)与《新国企》杂志社等4家实体机构。2013年1月9日，中国经济出版社整体划转入列中国石化集团公司。中国经济出版社是中央一级出版社，作为中国知名的经济专业出版机构和大众信息传播机构，在中国知识界、文化界、经济界享有良好声誉。在知识、文化、学术的介绍传播、倡明普及方面，为国家机构、社会大众及学界同仁提供了充实丰富的理论养料与时代信息，成长为走在时代前沿的学术专业出版商和经济生活资讯提供商。

53. 经济管理出版社

经济管理出版社创建于1984年，是隶属于中国社会科学院的中央级出版社，由工业经济研究所主管。该社以出版经济管理学术专著、实用经济管理图书、经济管理类教材和教辅图书、经济管理类培训图书，面向行业的各类图书为主，兼做励志类、生活类大众读物。

54. 中国电力出版社

中国电力出版社是直属国家电力公司的中央级科技出版社，成立于1951年，其前身是燃料工业出版社，曾随主管部门机构的变化经历了中国工业出版社、电力工业出版社、水利电力出版社几个历史过程。

55. 中国发展出版社

中国发展出版社成立于1989年7月，直属国务院发展研究中心，为国家一级出版社。中国发展出版社的出版方针与任务是：通过出版工作，宣传党在社会主义初级阶段的方针、路线、政策和理论，以及社会主义精神文明与物质文明建设的成就，及时反映国家在改革开放方面的进展情况，出版经济、技术和社会方面的有关著作，以及政策咨询研究的重要成果。

56. 中国旅游出版社

中国旅游出版社成立于1975年，是国家旅游局和中国旅游协会直属的中央级图书、音像出版单位。出版范围包括旅游理论、旅游教材、旅游业务、旅游文化、旅游文学及相关社会科学领域的图书、音像制品、电子出版物、导游图以及明信片、年画、挂历等。

57. 中国林业出版社

中国林业出版社创建于1953年，是我国林业系统唯一一家中央级科技专业出版社。1998年被国家新闻出版总署评为全国良好出版社。多年来，中国林业出版社坚持为人民服务，为社会主义服务的方向，以辛勤耕耘、求实奉献的精神，出版了大量优秀的林业科技图书。

58. 外文出版社

外文出版社是一家国际性的综合出版社，从事各类外文版图书的编译出版，读者对象主要为外国读者；同时还出版外语读物、工具书和部分中文图书以满足国内图书市场的需求。外文出版社现隶属于中国外文出版发行事业局(中国国际出版集团)。

59. 冶金工业出版社

冶金工业出版社成立于1953年1月，是一家门类齐全、编辑技术力量雄厚、出版印刷手段先进的中央一级专业出版社。该社主要出版冶金矿产资源的普查与勘测，矿产资源的开采及综合利用，钢铁冶金和有色金属冶金专业基础理论和应用技术图书，冶金及相关技术类词典、工具书、科普读物，冶金院校教学用书，以及机械、电子、建筑、计算机、安全环保等面向大科技的图书。

60. 中国财富出版社

中国财富出版社是国家国内贸易局直属的事业单位。根据国家的出版方针、政策和国家国内贸易局的工作需要编辑出版商品流通专业图书，促进商品流通事业的发展，促进流通理论和流通技术研究的繁荣，促进流通系统职工科学文化的普及和提高，促进流通部门专门人才的成长。

61. 首都师范大学出版社

首都师范大学出版社成立于20世纪80年代初期，隶属于首都师范大学，系全国十大师范类高等院校出版单位之一。

62. 新星出版社

新星出版社属于国家级出版社，成立于1989年。2005年开始对国内出版，2008年转制为企业。该社坚持现代出版理念和现代企业管理，以出版高品位社科学术著作、侦探小说、文学艺术类和新锐时尚的休闲实用图书为主，以传统出版和版权经纪等多种手段传承精神文化，提供愉悦和纯粹的阅读，成为国内高端人群休闲读物的重要品牌。

63. 旅游教育出版社

旅游教育出版社成立于1987年，是北京第二外国语学院主办的一家高校出版社。该社借改革开放与出版行业大发展的东风，走出了一条自我发展、日渐壮大的奋斗与成功之路。该社主要出版旅游类图书，也出版部分英语、政法、经济等社科类图书，其中旅游类图书占70%以上。

64. 海洋出版社

海洋出版社成立于1978年，是我国唯一的中央级海洋类图书出版单位，隶属于国家海洋局。建社以来，海洋出版社为社会提供了大量高品位、高质量、高水平的精神产品，出版的《中国海洋图集》《中国海湾志》《中国贝类》《中国近海水文》等一大批经典的、影响深远的大型图书，代表了我国海洋领域的最高水平，且有大量书刊荣获我国各种级别的奖励，仅获省部级以上奖项的图书就有150余种。

65. 华夏出版社

华夏出版社成立于1986年，是以编辑出版残疾人和残疾人事业需要的各类读物为主要特色的综合性出版机构。该社除了出版面向残疾人和社会保障事业的各项专著外，还包括适合残疾人、残疾人工作者和各类人群阅读的政治经济理论、思想文化修养、各类文艺作品以及医学医药知识等方面的作品，借以提高残疾人和各类读者的科学水平和文化素质。

66. 中国人民解放军出版社

中国人民解放军出版社是总政治部领导的全军综合性出版社，我国重要的军事出版基地。毛泽东、邓小平、江泽民、胡锦涛同志先后为该社题写书名、社名或由该社发表重要作品、出版重要著作。拥有解放军出版社、解放军文艺出版社、昆仑出版社、长虹出版公司四个社牌。

67. 经济科学出版社

经济科学出版社于1983年成立于北京，隶属于中华人民共和国财政部。该社出版了大量的关于经济理论、政策和法规方面的图书、工具书、参考书、经济书、管理学、财政以及成人教育方面的教科书、经济类年鉴和经济通俗读物等。此外，该社还出版了5种经济期刊以及音像制品。

68. 当代中国出版社

当代中国出版社是一家中央级综合性出版社，由中国社会科学院当代中国研究所主管，成立于1991年1月。该社主要出版反映国史研究成果的政治、经济、科学技术、文化教育等方面的图书、音像和电子出版物。

69. 上海三联书店

上海三联书店是解放日报报业集团旗下的著名出版社，也是中国著名的出版社之一，在海内外享有盛誉，复社时间在1986年。其以具有中等以上文化水平的知识分子主要读者对象，以“真诚生活、认真读书、追求新知”为宗旨，出版中外人文社会科学著译、高品位文化类读物。复社以来，该社已出版各类图书2000余种，其中有100余种曾获得包括中国图书奖在内的各类奖项，并有多种图书被海外购得版权。改版后的《书城》杂志，系知识界广为认同的高品位的读书杂志。

70. 立信会计出版社

立信会计出版社原名立信会计图书用品社，是一家出版会计、财经类图书，印制会计用品的专业出版社。该社由我国已故著名会计专家、教育家潘序伦先生与出版家邹韬奋先生创办于1941年。

71. 上海人民美术出版社

上海人民美术出版社是一家大型专业美术出版社，成立于1952年，主要出版美术和摄影的画册、画辑、史论、技法、期刊、连环画、图片、年历、月历、生活图书、旅游读物和资料工具书籍。

72. 上海财经大学出版社

上海财经大学出版社建于1995年1月，是由教育部主管、上海财经大学主办的综合性财经专业出版社。

73. 上海社会科学院出版社

上海社会科学院出版社成立于1982年9月，是立足本院、面向社会的综合性出版社。

74. 东方出版中心

东方出版中心是国家级出版机构，其前身是1978年11月18日成立的中国大百科全书出版社上海分社，1995年10月11日更为现名。2002年加入中国出版集团，成为集团主体成员单位之一。中心以编辑出版社会科学学术著作、文化、教育、外语类通俗读物、中小型百科全书和相关辞书、工具书为主，出版期刊、电子出版物、音像制品，发展光盘复制、图书发行以及房产物业等。

75. 中国科学技术大学出版社

中国科学技术大学出版社创建于1985年，由中国科学院主管，中国科学技术大学主办。该社依托中国科学院、中国科学技术大学的品牌优势、人才优势和资源优势，经过20年的发展，在学术类图书、高校理工科教材和教学参考书、外语学习和考试读物等方面逐渐形成了特色和优势，具有良好的读者市场和社会影响力。

76. 华南理工大学出版社

华南理工大学出版社是国家教育部主管的部属重点大学出版社，1985年1月经中央文化部批准建立。该社坚持为人民服务，为社会主义服务的出版方向，坚持为高等学校教学科研服务的宗旨，努力为社会主义精神文明建设做贡献。建社以来，该社已出版各类图书4 000多种，其中初版书1 900多种，重印率50%以上。图书类别涵盖自然科学、工程技术、管理科学、社会科学、人文科学、语言科学和艺术科学。

77. 中国深圳海天出版社

中国深圳海天出版社是由国家文化部于1984年9月批准成立，1985年7月19日正式成立的深圳特区唯一的一家综合性出版社。中国深圳海天出版社自建社以来，坚持党的出版方针，立足深圳，服务全国，面向海内外，为促进特区的两个文明建设和文化出版事业的发展做出了应有的贡献。该社每年出书200余种，历年来有60余种图书获全国及省级优秀图书奖。

78. 广西师范大学出版社

广西师范大学出版社位于山水甲天下的桂林，成立于1986年11月18日。建社以来，出版社认真执行国家的出版方针和政策，恪守为高校教学科研服务的办社宗旨，为本校、本地区和国内高等院校出版了高校教材和学术专著1 000余种，补贴资金1 000多万元，有力地促进了本校、本地区教学和科研水平的提高。

79. 哈尔滨工程大学出版社

哈尔滨工程大学出版社原名哈尔滨船舶工程学院出版社，成立于1985年2月。该社由哈尔滨工程大学主办，工业和信息化部主管，是工业和信息化部直属的大学出版社。

80. 哈尔滨工业大学出版社

哈尔滨工业大学出版社成立于1983年，是我国成立较早的大学出版社之一。该社由工业和信息化部主管，哈尔滨工业大学主办，2012年改制为哈尔滨工业大学出版社有限公司。

81. 西南师范大学出版社

西南师范大学出版社成立于1985年1月，2010年12月完成转企改制，更名为重庆西南师范大学出版社有限公司，是由国家教育部主管、西南大学主办的集图书、电子音像、网络出版为一体的综合性大学出版社，出版美术类图书、音乐类图书、大中专教材。

82. 重庆大学出版社

重庆大学出版社于1985年1月成立，是教育部直属的重点大学出版社，是教育部确定的全国9大教材出版中心之一。其依托历史久远的综合性高等学府重庆大学的学科优势，在教育部和新闻出版广电总局的领导下，始终坚持正确的出版方向，一步一个脚印，不断地发展壮大，在艰苦中创业，在改革中奋进，在竞争中发展，形成了持续、健康、稳定、发展的良好局面。

83. 文汇出版社

文汇出版社创办于1985年5月，以传播中外文化、服务社会、为海内外读者提供健康有益的精神食粮为宗旨，注重出版国内外先进科学技术、文教卫生等方面的普及读物以及与《文汇报》《新民晚报》宗旨相符的各类学术著作、新闻理论著作、新闻业务知识读物，迄今已出版各类图书近千种。

84. 天津大学出版社

天津大学出版社成立于1985年1月17日，是教育部直属的大学出版社。自建社以来，天津大学出版社始终坚持国家新闻出版广电总局关于高等学校出版社的出版方向、任务和出书范围的原则规定，紧密结合学校的教学科研和学科发展实际，立足本校，面向全国，共出版各类教材、教学参考书、工具书、学术著作和科技类图书约1 600种，为广大科技工作者提供了质量上乘的精神产品。

85. 天津人民美术出版社

天津人民美术出版社成立于1954年8月14日，是我国资深的专业美术出版社之一。建社 60 多年来，编辑出版了大量画册、美术史论著作、技法书、工具书、连环画册、低幼读物、年画、挂历等多种类别的美术出版物。

86. 陕西师范大学出版总社

陕西师范大学出版总社有限公司由教育部主管，陕西师范大学主办，由原陕西师范大学出版社、杂志社、电子音像出版社转企改制合并组建，是集图书、期刊、电子音像、数字出版于一体的综合出版传媒机构。

87. 西北工业大学出版社

西北工业大学出版社创建于 1985 年 2 月，是由工业和信息化部主管，由西北工业大学主办，以出版科技、教育类图书及音像制品为主的中央级出版社。

88. 青岛出版集团

青岛出版集团前身是青岛出版社，成立于 1987 年 1 月 12 日，由中共青岛市委主管、青岛市人民政府主办，是市政府直属的事业单位。

89. 华中师范大学出版社

华中师范大学出版社成立于 1985 年 2 月 5 日，是教育部直属的师范大学出版社。出版社至今已五次获得国家级出版大奖；出版的学术专著、高校教材获得包括教育部人文社会科学成果一等奖、国家高校优秀教材一等奖、湖北省社会科学成果一等奖等在内的各级各类教学、科研成果奖励上百项。

90. 厦门大学出版社

厦门大学出版社创建于 1985 年 5 月，是教育部直属的高校出版社。厦门大学出版社素有“南方之强”的美誉，是一所有国际影响的高水平的国家重点大学出版社。

91. 大连理工大学出版社

大连理工大学出版社成立于 1985 年，是由国家教育部主管，大连理工大学主办的中央级综合性大学出版社，为中共中央文化体制改革首批大学出版社的试点单位。为了实施国际化经营战略，有效地开展对外合作的版权贸易，出版社与世界著名的德国细部杂志社、日本新建筑株式会社结成友好伙伴，并已同日本、英国、美国、德国等几十家出版公司在日语、英语、建筑和旅游、酒店、餐饮等图书领域进行了很好的版权贸易合作。

92. 东北财经大学出版社

东北财经大学出版社是由辽宁省教育厅主管、东北财经大学主办的财经类专业出版社，成立于1985年2月(2000年以前隶属财政部主管)。建社以来该社累计出书2 000余种，其中获国家、省部级奖励的图书450余种。

93. 大连出版社

大连出版社成立于1988年3月，由国家出版总署批准，在部分副省级城市和计划单列城市中成立的16家城市出版社之一。该社直属大连市委、市政府，由市委宣传部代管，属企业化管理的事业单位。

94. 湖南科学技术出版社

湖南科学技术出版社成立于1979年，是一家以出版科学技术读物为主的中型出版机构，年出书500余种，出版有《今日地产》杂志。目前，该社已成为集图书、期刊、电子、音像、互联网出版为一体的综合性科技出版社，有着良好的发展势头。湖南科学技术出版社始终坚持党的出版方针，以"弘扬科学精神，推动科技发展"为宗旨，坚持"继承传统优秀文化，引进国外先进科技"的中西合璧的出版路线，逐步形成了"精心策划，精编精印，奉献一流文化精品"的风格，推出了一大批高品位、高格调、重实用、讲实效的科技佳作，满足了工农业生产、人才培养和人民生活的需要，产生了显著的社会效益和经济效益。

95. 同济大学出版社

同济大学出版社成立于1984年5月，是由教育部主管、同济大学主办的综合性大学出版社，是同济大学最重要的学术和文化出版传播机构。多年来同济大学出版社以马列主义、毛泽东思想、邓小平理论为指导，坚持为人民服务、为社会主义服务的办社方向，坚持为教学、科研服务的办社宗旨，坚持积累和传播一切有益于提高民族素质、有益于经济发展和社会全面进步的科学技术和文化知识，立足学校、面向社会、走向世界。依托学校的人才和学科优势，以出版土木建筑、德语等方面的出版物为特色，并长期坚持出版计算机读物、成人教育读物、科普读物及与学校专业相关的其他实用性图书。

96. 江苏文艺出版社

江苏文艺出版社创建于1958年，是全国有影响的文艺出版社。现设有5个图书编辑室、1个影视制作部，并下辖《同学》杂志社。出版社主要出版现当代文学、艺术作品、人物传记、纪实文学、文化生活图书及文艺理论、文学批评专著等。

97. 江苏美术出版社

江苏美术出版社成立于1983年，以原始美术、民间美术、现代美术为书的骨干框架，整理出版古今优秀艺术品，每年出版美术史论书籍、画册、连环画、年画、挂历、宣传画、图片、书法等300多种。自建社以来共出版各类图书1 000余种，其中6种画册、13种连环画、13种年画、5种宣传画在全国性美展中获奖。现设有年画宣传画编辑室、连环画编辑室、画册编辑室、《江苏画刊》编辑部，以及编务室、办公室、发行科和出版科，附设江苏美术出版社南京现代艺术书店。

98. 南京师范大学出版社

南京师范大学出版社成立于1995年，是全国师范大学出版社中最年轻的成员。1998年2月8日《中国教育报》报道："南京师范大学出版社建社仅三年，就以经营素质教育图书而令人刮目相看。"

南京师范大学出版社坚持"教字当头，以师为本"的办社方针，以"为高校教学科研服务，为文化教育事业服务，为广大师生服务"为宗旨，依托百年名校的学科优势，遵循"办社靠特色，出书重名品"的经营理念，不断挖掘出版资源，出版了一系列深受文化市场认可的图书。

99. 湘潭大学出版社

湘潭大学出版社系湖南省新闻出版广电局主管，由省部共建全国综合性重点大学——湘潭大学主办的学术性专业出版社，2007年2月17日由国家新闻出版总署批准成立。作为一家在国家深化文化体制改革的大背景下新批准成立的出版社，正按照现代企业制度的要求建设和运行。出版社秉承"博学笃行，盛德日新"的校训，坚持"二为"的出版方针和为教学科研服务的办社宗旨，科学谋划，找准特色，争创品牌，主要出版与本校教学科研相关的教材、专著、工具书及一般读物。

100. 教育科学出版社

教育科学出版社成立于2011年6月30日，是一家在国内外具有重要影响力的教育科学专业出版社，由教育部主管、中央教育科学研究所主办，实行总社架构(含中央教育科学研究所音像出版社、教育科学电子出版社等)的管理模式。

参考文献

References

[1] 王化兵．馆配市场三方博弈数字浪潮推波助澜[J]．出版参考，2006(33)：5-7.

[2] 王宁．馆配现状及出版社定位和对策[J]．出版发行研究，2007(9)：57-59.

[3] 王晓光．馆配市场的两大痼疾[J]．出版广角，2007(8)：23-26.

[4] 张晓华．高校图书馆的馆配商选择标准[J]．出版发行研究，2007(9)：59-61.

[5] 潘锦晖．大学出版社进军馆配市场的优势[J]．大学出版，2007(3)：42-44.

[6] 吴利萍，石菊君．图书采购招标下馆配商竞争策略研究[J]．现代情报，2008(5)：168-170，173.

[7] 俞欣．馆配市场中三方博弈与合作[J]．图书馆建设，2008(8)：38-40，44.

[8] 尚庄．馆配市场的发展与图书馆之应对[J]．情报资料工作，2008(3)：79-83.

[9] 崔波．高校图书馆与馆配商互利共赢的思考[J]．图书馆工作与研究，2009(10)：28-32.

[10] 黄金凤．金融危机下民营馆配商的困境和图书馆的对策[J]．大学图书馆学报，2009(6)：89-94.

[11] 黄金凤．馆配商诚信缺失及其对策[J]．图书馆工作与研究，2009(2)：49-52.

[12] 黄金凤．高校教学评估后民营馆配商发展策略[J]．中共福建省委党校学报，2009(11)：112-116.

[13] 黄金凤．民营馆配商的演进及对图书馆藏书建设的影响[J]．图书情报工作，2010(13)：51-54，114.

[14] 黄丽霞．高校图书馆馆配商的选择策略探析[J]．出版发行研究，2009(1)：43-46.

[15] 王郁葱，周国华．馆配商采访数据的比较研究[J]．图书馆论坛，2009(2)：162-164.

[16] 时冬梅．基于馆配市场的高校图书馆图书采访策略[J]．西北农林科技大学学报(社会科学版)，2009(1)：80-82.

[17] 庞丽川．招标采购中图书馆馆配商综合能力评价[J]．中华医学图书情报杂志，2009(5)：11-12，18.

[18] 乔丽．馆配图书市场探析[J]．出版科学，2009(5)：73-75，72.

[19] 吴民，王新卫．信息的对称与平衡——高校图书馆在馆配市场中采购难点与解决

方法探析[J]. 西安文理学院学报(社会科学版)，2009(3)：112-114.
[20] 李圆圆，吴玉荣．基于层次分析法的图书馆馆配商评价方法[J]. 情报探索，2009(5)：14-15.
[21] 杨遵民．民营发行渠道介入馆配市场的平台构建[J]. 出版科学，2009(6)：74-76，85.
[22] 何皓．馆配：出版社需要做什么？[J]. 出版广角，2009(12)：51-52.
[23] 丁金龙．基于高校图书馆采购招标的馆配商竞争研究[J]. 图书馆，2010(3)：120-122.
[24] 周燕妮．"全民阅读"活动背景下的公共图书馆馆配研究[J]. 山东图书馆学刊，2010(1)：112-116.
[25] 赵淑芳．强化馆配终端客户服务和营销的几点策略[J]. 出版发行研究，2010(8)：40-42.
[26] 党卫红，王蕾．馆配商在馆配图书供需链中的作用及发展建议[J]. 科技与出版，2011(5)：58-59.
[27] 刁慕戈，倪海涛．馆配图书质量博弈与控制[J]. 图书馆学研究，2011(5)：64-67.
[28] 朱胜龙．在馆配市场乱象的背后……[J]. 出版广角，2011(12)：12-13.
[29] 李锦秋．高校图书馆与馆配商合作中存在的问题及对策分析[J]. 农业图书情报学刊，2012(3)：108-111.
[30] 孙元睿．招标采购的馆配中文图书到书率专题探究[J]. 农业图书情报学刊，2012(12)：76-79.
[31] 肖竹青．馆配市场的发展趋势与高校图书馆之应对[J]. 图书情报工作，2013(17)：82-85，139.
[32] 肖军．科技图书编辑营销常识——馆配篇[J]. 科技与出版，2013(8)：59-61.
[33] 甄薇．谈文献招标采购中馆配商的选择[J]. 河北科技图苑，2013(1)：75-77.
[34] 李伟．馆配商采访数据及其入藏与流通情况实证研究[J]. 河南图书馆学刊，2013(3)：93-97.
[35] 张勇．论独立学院图书馆馆配商的选择对策[J]. 长江大学学报(社会科学版)，2013(11)：73-74.
[36] 陈大莲．即时通信软件应用于出版社馆配服务研究——以腾讯 QQ 群为例[J]. 图书馆学研究，2014(7)：43-47.
[37] 陈大莲．馆配会热冷思考[J]. 图书馆界，2014(5)：22-25.
[38] 向阳．馆配图书订单数据统计分析及其作用[J]. 科技与出版，2014(10)：89-91.
[39] 苏振才．多策并举：建立规范的馆配行业机制[J]. 出版发行研究，2014(10)：

24-26.

[40] 邹蓉蓉．大馆配时代：挑战与应对[J]．出版发行研究，2015(1)：92-96.

[41] 宋旅黄．馆配市场的格局与地方出版社的发展策略[J]．图书馆杂志，2015(3)：75-80.

[42] 宋旅黄．从馆配市场看我国图书馆纸质中文图书馆藏建设[J]．图书馆建设，2015(12)：35-39，53.

[43] 王福．蒙古文资源馆配中心建设研究[J]．图书馆建设，2015(1)：62-65.

[44] 祖迪．馆配商采访书目精细化探析——以专题书目推送为例[J]．出版发行研究，2015(9)：98-101.

[45] 杨淑琼，张俊慧．馆配市场的发展及高校图书馆应对策略[J]．四川图书馆学报，2015(3)：19-22.

[46] 崔颖．馆配市场中的大众与少儿读物现状及发展策略探析[J]．出版广角，2015(1)：84-87.

[47] 余侠．我国出版社网站馆配数据获取及存在问题与优化——以10家优秀出版社为例[J]．科技与出版，2016(1)：87-89.

[48] 胡燕．招投标前后如何应对恶意低价中标的馆配商[J]．出版发行研究，2016(1)：95-97.

[49] 顾洁．新常态下馆配中文电子书发展思考[J]．新世纪图书馆，2016(1)：32-35.

[50] 刘丽艳．基于馆配市场的中文图书采访探索与实践[J]．图书馆工作与研究，2016(1)：67-69.

[51] 宋玉艳．论未来馆配市场对高校图书馆选书的影响[J]．新世纪图书馆，2016(2)：27-30.

[52] 余侠．我国出版社网站馆配数据现状调查与优化策略——以全国百佳出版社为例[J]．图书馆学刊，2016(3)：115-119.

[53] 田利．图书馆、馆配商与出版社三方合作共赢的实现模式[J]．图书馆学刊，2016(4)：16-19.

[54] 张美莉．高校图书馆选择馆配商之策略探析[J]．出版广角，2016(5)：66-68.

[55] 娄冰．馆配商的过去、现在与未来[J]．图书馆学研究，2016(19)：47-50，70.

[56] 闫静怡，夏岩石．非对称信息条件下高校图书馆馆配采访工作的思考[J]．出版发行研究，2016(11)：92-93.

[57] 沈秀琼．蓝海战略：高校图书馆与馆配商的“非零和”博弈[J]．出版发行研究，2015(6)：88-91.

[58] 王欣妮，云玉芹，汪海．基于Web2.0的馆配信息平台构建与应用[J]．出版发行

研究，2015(7)：94-97.
[59] 丁璇，孔超．基于AHP＋熵权法的馆配商服务评价及实证研究[J]．出版发行研究，2015(8)：98-102.
[60] 杨淑琼．高校图书馆与馆配商合作机制探讨[J]．图书馆学研究，2016(7)：33-37.
[61] 于新国．基于区块链技术的图书馆自馆配数字化文献资源建设研究——以高校图书馆整本OA电子期刊资源建设为例[J]．图书馆研究与工作，2017(2)：40-43，82.
[62] 于新国，江波．图书馆自馆配开放获取整本电子期刊资源建设类型研究[J]．农业图书情报学刊，2017(7)：24-27.
[63] 喻莉君，杨玉麟，曾淑芬．我国图书馆馆配供应链的构建——以服务链为例[J]．新世纪图书馆，2017(2)：53-56.
[64] 张雪冰，李清林，蒋小华．高校图书馆馆配市场中三方博弈与合作共赢[J]．河南图书馆学刊，2017(1)：67-68.
[65] 魏育辉，万云芳，范蔚蔚．高校图书馆流通业务外包的实践与思考[J]．图书馆杂志，2009(9)：48-50.
[66] 沈蓉蓉．高校图书馆流通业务部分外包的实践与思考：北京工业大学图书馆流通业务部分外包成功案例介绍[J]．图书馆论坛，2010(3)：166-169.
[67] 贺伟．政府购买图书馆公共服务的新尝试：以无锡新区图书馆为例[J]．图书馆杂志，2014(2)：37-40，94.
[68] 郭华．政府购买图书馆运营管理服务的比较研究：以北京市朝外地区和无锡市无锡新区为例[J]．情报资料工作，2015(2)：73-77.
[69] 陈俊翘，张滢．公共图书馆服务外包实证研究：以广州市南沙区图书馆外包个案为例[J]．图书情报工作，2012(S1)：87-92，120.
[70] 孔庆祝．略谈图书馆业务外包[J]．河南图书馆学刊，2013(2)：45-46.
[71] 陈新洁．略谈图书馆业务外包[M]．北京：北京理工大学出版社，2013.
[72] 杨华芳．浅谈图书馆流通业务外包：以吉安市图书馆为例[J]．科技情报开发与经济，2015(9)：113-115.
[73] 高美云．广州市公共图书馆一线馆员职业倦怠现状调查[J]．河南图书馆学刊，2013(6)：32-35.
[74] 何琦，高长春．论创意产品的价值特征与价值构成[J]．商业经济与管理，2013(2)：83-89.
[75] 莫晓霞．图书馆文化创意产品开发探讨[J]．图书馆建设，2016(10)：98-101.
[76] 刘晓东，徐琪，冯信群．基于地域文化研究的文化创意产品价值增值策略研究

[J]. 艺术百家，2016(3)：54-57.

[77] 田利．关于图书馆开展文创工作的理性思考[J]. 图书馆工作与研究，2017(2)：9-13.

[78] 田利．图书馆文创产品开发工作中对经营创收认识的误区[J]. 河南图书馆学刊，2017(2)：63-66.

[79] 李雪．北京朝阳尝试社会力量运营图书馆[N]. 中国文化报，2014-01-27(2).

[80] 茅院生．见证中国馆配行业十年[M]. 北京：华文出版社，2016.

[81] 黄金凤．民营馆配商与图书馆藏书建设[M]. 北京：华文出版社，2011.

[82] 赵海军．图说孙子[Z]. 济南：山东友谊出版社，2016.

[83] 万跃华，张根彬．图书馆采访理论与实践[M]. 北京：书目文献出版社，1994.

[84] 吴开华．高校图书馆编目工作研究[M]. 北京：北京图书馆出版社，2000.

[85] 苏全有．图书馆采编业务研究与实践[M]. 郑州：中州古籍出版社，2015.

[86] 韩红予，张联锋．高校图书馆文献采访理论与实践[M]. 武汉：武汉大学出版社，2012.

[87] 邹进．解读人天档案：中国书刊发行业领军民企的激荡十八年[M]. 北京：社会科学文献出版社，2017.